Vorbemerkung

»Berlin ist groß, groß, [illegible] die Menschen in dieser [illegible] sten Massenwesen« las[illegible]…olsky in zwei Sorten einteilen, in [illegible]…genden und den lobenden Berliner«, die einander allerdings »spinnefremd« blieben, was auch der kontaktsuchende Rainer Maria Rilke an dieser für ihn »unwirschen, überall gleichzeitigen Stadt« beklagte, in der Erich Kästner seinem Romanhelden Fabian das vielleicht niederschmetterndste Urteil in die Berliner Schnauze legte: »Hinsichtlich der Bewohner gleicht sie längst einem Irrenhaus. Im Osten regiert das Verbrechen, im Zentrum die Gaunerei, im Norden das Elend, im Westen die Unzucht, und in allen Himmelsrichtungen wohnt der Untergang.« Wenn's um Berlin geht, wird offenbar schon länger gerne übertrieben.

Diese zugegebenermaßen etwas komprimierte Zitatenlese ist nur eine kleine Auswahl aus circa neunzehn Notizbüchern eines aufmerksamen, gelernten Berliners, der seine einzelnen Funde noch selbst über die Jahre in ihrem Umfeld entdeckt und nicht per Suchmaschine herbeigeclickt hat. Was an bedeutenden und weniger bedeutenden Äußerungen einst verstreut in Romanen und Briefbänden stand, wird mittlerweile in seinen meist nur noch lobenden Schwundformen auf zahllosen Zeitungsseiten und elektronischen Kanälen hartnäckigst wiederaufbereitet. So sorgen die Massenmedien für die Erhaltung eines permanenten Reizzustandes namens »Berlin«. Was wäre dem täglich erzeugten Hype um die Haupt-, Kunst- und

Partystadt entgegenzusetzen? Das subjektiv Erfahrene, die eigene Erzählung. Nur so ließe sich dem prallen Kanon der tollen Bilder, Texte und Töne womöglich etwas Unverwechselbares hinzufügen. Also bitte, sei einzigartig, sei vielfältig, sei hier ruhig mal der Berliner – dann wirst du Veteran des Westens vielleicht auch noch gebraucht.

Das vorliegende Buch ist der Folgeband einer 1991 erschienenen Geschichtensammlung gleichen Titels, die binnen Jahresfrist vergriffen war. Die darin enthaltene Erzählung »Zeuge der Einheit« handelte, damals so gut wie zeitgleich, von der Wende. Im Wortlaut unverändert, aber durch die Folgejahre anders ausgeleuchtet, steht sie hier am Anfang. Denn das, was dort beschrieben ist, liegt allen weiteren Lektionen zugrunde, die der »gelernte Berliner« seither absolviert hat. Dabei bedeutete die heute seltener gebrauchte Redewendung übrigens ursprünglich nicht, daß einer das Berlinersein oder irgend etwas anderes in Berlin gelernt haben könnte – sie diente lediglich dazu, die in der Stadt geborenen von den erst später zugezogenen Berlinern zu unterscheiden, analog zu den sogenannten Quiddjes in Hamburg oder den Zuagraastn in München. Wenn Mitte, Ende des 19. Jahrhunderts ein pommerscher oder schlesischer Neuankömmling etwas falsch machte, stellte der Einheimische das richtig und sagte, je nach Kontext nett-ironisch oder abwertend, na ja, det is' ja nur ein jelernter Berliner. In den Westberliner Zeiten, bis zum Ende der achtziger Jahre des vergangenen Jahrhunderts, spielte diese Unterscheidung kaum mehr eine Rolle. In der Halbstadt durften Zugezogene ihre individuellen bis experimentellen Kreise ziehen, ohne von den lokalen Autoritäten geschurigelt zu werden. Und so konnte »Der gelernte Berliner« im ersten Band relativ heiter vom Leben auf der »Insel der Glückseligen« erzählen, vom Alltag im alternativ gestimmten Kiez, von seiner Karriere als Sanierungsbetroffener, vom Kicken vorm Reichstag, vom bunten Treiben im Tiergarten, dem grünen Herzen der Subkultur – bis sich mit dem Mauerfall die Kräfte in der Stadt verschoben.

Zwanzig Jahre danach ist »Der gelernte Berliner« erheblich älter geworden. Er hat die enorme Umgestaltung der Stadt, die enorme Erweiterung ihrer *mental map* miterlebt, die enormen Mietsteigerungen, Teuerungsraten und Phantomschmerzen aller Art überlebt. Seine Kulturtechniken sind mit ihm gealtert, einstige Westberliner Kompetenzen wurden anulliert, früher lebenswerte Milieus nach und nach zugunsten anderer verlassen. Doch genau hier liegen die Schnittstellen für die Stoffe der sieben nach der Wende aufgelaufenen Lektionen, hier finden sich die bewegenden Themen und bewegten Tätigkeiten des gelernten Berliners: das Zeitunglesen, das Fernsehgucken, der märtyrerhafte Müßiggang in den Cafés, die literaturästhetische Erziehung von Wohngeld-Sachbearbeitern und weitere, mit euphorischer Skepsis zu bestehende Aufgaben. Stets bleibt jedoch eine gewisse Zerknirschtheit spürbar – das neue, große, gesamte Berlin ist einfach nicht mehr in den Blick zu kriegen! Wer weiß schon, wie's in den Stadtteilen Französisch-Buchholz oder Böhmisch-Rixdorf aussieht, wo sich, um nur einige der zahllosen Beispiele zu nennen, die weltweit hoch bewertete Berlin Mathematical School oder die Tegeler Sechserbrücke befindet und was die Speisekarte des Fernsehturm-Restaurants so alles bietet – jeder kleine Fahrradbummel zeigt ein Wochen zuvor an gleicher Stelle noch nicht gewesenes, beeindruckendes Gebäude. Die Stadt, schrieb Baudelaire mit Blick auf die Entwicklung von Paris, verändert sich schneller als ein Menschenherz. Dasselbe gilt anderthalb Jahrhunderte später für den wieder kompletten Makrokosmos Berlin: Eine Metropole ist daran zu erkennen, daß selbst hochinteressierte Bewohner ein Leben lang brauchen, um sie halbwegs kennenzulernen.

Das äußere, sichtbare Berlin bleibt weitgehend im Hintergrund und ist dennoch beteiligt an den inneren Bewegungen, am mentalen, seelischen Lernpensum des Erzählers, der inmitten der Stadt und zugleich mit größter Distanz zu ihr lebt. Daraus ergibt sich die Wechselwirkung, in der die hier gesammelten Lektionen auf selbstbeobachtende, erfahrungsgesättigte und noch mit allgemeinem Wissen abgeglichene Weise entstanden. Denn die Lust, etwas zu erfinden, ist nicht immer vorhanden, die Lust, etwas zu schreiben, dagegen schon – auch wenn die Ergebnisse formal nur schwer in eine der gängigen Gattungen einzuordnen sind. Herausgekommen ist eine literarische Mischform aus erzählender Prosa, Autobiographie, Pulp-Essay, Geschichte, Anekdote, Dichtung gar und hoffentlich auch einer Spur von Witz.

Am Ende wird nur eines klar: Selbst der gelernte Berliner lernt nie aus, denn hinter den neuen Lektionen lauern stets weitere. Einstweilen bleibt das Leben hier eine zwiespältige Angelegenheit – wobei die ungelernten, angelernten, gelernten und neuen Berliner immerhin von zwei relativ gesicherten, elementaren Erkenntnissen ausgehen können. Die eine liegt in den Gestirnen: in Berlins Stadthoroskop steht Saturn im sechsten Haus, was bekanntlich ein jederzeit hartes und karges Leben für alle Bewohner garantiert. Die andere liefern die Gesteine: die unter dem Sand der Stadt lagernde tektonische Platte hat sich seit Millionen Jahren nicht verändert.

B. C., Berlin, im Juni 2008

Zeuge der Einheit

Dreizehn Jahre streunte ich in einem wunderlichen Freigehege, verbrütete die zweitbesten Zeiten meines Lebens in einem erstaunlichen Torso, einer spürbar unvollständigen Stadt. Obgleich ein Unbehauster, war ich zu Hause nur zu Haus – nur ein paar Ecken weit reichte die Sympathie, das reichte. Als selbstverständlich galt mir das Hiersein nie, lange nach Ankunft noch hielt das Gefühl des Unterwegseins an. Doch seit der Torso begann, sich in ein vorher unabsehbares Ganzes aufzulösen, seit ein unbegreiflicher werdendes Gesamtberlin sich zu neuem Ziel aufmachte, bröckelte mir selbst der schüttere Boden weg, mein gewohntes Stadtgefühl geriet in Turbulenzen. Den alten Ort vermißte ich so manches Mal. Ich hatte meine Anhänglichkeit an die Stadt der Anomalien unterschätzt – der Abschied fiel schwer.

In jener weithin unbedauerten und von mir unterschätzten Novembernacht des Jahres 1989 wurde auf Begehren des Ostens und infolge eines elanvollen Regierungsirrtums Westberlin von der Landkarte genommen; fortan beherrschten Hauptstadtgeraune und neue Rechenkunststücke meinen Wohnort. Eigentlich halte ich mich für einen ganz aufgeweckten Nachrichten-Empfänger – so leicht entgeht mir kein westafrikanischer Putschversuch, und wenn es auf den Faröer-Inseln in den Fischkisten knistert, weiß ich den Grund schon vorher. Aber in diesem Fall, dem Fall einer Mauer, fühlte ich mich vom ungebrochenen Erfindungsreichtum der Geschichte bösartig hintergangen.

Mit einer bizarren Volte hatte sie mich reingelegt, oder besser, unter Ausnutzung der nächtlichen Körperstarre mich Ahnungslosen umgebettet von Westberlin nach Berlin. Ich fühlte mich stark angesprochen, wenn zunächst von allseits gefeierten Niederlagen die Rede war. Mein ganz persönliches Experiment »Leben und Arbeiten in Westberlin« endete, als die Labortüren aufflogen und Ostwind meine unter jahrelangen Mühen aufgebauten Versuchsanordnungen durcheinanderwirbelte. Das brachte wesentliche sprachliche und kulturelle Bezüge meines Systems in Gefahr. Ich war nach Berlin gegangen, weil ich London und New York City näher sein wollte – und nicht Leipzig, Brest oder Wrocław. Was bedeuten Pomoschtsch, Bolschoi und Narodni? Ich verstehe weder Polnisch oder Russisch noch Serbisch oder Sorbisch. Ich war hierhergekommen, weil ich den Westen in zugespitzter, gleichwohl auch teilannullierter Form erleben wollte.

Wer half mir jetzt die Lage ordnen? Es wurde übers Jahr eine nicht abreißende Kette der Verwirrungen geknüpft, jeder erinnert sich, und ich erinnere gern Kurioses. Zum Beispiel den Eilvorschlag der Kultursenatorin: auf den bald freiwerdenden Radio-Frequenzen von AFN (beliebter Ersteinführer des Dudelfunks) und BBC-BFBS solle rasch die naheliegende Zukunftsmusik einiger polnischer und slowakischer Stationen in die Stadt gesendet werden. Nun war der Osten praktisch da. Und es gab Leute, die schlagartig mit Hunderttausenden Zuwanderern aus der Sowjetunion rechneten bei auch dort zu erwartender Reisefreiheit. Hieße es tatsächlich Abschiednehmen von meiner bequemen westlichen Orientierung? Die beliebte Achse Berlin–New York erst einmal kappen? Jetzt, wo ich sie so gut kannte und im Gegensatz zur Achse Berlin-

Moskau nahezu alles restlos verstand? An Heiligabend '89, unterm Brandenburger Tor, fragte mich eine Amerikanerin, von ihrem isn't-it-so-beautiful-Lächeln durchdrungen bis in die Fersen – ja, sind Sie denn nun nicht richtig glücklich? Denken Sie doch an die vielen Probleme, sagte ich, und, meine Lady, who do you think is coming for dinner tomorrow? Bezeichnend genug, daß mich in der gefühligen Dämmerstunde der Einheit sogleich eine Amerikanerin ansprach – sie erkannte unter Zehntausenden ihren Partner in diesem Land. Ihr seid wirklich zu kompliziert, sagte sie, ihr Deutschen seid einfach nie zufrieden. Ein Unterschied zwischen Freunden: Amerikaner denken bei allem, was egal wo geschieht, es wäre speziell für sie gemacht, während Deutsche gern glauben, das ließe sich noch besser machen. Amerikaner sind immer zufrieden, selbst die Verschiebungen der Himmelsrichtungen verwirren sie nicht – Amerika kann überall sein, im Westen und im Osten auch.

Aber spätestens seit dem Frühjahr '89 hatte sich die Welt gedreht – der halbe Ostblock erschien zum Essen in Westberlin. Was gab's dort eigentlich vorher? Nun wurde ihnen alles geboten im Von-Ost-nach-West-Treiben, das Geschäft wirkte wie verabredet, wie Sonderauktionstage. Ließe sich das nicht auch anders organisieren? Wegen meiner ausgerechnet zu diesem Zeitpunkt geringen Barmittel kam ich als Wirt der Einströmenden nicht in Frage und erteilte nur Auskünfte, hier Tiergarten, Tirrgatten, da Kudamm, hier mal 'ne Mark für die polnische Zigeunerband. What can a poor boy do? Mein Arbeitsprogramm unterbrechend, lebte ich Wochen und Monate von Nachrichten, saugte sie inständig von Papier und Mattscheibe, um die Nebel der Unklarheiten zu lichten. Komm endlich raus aus deiner Info-Gummizelle, sagte meine Freundin Lucia, komm mit ins wilde Grün von Sanssouci. Sie war Niederländerin, der Entwicklung gegenüber distanziert. Ich wartete auf neue Zuschaltungen. Wer informiert sein will, sagte ich, der muß zu Hause bleiben. Ein Schnupper-Ausflug in den Ostteil hätte mir höchstens einen halben Tag Vorsprung vor den Medien verschafft, danach zöge das Tempo um so schneller wieder an. Die Gesellschaft kann rasen, die Lernprozesse des einzelnen laufen hinterher. Immer wenn ich eine Sache begriff, war der Mahlstrom der Vereinigung längst weitergekommen, eine schreckliche Dissonanz zwischen der Geschichte und mir, eine ständige Kollapsgefahr für meine Wahrnehmungsfähigkeit. Wie hart mußte dies erst für die Menschen auf der anderen Seite sein?

Aber je mehr Daten und Fakten ihres Lebens, ihrer Vergangenheit aufgeworfen wurden, desto deutlicher die Diskrepanz zu meinem geringen Wissen über die nebenan real existierenden Nachbarn. Die Chancen, sie verstehen oder gar ihre Erfahrungen nachvollziehen zu können, blieben gering. Mein bisheriger Mangel an ostwärts gerichtetem Interesse rächte sich nun fürchterlich. Ich hatte nur eine Sicht von außen und zeitlebens nur die westliche, bundesrepublikanische Perspektive, wie auf einer Schiene rückführbar bis zu meinem Kindheitskanzler Adenauer, der damals blanko von jeglichem Perspektivwechsel so vehement abriet wie spätere, dezidiertere Dissidenten und Ausgebürgerte. In meiner ersten Zeit hier war ich natürlich einer heftigen, grenzüberschreitenden Neugier gefolgt, Alex, Pergamon und Köpenick, und stets um 23 Uhr mit sausendem Kopf retour. Abgesehen von wenigen kuriosen Szenen schien jedoch kein Herankommen an die Menschen möglich, ohnehin ein pubertärer Gedanke in einer doppelten Millionenmetropole. Bis zuletzt kannte ich drüben niemanden, dagegen jedoch etliche Herübergekommene, die wiederum zur Klärung der tatsächlichen Lage in der DDR wenig beitrugen.

Nach meinem Eindruck waren die Staatenwechsler allesamt froh, einem schwer vermittelbaren, in allen Formen existierenden Grusel entkommen zu sein, von dem sie im Detail selten berichteten, sei es aus unterstelltem Desinteresse bei den Westlern, sei es aus dem Bedürfnis, rasch vergessen zu wollen. Ende der siebziger Jahre lernte ich einen ausgebürgerten Dramatiker kennen, der ein in Ostberlin angesiedeltes realistisches Buch geschrieben und hier wegen der herausgedeuteten Rundum-Sozialismuskritik höchstes Lob eingestrichen hatte. Weitblickend haßte er die Dissidentenkappe und zeigte sich erst mit den englischen Kritiken zufrieden. Sie besagten, das sei beste Science-fiction aus Deutschland, Geschichten aus einer Stadt, in der die Menschen, von einer Mauer gehindert, die andere Hälfte nicht betreten dürften und gar jedes Gefühl für die nahe, jenseitige Stadthälfte verloren hätten. Dies beschrieb ungefähr auch für mich das Gefühl während eines hier verbrachten Jahrzehnts: keines zu haben für Menschen, die dort drüben lebten. Ostberlin war für mich eine zugehängte Stadt.

Aber als an jenem Novembermorgen erstmals zahlreiche fremdländische Autos in die Parktaschen vor meiner Haustür geschlupft waren, als dort irritierend irritierte Menschengruppen die Passantenfrequenz in aller Frühe ungewohnt hochtrieben und als in meinem zweitklassigen Supermarkt Kassiererinnen erste ritualunkundige Ostdeutsche im Wärterton auf Reihe brüllten, wußte ich, dies konnte nicht mehr derselbe Ort wie gestern sein. Die Geschichte machte auch vor Schöneberger Seitenstraßen nicht halt. Die Feldforschung der Neueingelassenen auch nicht: Weitab von den Zentren, ohne begleitende Medienvertreter, wurden längst verblichene Drogerien befingert und abgefackelte Wracks von Kaugummiautomaten an der Wand untersucht. In welcher Wunderwelt von Millionen Gegenständen wir doch hier lebten – keine Schraube, kein Flansch, kein Stück jenem im Osten identisch. Ich wurde fast neidisch auf die vielköpfigen, lustvollen Entdecker-Expeditionen vor meinen Augen – sie erlebten ein Gefühl, für dessen hohen Reizgrad ich bis zu den Dowayos nach Nordkamerun reisen müßte. Sogar meine morgenschlaffe, nachlässig gekleidete Person fing neugierige Blicke nicht ungern ein – wie von selbst stellte ich etwas Neues dar, Westberliner Mensch, frei nach Madame Tussaud. Kein Vergleich jedoch zum voyeuristischen Aufruhr, den einer meiner Bekannten mit seinem weißen Zwölf-Zylinder-Jaguar in den ersten Wochen in umliegenden Kleinstädten und Dörfern bewirkte. Der Mann, ein Kreuzberger Malerfürst, ist ein bißchen hybrid, wobei ihn ehrt, daß er sich für diese Spazierfahrten nicht extra einen heruntergekommenen Kleinwagen zulegte. Das Geglotze war schlimm, sagte er. Seit dem Unions-Sommer würden die Leute allerdings demonstrativ weggucken, wenn er freundlich an ihnen vorbeigleitet. Das ist aber noch viel schlimmer, sagte er über diese Weiterentwicklung.

Das Aufwühlende jener ersten Tage und Wochen war natürlich, daß große Politik, längst in die Apparate verbannt, in den ursprünglich öffentlichen Raum der Stadt zurückkehrte, in ihre Mitte und Straßen. Eine Lektion Geschichtsunterricht im Freien: Welcher Wahnsinn hatte diese Menschen so lange vom Westen fernhalten können, und welcher noch größere Wahnsinn mußte die vorhergegangene Ursache dafür gewesen sein? Eine Kette von Unsinn brach in ihrem vorerst letzten Glied, und in der wilden Endphase zeigte sich die Unhaltbarkeit des verrammelten Zustandes der Stadt noch einmal deutlich (Achtung: Pflichtbeitrag!). Mir fehlte es an historischen Vergleichsmöglichkeiten wie jener meines einheimischen Anwalts, der am 13. August '61 die Gewehrmündungen der NVA-Soldaten auf seiner Jungenbrust spürte – und der allein infolge dieser Grenzbereichserfahrung nie besondere Sympathie für den anderen deutschen Staat entwickeln mochte.

Geschichte präzisiert die Erinnerung: Am ersten deutsch-deutschen Sonnabend radelte ich zur Siegessäule, wo mir auf den zum Großen Stern führenden Straßen unablässig Zehntausende Menschen entgegenströmten. Solche Mengen hatte ich noch nie gesehen. Die kamen tatsächlich alle auf einmal. In Gruppen, mit Kinderwagen und Fahrrädern – hier, wo sonst wochenends nur Touristen umherzockelten; ein Treck der ersten Tage, go west. Ohne Stadtpläne, ohne die gegangenen Wege zu kennen, steuerte der Instinkt oder der den Westen aufnehmende Geruchssinn die Masse. Über den Kurs des wie gehetzt eiligen Marsches vergewisserten sich Heraustretende durch die »Kudamm-Frage«, gerichtet an noch leicht unterscheidbare West-Passanten. Fahrig Fragende traten auf mich zu, während ich versuchte, Erkenntnisse aus den Beobachtungen zu ziehen. Warum wirkten diese Menschen so gestreßt? War die Mehrzahl überarbeitet, eventuell übergewichtig oder nur unvorteilhaft gekleidet, lag die Ursache ihrer Wirkung auf mich am politischen System oder lag's letztlich an zu schlechtem Shampoo? Derartig unsinnige Gedanken spielten verrückt in meinem Kopf. Die Erkenntnis, daß im bloßen Zuschauen bereits Sadismus steckt, sollte mir in jenen zwiespältigen Vereinigungsmonaten noch sehr häufig kommen.

Unter dem gleichen Datum des 11. November steht in meinem Notizbuch folgendes: »Sie will sich nicht als Ursache sehen, sie kommt ins Schleudern, wenn ihr jeweils Klares gesagt wird – weil sie sich selbst nicht klar verhalten kann. Sie schützt Verwirrungen vor, kann ihre Ambivalenz nicht erklären. So geht Lucia bei beiden Männern ein und aus, stets gern gesehen ...« Es handelt sich hierbei offenbar um den Deutungsversuch einer schwierigen Beziehungsgeschichte, die für alle Beteiligten nicht wünschenswert verlief. Dazu noch über der Notiz ein gerahmter Satz: »Immer den Teil der Ambivalenz wählen, der mich meint.« Der so nett Ermunterte war demnach ich, der andere ein vor drei Jahren aus dem Ostteil zugezogener Mann. Die Zahl solcher Übersiedler hatte sich nach meiner Beobachtung zuletzt stetig erhöht. Im Unterschied zu Westlern meines Erfahrungsspektrums mit doch meist verdeckt operierendem, in allen Lebensfragen strategisch vorgehendem Charakter offenbarten sich mir bei Ostlern Züge, die ich des nur flüchtigen Kennenlernens halber mit Offenheit, Konsequenz und Willensstärke umschreiben möchte. Die DDR litt sicher unter ihrem Verlust. Jedenfalls machte ich mir seit dem Herbst 89 außergewöhnlich viele, auch unsinnige Gedanken über den Osten und die von dort gekommenen Menschen.

Meine Aufmerksamkeit in diesen Tagen war auf selten anspannende Weise geteilt zwischen der privaten und der öffentlichen Entwicklung. Nichts mehr schien berechenbar, nichts mehr so wie früher. Meine Stimmung changierte enorm, die Ebenen vermischten sich heillos, jederzeit große Gefahr, ins Sentimentale hinabzuschießen. Die Bilder zeigten nur das Reale – die Wirklichkeit aber ist alles, sie schließt Hoffnungen, Vorstellungen und Wünsche ein. Wie jedoch wäre zu handeln? Einmal fuhr ich an eine sogenannte Grenzöffnungs-Stelle, die an einer spontan entstandenen, sumpfigen Übergangsstraße lag. Gleich mir verfielen dort angetroffene Bekannte in erhebliche Ambivalenzen, darunter auch junge Philosophen, nur ohne den so freudigen Gesichtsausdruck, den ihre sonst ständig erfolgreich laufende Gedankenproduktion erzeugte. Ganz eindeutig endete direkt vor uns der besondere Status des Gebiets. Mein erster Impuls, der Gedanke an Flucht und Abkehr, fand Befürworter – wir erwogen, den Schlamassel rasch und für immer zu verlassen, bis einem einfiel, daß wir einst Hergekommenen gar nicht wegziehen müßten. In diesem einzigartigen Ausnahmefall zögen wir bereits dadurch um, indem wir einfach hierblieben. Dieses Mal wäre es die Stadt selbst, die eine grundlegend andere würde.

Doch die mir immer fremd gebliebenen hiesigen Revolverblätter interpretierten den Mauerbruch seit der erstmöglichen Ausgabe eher gegensätzlich: »Berlin ist wieder Berlin.« So wurde Druck gemacht. Ich weiß nicht, ob es sich um ein situatives oder um ein charakterliches Problem handelt, wenn ich rascher Verluste sehe, wo andere Gewinne begreifen. Aber für mich war Berlin seit diesem Tag nicht mehr Berlin. Ich gehöre einer, nach alter Berechnung, hier sehr starken Bevölkerungsgruppe an, den Westdeutschen, Westlern, auch Wessis. Das mittlerweile alle Westbewohner im Gegensatz zum Ossi meinende Kürzel umschrieb zuvor lediglich die Bundesdeutschen aus Sicht der extraklassigen Westberliner, eine Dreiteilungs-Praxis. Der Wessi bezeichnete auch in die Stadt Zugezogene, zumindest noch für einige Zeit. Diese Gruppe umfaßte mehrere hunderttausend Menschen des saftigeren Teils der Altersbirne, sie kamen als Wessis, wurden Neuwestberliner und beließen doch lange Jahre ihre Koffer und Weihnachtstermine in Dortmund oder Starnberg. Da die meisten nach dem Mauerbau kamen, beschränkte sich ihr Fokus auf das mauerinnere Gebiet. Das war ihr Berlin, hier zeigten sie sich oft ungeplant seßhaft, zogen geplant alle möglichen Projekte hoch und leisteten womöglich erste Anzahlungen zwecks Toskanisierung. Mit ihren Koordinaten prägten sie lange die Halbstadt in vielen Bereichen, schrumpften nun aber rein rechnerisch in der Viermillionenstadt zur demographischen Minderheit. Während Geburtsberliner, selbst jüngere, das in ihrem Langzeitgedächtnis noch erhaltene Puzzle der Gesamtstadt einfach wieder zusammensetzten, japsten die gelernten Berliner nach Orientierung. Monatelang trugen sie sich gesprächsfetzenweise Stück um Stück der neuen Topographie zu – weißt du, was an Friedrichshain grenzt ... durch Weißensee geradeaus weiter, hinter Birkenwerder gleich rechts ... und du fährst in eine Wahnsinnslandschaft mit Graureihern. Fünf Minuten später tauchten kanarische Einsprengsel am Gesprächshorizont auf – Gomera blieb schließlich Gomera.

In einem Notizbuch von 1981 hatte ich einen Essay-Vorschlag an mich selbst gemacht, Titel: »Das Bild der Mauer im jungen deutschen Film«, Realisierung: »etwa 1999«. Die Mauerfilme befanden sich seit Anfang der Achtziger auf dem Weg zum eigenständigen Genre, und eine Untersuchung ließe sich doch sehr schön im Kulturprogramm vorstellen – die Nutzung des Gebildes als Metapher oder realistisch- psychologisch, meditativ abfahrend oder morbides Durchstolpern düsterer Ödzungen. Bei kleinen Etats nahm man stets das Original, Hollywood baute der besseren Handhabung wegen lieber ein ordentliches Stück Schutzwall direkt neben dem echten nach. Bis zum Zeitpunkt der Notiz kam ich auf 13 Spielfilme – Preisfrage für Cineasten – und wollte weitere abwarten. Aber meine Kinoleidenschaft generell und für derartige Streifen im besonderen ging zurück, zumal der Gegenstand und damit Zusammenhängendes aus privaten Diskussionen schwand. Nur im Small talk wurde der Tag X gelegentlich durchkonjugiert, eher scherzhaft meinte mancher, allein aus Tourismusgründen müsse das Ding stehenbleiben, selbst wenn's anderweitig überflüssig sein sollte – ein aus mangelndem Bedauern und bereits mangelnder Vorstellungskraft verfehlter Witz, wie sich zeigte. Noch im Sommer '87 wurde der teilstadtweit stets von Zornausbrüchen verfolgte US-Präsident kaltherzig verlacht, als er von Herrn Gorbatschow das Niederreißen der Mauer und die Öffnung des Brandenburger Tores forderte. Trotz längst angestaubter Marxismusabgesänge in Taschenbuchregalen, trotz des ahnungsvoll gegebenen Honecker-Worts auf »weitere hundert Jahre Fortbestand der Mauer« und trotz aktueller Botschaftsbilder mit ostdeutschen Flüchtlingsmassen in Prag wähnte sich jeder im Status quo der intransigent scheinenden Zweistaatlichkeit bis zuletzt sicher. Ich erinnere niemanden, der eine Grenzbeseitigung, und vor allem den Termin, auch nur 24 Stunden vorher prophezeit hätte. Ungezählte Schlaumeier-West und unzählige Sicherheitshuber-Ost waren nicht in der Lage herauszuspüren, daß eine Wende käme!

Aber sie kam. Und sie verwandelte diesen einzigartigen Ort, sie sorgte für seine Befreiung und brachte zugleich das unwiderrufliche Aus für die bewährte Nummernrevue Westberlin. Sie fügte den früheren Rollen einer Frontstadt, eines Schaufensters des Westens und schließlich eines Kulturzoos eine neue, extrem schwierige hinzu – die Aufgabe als Hauptstadt und zusammenwachsende, wirkliche Metropole. Ganz abgesehen vom konkreten, täglichen Gezerre um diese Rollensuche – was gäbe es an der neuen Situation zu bedauern? Die Atmosphäre war einfach futsch, das alte Flair im Eimer, das frühere Westberliner Lebensgefühl ging baden, die Motive fürs Hiersein verflüchtigten sich. Denn jene Westdeutschen waren in der Mehrzahl nicht gekommen, um hier das Personal der Hauptstadt einer obendrein noch erheblich vergrößerten Bundesrepublik zu stellen. Eben nicht, daß sie in deren repräsentativem Zentrum lebten, reizte die Wessis, sondern gerade das gewisse, von der Bundesrepublik abweichende Etwas gab den Ausschlag. Egal welchen fixen oder komplizierten Ideen der einzelne auch anhing, der flüchtige Charakter der Halbstadt, die zeitweilige Desorientierung und der nahezu exterritoriale Ausnahmezustand, das Tanger-Syndrom, luden geradezu ein zur täglichen Abkehr von westdeutschen Provinzwerten. Hier spielte eine andere Musik als im Citylife von Osnabrück, München oder Bonn, hier lauerten die schmuckeren Möglichkeiten, die hübscheren Abenteuer. Zusätzlich zu Studium und Ausbildung, zu Jobs und Szenen versprach Westberlin einen Tick mehr, das Ding glitzerte. Der Berlinbonus garantierte ein Plus an Freiheit und suggerierte Chancen der Selbstverwirklichung ohne bundesdeutschen Anpassungsdruck. Der bloße Zuzug bedeutete für viele den Ausstieg aus Leistungs- und Konsumdenken und den Einstieg in persönliche Alternativen oder eine innere Opposition. Der Ortswechsel allein besaß Bekenntnischarakter – so war es lange Zeit.

Will ich hier mit einem Nekrolog in die prosperierende Berlinpublizistik einsteigen? Mit einem Epitaph aufs hingegangene Lebensgefühl an den Rändern des Betroffenheitskitsches ein Nicken ernten? Nein. Aber jenseits der hinlänglich bearbeiteten großen Historie handelt es sich auch um ein abzuschließendes Kapitel meiner Biographie. Der Abschied vollzog und vollzieht sich noch in kleinen Schritten. Wer wie ich den Ostteil seit zehn Jahren nicht betrat, den überkamen beim bloßen Durchschreiten eines Tores Empfindungen und Eindrücke, die von der äußeren Realität her denen nach einer längeren Flugreise entsprachen. Denn die jenseitigen Stadtansichten unterschieden sich deutlich von den wenige hundert Meter zuvor gesehenen, die Luxstärke öffentlicher Beleuchtung nahm ebenso ab wie die Geräuschkulisse, die sich aufgrund der in etwa einheitlich PS-niedrigeren, beschleunigungsärmeren Motoren in mittlerer Frequenz einpegelte. Einzige Ausnahme ein mir bekannt vorkommendes, überlautes Jaulen der Krankenwagen – hier mußte ich mich bereits ein wenig revidieren, die DDR hatte für ihre Ambulanzen offenbar in der internationalen Sirenen-Boutique das gleiche Klang-Modell gekauft wie die Stadt New York.

Den ersten und einfachsten Wahrnehmungen zufolge schienen die beiden durch meinen Fußweg rasch verknüpften Stadthälften nicht zusammenzugehören. Ungeachtet der mich irritierenden Mutmaßung wanderten erhebliche West-Bürgermassen recht beschwingt weiter osteinwärts. Schon um den Schulterschluß mit ihnen zu vermeiden, setzte ich mich noch Unter den Linden in ein Hotel ab. Ich mußte irgend etwas tun, wie stets im Ausland, etwas anfassen – eine Zeitung kaufen wenigstens, und sei sie noch so dünn. In der, für den Standard des Hotels, relativ schmucklosen Halle gab es nur eine einzige – die sogenannte Zeitung der sogenannten Liberalen, die jedoch gleich in Dutzenden Exemplaren. Ohne den »Morgen« je gesehen zu haben, wirkte er auf mich wie in der vergangenen Nacht boulevardmäßig aufgemotzt und wies per Werbelogos und fettroten Balken als neuen Partner einen mir widerlichen, privaten Fernsehsender aus – der hatte als Bindungsangebot Großfotos seines Intendanten beigesteuert, eines im Vorleben vom westdeutschen Film entlassenen Regisseurs. Im ersten Impuls, an dieser Verbindung noch irgend etwas korrigieren zu wollen, sagte ich sehr laut zur Empfangsdame: »In der Eile hat sich das Blatt aber einen ganz großen Idioten ausgesucht.« Die Frau hob nur die Schultern, andere Bedienstete lachten beifällig, als verstünden sie den weitreichenden Sinn meiner Kraftworte. So begegnete ich beim ersten Besuch drüben gleich einem jener westlichen Quälgeister, die mit einem Minimum an Botschaft maximalen Raum beanspruchen und einfach nicht auszuschalten sind.

Im Erinnerungsspagat über die Monate eines Jahres hinweg betrachtet, haben die Geschehnisse eine erschreckend einfache Logik. Aber in jenen Wochen am Jahresende fehlte es mir an Klarsicht auch in bezug auf meine persönliche Situation. Oh ja, eine sentimentale Reise war das, jeden Tag, immer nahe am Wasser entlang. Die Poesie der Freiheit mit ihren gegenwärtigen und entlegenen Rührungsbildern dauerte an als Medienereignis, für mich sogar eines in doppelter Hinsicht. Für den bedeutenden Anlaß und zu bester Sendezeit mußten Hunderte von Kameramännern hinaus zum Dauereinsatz an die brechende Grenze. Liebling, heute hab ich Zeit für dich – diesen Satz hörte ich immer öfter und steuerte immer tiefer in eine Dreiecksgeschichte mit ungemütlichen Winkeln und – wie üblich in der Konstellation – einem Maximum an Rätseln. Die Wahrheit ist entweder simpel oder gar nicht herauszukriegen, so versuchte irgendwer, mir diese komplizierte Situation zu erklären. Meine Freundin verfügte über täglich zu konferierende Rätselmengen, abgeleitet aus den Formeln drei plus null, zwei plus eins oder zwei minus eins oder eins plus eins plus eins. Genauer gesagt, war sie somit bestenfalls unsere Freundin, die meine und die des mir weiterhin unbekannten, zweiten Winkels des Dreiecks. Er war einer dieser Kameramänner im ständigen Einsatz an der Tag und Nacht weiter zerbröselnden Mauer, hervorragend und zuverlässig, nach meinen Informationen. Wir kommunizierten bis dahin durch schwache Zeichen ausschließlich über das Medium Lucia – eine denkbar schlechte Verständigung mit hohem Klirrfaktor. Eine Dreierbeziehung mag alltäglich sein, somit läge darin auch etwas Verrohendes, aber fürs Viereck reicht's nicht immer. Lucias mir zusätzlich geschenkte Freizeit hinderte mich an der vollen Konzentration auf die historischen Ereignisse, obwohl manche der abends gesendeten Bilder ihres Freundes uns sogar Gelegenheit zur gemeinsamen Betrachtung gaben. Nicht nur wer liebt, hat recht, sagte ich mir wiederholt, sondern auch noch recht hat, wer auch noch liebt. Aber unser komplizierter Schwindel verschaffte mir schale, nahezu verräterische Gefühle, stärker als sonst belasteten die süßen Stunden mein Gewissen wie ein doppelter Betrug. Aber gibt es Fairneß in einer solchen Affäre? Sollte ich abwarten, bis das Deutschland-

Hoch und seine Vereinigungs-Filme vorbei sein würden? Meine Bedürfnisse so lange aufschieben, bis wir die Rendez-vous wieder der unter gleichen Bedingungen aushandeln könnten? In ihrem ständigen Wechsel von Euphorie und Schuldgefühlen haben sich diese empfindsamen Wochen tief bei mir eingeprägt.

Dann kippte bekanntlich die Stadt in ihrem Inneren. Im äußeren Bild verlor sie das Gleichgewicht wie ein Seelenverkäufer, aus dessen Mastkorb der Ruf Land-in-Sicht erscholl, worauf die Massen von Backbord nach Steuerbord liefen. Die aus dem Osten auf West-Achse Gehenden verließen das eigentliche Zentrum, Ostberlin genannt, um eine City zu erreichen, die aus ehemaligen Vorstädten besteht, Westberlin genannt. Mein vom Leben in anderen Orten gewohntes Stadtgefühl hat das Fehlen dieser Stadtmitte immer leicht beeinträchtigt – auch fehlten mir im Westteil die gutgewachsenen, gereiften Vergnügungsviertel; in teilungsbedingter Not hatte man einfach beides im Kudamm-Zoo-Bereich zusammengebatscht, was eine seltene Mischung der Sphären Wert- und Wühlkauf, Nacht-Asyl und Schulwandertag nach sich zog. Dennoch funktionierten die aufgemöbelten Vorstädte und die alte Mitte jeweils für sich, als aneinandergebaute, nicht siamesisch verbundene Städte, urban und vernünftig wie zwei weit voneinander entfernte – obwohl nur durch eine Wand getrennt. Seit einem halben Jahrhundert kommt Gesamtberlin Exzentrikern und Psycho-Therapeuten entgegen: als Ganzes geviertelt, halbiert und in Ideologiekonkurrenz neu errichtet, jetzt wieder zusammengefügt zu einer Gemeinde und trotz optischer Durchmischung erneut in enorme Schieflage geraten, was die soziokulturelle Differenz betrifft. Berlin erschwerte mir als Bewohner die Identität und Identifikation. Mit der anderen Hälfte stimmte die Chemie einfach nicht, um es modisch auszudrücken. Ich werde beim Überschreiten an jeder Stelle der einst realen noch lange eine imaginäre Demarkationslinie spüren, der Grenzstrich ist im Bewußtsein gezogen. Im ersten Jahr seit der Öffnung zählte ich sogar meine in den Ostteil führenden Einreisen. Bisher waren es genau acht Kurztrips – so viele wie Italienfahrten in den letzten Jahren.

Ständig nahm ich mir vor, gemahnte mich fast, in das Beitrittsgebiet zu fahren, um dieses oder jenes zu unternehmen. Ich bin eben kein Anwalt, der seine Termine zu einem Extra-Osttag zu bündeln wußte, und erst recht kein Makler, der alle nasenlang zu Gänsebraten-Essen mit Pastoren nach drüben aufbrechen mußte. Mir blieb dagegen, mit Interesse, mit Begeisterung sogar alle erreichbaren Folgen der zahllosen Zeitungsserien zu lesen, die mir neue Rundkurse ins frischgewonnene Umland nahebrachten, in Varianten per Bahn, Schiff, Fahrrad oder zu Fuß. Die Kilometer für Kilometer genau beschriebenen Routen-Vorschläge konnte ich jedoch nur in geringstem Maße umsetzen. Keine Zeit für die Geschenke der Einheit? Zuviel Neuland auf einmal? Inselgewöhnung, Berührungsängste oder gar ein Nachtragen der ekligen Restriktionen des alten Regimes? Ich blieb sparsam mit Besuchen, weil mir das Land in zu vielen Belangen fremd war, fremd im unbehaglichen Sinne, fremd in seiner selbst im Zerfall noch spürbaren Strenge, in seinem Mangel auch. Und befremdlich fand ich daher jedwede lockere Pose meiner westdeutschen Landsleute bei der Besichtigung der monatelang währenden Noch-DDR, deren Menschen in Mehrheit doch bald bedrückt wirkten. Mir mißfiel die pseudo-exotische Atmosphäre, die das Schauspiel vom Zusammenprall zweier so verschiedener Arten von Deutschen erzeugte. Dieses westliche Anfahren in voller Montur, das Gegucke nach Ostensien, das Gestarre ins magere Equipment des dortigen Alltags, das eiskalte Ausforschen der juristischen oder direkten Besitzmöglichkeiten, die Suche nach Kuriositäten und Schnäppchen, um dann angenehm erschaudert oder womöglich gestärkt aus dem rückständigen, gar sterbenden Teil in den intakten zurückzukehren. Bei dieser Art Begegnung zuzuschauen war für mich obszön – und obszön fand ich auch meinen Blick auf die Verwirrung der Menschen in einem sich auflösenden System, auf ihre entrückte Agonie, ihre Hilflosigkeiten. Ich weiß, diese Eindrücke sind nicht beweisbar. Aber wenn schon die Zahlen der Vereinigung nicht stimmten, wie sollten es dann die Beobachtungen?

Also zurück in den Westen, mit sausendem Rätselkopf wie eh und je. Tatsache war, daß die Volkskammer mich schneller zum Bundesbürger machte als gedacht. Auch das Fehlen dieser Gunst hatte mich eigentlich nie gestört. Es war kein eingeengtes Leben hier – es gab Durchfahrt in jede Ferne, genügend Abstand zum Westdeutschen, und noch ein paar Mark obendrein. Nun fielen die Subventionen unter den Tisch, kaum begreifbar, und die »behelfsmäßigen Personalausweise« konnten im Museum abgegeben werden. Für die neueingeführte Wehrpflicht mußte ich zum Glück nicht einstehen – einer der wenigen Vorteile ab 40 aufwärts –, aber mit dem Refugium Westberlin ging es nicht nur in der Hinsicht zu Ende. Um keine Zweifel aufkommen zu lassen, ich bin seit Geburt Deutscher, doch als folgsamer, stubenreiner Bundesbürger fühlte ich mich selten – vielleicht eine Selbsttäuschung.

Mir kam Westberlin gelegen: Sein Status und andere spürbare Folgen der NS-Zeit, auch die Alltagsrealität hemmten allzu nationale Sichtweisen, neutralisierten den Blick. Um den Ort herumgebaut existierte etwas, das die Konsequenzen des Bundesdeutschseins angenehm minimierte. Und dazu stand zwischen ihm und dem Westen die berühmte Rote Armee, die mich mit ihrem Gewurstel in der Transitlandschaft mitunter erschreckte, bis sie sich kehrtwendend auf den Gewehr- und Helmverkauf verlegte. Und vergleichsweise ebenso außerhalb des bundesdeutschen Rahmens lag vieles, was in der bewachten Enklave während der siebziger und achtziger Jahre entstand: Innerhalb seiner wirtschaftlich problematischen Stadtgesellschaft, verzahnt mit den Wissenschaften und Künsten, blühten bekanntere und unbekanntere Sub- und Gegenkulturen, die für die Mehrzahl der Hinzuziehenden den eigentlichen Reiz Westberlins ausmachten.

Ich weiß, das ist blauäugigster Lokalpatriotismus und passé obendrein. Aber angesichts der ständig wiederholten Parole, jetzt gelte »das Primat der Wirtschaft«, und angesichts schon erfolgter Kürzungen im Kulturetat gestatte ich mir diese Erinnerung. Denn einst versprach dieser Standort von vornherein Erkenntnisvorteile, hier wurden innere und äußere Autoritäten ausgehebelt, Emanzipationen aller Art geprobt, lehrreiche Nischen entdeckt, ausgebaut und schließlich in den Stadtalltag integriert. Der Un-Ort schien das Monopol, in jedem Fall das lockende Image zu besitzen, den experimentierfreudigen Überhang aus Wessieland abzuschöpfen wie keine andere Stadt. Auch die mich weniger interessierenden Bewegungen hinterließen manch lehrreiche Ohrfeige und bunte Fäden in meinem Seelenkostüm – die Hausbesetzer oder die gleichgeschlechtlich Liebenden, die Tunixler und die Netzwerkler, die Schwoofkünstler oder das schrille Völkchen, kurz: die versammelte Allianz der Alltagsveränderer. Anspruchslos wohnen und leben, aber auf hohem Niveau diskutieren und Erfahrungen machen, sagte diese permanente Begegnungsgemeinschaft und schuf eine im deutschsprachigen Raum kaum vergleichbare Kulturoase. Westberlin war eine einzige Schule der Sensibilität (aber mich hat's Leben hier verroht, sagt Lucia). Daß linksaußenvor manche Karriereplantage blühte, brachte auch Farbe. Trinkfreude waberte durch die Bezirke, Kopfkissen gingen in Flammen auf, und Mülltonnen segelten übers Pflaster – aber immer für einen guten Zweck. In der kilometerlangen Spruch- und Bildwand der Mauerkunst hatten wie auf einer unendlichen Schultafel zahllose einzelne über Jahre hinweg die Logos dieses Lebensgefühls verewigt. Erst durch deren authentische Schönheit verlor die Mauer von ihrem Schrekken und gewann den zweiseitigen, eigentümlichen Wert. Und in einem Akt von doppelter Symbolik bedeutete ihr Abbau nicht nur das Ende des deutschen Sozialismus. Als die bunten Segmente an den Haken der Baukräne hingen, war das zugleich der Schlußakt einer bewegten Epoche im früheren Westberlin.

Ohne Zweifel mußten die Veränderungen für jeden auf der anderen Seite viel gravierender sein. Die Euphorie, falls es denn eine über die ersten Tage hinaus gab, verlor sich rasch angesichts neuer Abhängigkeiten. Sichtbar schnell reagierten darauf staatliche Stellen wie die Fernsehsender, deren Zensurkorsett am Rücktrittstag Honeckers riß und die blitzschnell als Pendant zur sozialistischen Wahrheit sogar sonntags TV-Werbung für Produkte einführten, die es im Lande gar nicht zu kaufen gab. Faszinierend und bedenklich mitzuerleben, wie Redakteure und Moderatoren sich binnen kurzem freisprachen, als hätten sie das Modul mit der Textsorte wie ein Gebiß getauscht; immerhin, unüblich für sogenannte Revolutionen, überlebten die Sender länger als ein Jahr. Nichts aber signalisierte den drastischen Mentalitätswechsel im Frühjahr '90 so deutlich wie die schal(c)khafte, höhnende Maßnahme, von Staats wegen das eben noch todbringende Mauerwerk als Geschichtskitsch zu verkaufen; man rechnete grob hoch auf eine gute Milliarde. Diese Idee war schon tüchtig neuwestdeutsch, erst kommt das Verkaufen und dann die Moral.

Eine ungewohnte Gier bemächtigte sich der Gesamtstadt von beiden Seiten und von außen her. Die darin liegende Verkehrung von bisherigen Ortsverhältnissen machte mir zu schaffen (Achtung: Betroffenheit!). Denn wesentlich am Leben hier war für mich das Fehlen von allzu aufdringlichen Profitsüchten und übermäßigem Geschäftsehrgeiz. Noch bis in die achtziger Jahre lockerte das die sonst für westdeutsche Großstädte geltenden Kampf-Normen und trieb die Nestwärme entsprechend hoch. Das begünstigte doch – neben den Haushaltssubventionen natürlich – die Bedingungen für Wissenschaft, Künste und selbstorganisierte Projekte. Je länger ich mich aufhielt, desto größer ward jedenfalls mein Abstand zum bundesdeutschen Geschäftstreiben und Konsumwillen, und je länger ich hier lebte, desto entfernter schien mir allerdings auch die DDR mit ihren sozialistischen Errungenschaften – wie einmalig auf deutschem Boden sie auch immer waren.

Doch als Kehrseite der Gier zeigten sich bald Ängste wie Kriechströme in den dünnen Verbindungen zwischen beiden Hälften – die Verostung der Gesamtstadt wurde befürchtet. Oder sollte es möglich sein, daß durch die Zusammenlegung der beschränkt geschäftsfähigen, zuletzt sogenannten Kulturstadt Westberlin und der antikapitalistischen Regierungsstadt Ostberlin eine große Wirtschaftsstadt Berlin entsteht? Ja. Hart für die eine Seite und härter für die andere? Ja. Das ist späte Einübung in die systemimmanente, strukturelle Ungleichheit im Kapitalismus – und außerdem im Osten vom Sozialismus her bereits bekannt. Krempelst du jetzt auch die Ärmel hoch? Ja, jeder muß wirtschaftlicher arbeiten. Also geht's rauf mit deinem Bruttoschönebergprodukt und runter mit den inneren Widersprüchen? Aber wäre Hemdsärmeligkeit nicht etwas Schreckliches? Die Wohlstandstafel ist kein unbegrenzter Ausziehtisch. In diesem Jahr der Fragen lagen mein Ich und mein Medien-Ich im Dauerclinch.

Klarheit gewann ich zumindest in einer persönlichen Hinsicht – schon zum Jahresanfang '90 hatte mich Lucia zugunsten des Mitbewerbers verlassen. Sie war wieder in die Anonymität einer noch größer gewordenen Stadt entwichen. Eine wochenlange Serie von letzten Sätzen ging mit einfachen Worten zu Ende. Vorbei der Schrecken für mich erwartungsfrohen Mann, feine, von einem anderen zeugende Spuren nächtlicher Überanstrengung auf dem Gesicht der ersehnten Frau sehen zu müssen. Vorbei mein Schmerz der Fast-Entsagung, sie trotz ihrer Unerreichbarkeit inständig zu begehren – aber zwei deutsche Männer waren ihr einfach zuviel in jenen Tagen. Das mußte ich einsehen. Selbstbefragung nach dem Bad: Wie wurde der Tort überstanden? Waren Gewichte verschoben, das Becken gesackt, die Beine um Bruchteile eines Grades nach außen gebogen? Eben noch harmoniesüchtig, nun anhaltend melancholisiert, kaufte ich mir bronzierte Spiegel.

Meine erste Begegnung mit einem Ostberliner aus dem Bereich oberhalb der herrschenden Arbeiterklasse verlief eher spröde. Es war Ende Dezember '89, die Atmosphäre noch intakt, noch nicht durchmischt von westlichen Elementen wie kurz darauf. Ein befreundeter Lehrer, mein Generationsgenosse und seit vier Jahren in den Westen ausgebürgert, nahm mich mit nach Berlin-Mitte. Anfangs trieb er in starker Erregung die Stadtführung voran, sogar leicht euphorisiert mit stolzen Kommentaren über tatsächlich erstaunliche Bauleistungen, selbst der Palast der Republik kam in seiner Kritik gut weg. Doch mein Begleiter mußte in einer fürchterlichen Situation gewesen sein: Denn plötzlich stand ihm seine mit der Übersiedlung für alle Zeit abgeschlossene Vergangenheit wieder vor Augen, nicht nur in Form der Stadtlandschaft, sondern auch in Gestalt von Kindern, Ex-Ehefrauen und längst und für immer verabschiedeten Freunden, die in den letzten Tagen überraschend an seiner Kreuzberger Wohnungstür geklingelt hatten.

Unser Ausflug führte in eine dieser oft fotografierten Kneipen im Fünfziger-Jahre-Stil, dunkle Holzverkleidung und Pferdehalfter an der Wand, wo wir einen seiner früheren Mitstreiter trafen, heute Kulturredakteur, einen schlaff wirkenden Mann unseres Alters. Bei den von mir im Westteil der Stadt kennengelernten DDR-Exilanten dachte ich in den meisten Fällen, warum bloß wirft dieser Staat seine besten Leute raus – bei jenem im Osten gebliebenen Redakteur hatte es offenbar keinen Grund für eine Ausbürgerung gegeben. Das Gespräch zwischen den beiden verlief recht klamm, vorsichtig, irgendwie gestört. Offenbar waren sie zehn Jahre zuvor aneinander abgeprallt bei der Frage, wie füge ich mich ins System ein und wie eher nicht, mache ich noch so kleine Schritte hinein oder lieber hinaus oder bin ich – wie im Falle meines Begleiters – bereit, jede Konsequenz zu ziehen? Ein vielleicht noch nachvollziehbares Problem, in jeder Gesellschaft dem verstehbar, der ihren Aufbau, die Verkehrsformen und Sprachregelungen kennt. Mir war etliches davon erzählt worden, aber ohne eigene Erfahrung senkte sich das weniger ins Bewußtsein ein. Denn nun begann eine diffizile Unterhaltung der beiden mit Erklärungen, angedeuteten Beschuldigungen und Rechtfertigungen, bei denen ich selten auf der Höhe des Sinns und der jeweiligen Position war. Durch den Versuch, ihre lang zurückliegende Vergangenheit aufzuhellen, und durch die aktuell bestehende politische Ungewißheit verrätselte sich mir als Zuhörer das Gespräch doppelt.

Heute weiß ich, daß ich an diesem Abend in einer deutschdeutschen Schlüsselszene saß. Ich meine die Bereitschaft und Fähigkeit zum Verständnis, die aus Westsicht eine Anstrengung bedeutet. Unsere Biographien waren für Generationsgenossen extrem unterschiedlich verlaufen. Mein Gegenüber, ein DDR-Bürger in der Erfolgslaufbahn, mein Begleiter, der noch drüben gerade an diesen Verläufen verzweifelt war, und ich, ein Westsohn bis in die Knochen, die ohne amerikanische Trockenmilch kaum gewachsen wären. Mir hatte in der Vergangenheit schon der Oberflächenblick gereicht, um den irreal existierenden Sozialismus als Lebensform nicht zu begehren – ein Graus, sicher auch ideologisch genährt, stets das Gedankenspiel, mich in einen nur ungefähr vorstellbaren Ostalltag hineinzuprojizieren.

Aber wie das System wirklich über Jahrzehnte funktionierte, wo sich trotz aller Reglementierung dann doch irgendwelche Lücken auftaten, ob und wie ein Umgehen der Autoritäten möglich war, weiß ich natürlich bis heute nicht. Und läse ich zehntausend Buch- und Magazinseiten und sähe noch den letzten Defa-Regal-Film, wüßte ich nicht, was es heißt, im Sozialismus geboren zu sein. Vom obligaten DDR-Kinderlied »Kleine weiße Friedenstaube« erfuhr ich erst im Alter von 43 Jahren, zum »Plenum um 11« ward ich nie gerufen, und am Scheideweg von Partei-Staat-Karriere oder Nichts stand ich niemals. Aber das weiß ich inzwischen – jede in der früheren DDR durchlebte Erfahrung, jede Kindheitsgeschichte, jede Berufssituation hatte eine andere Bedeutung, jeder Begriff und jedes Wort besaßen und besitzen eine völlig andere Aura als im Westen.

Wo immer eine sozialistische Haltung behauptet wurde, verwirrte mich jedoch die schwer zu unterscheidende Vermischung von gesellschaftlichen und persönlichen Motiven. Verwirrend auch, daß ein System, das prinzipiell materielle und andere Vorteilsnahme und Privilegien einzelner gegenüber der Masse ausschloß, sie in kaum durchschaubarer Weise letztlich doch ermöglichte oder gewährte. Dem Redakteur war es gut bekommen. Der hatte den Laden vielleicht nicht so ernst genommen wie sich selbst. Und jetzt? Würde er, nachdem Ochs und Esel den Lauf des Sozialismus hart gebremst hatten, daran festhalten? Während ich von einem Westler selbst auf die verschlüsselteste Weise nach wenigen Minuten zumindest Anhaltspunkte erfahre, brauchte ich hier Stunden, um aus den hochliterarischen Verständigungsschleifen Gewißheiten herauszuhorchen. Umschreibend zog der Redakteur es vor, von Reaktionen anderer zu erzählen wie jener eines, der lächelnden Nachfrage meines Begleiters zufolge, beliebten Mitglieds ihrer alten Clique. Sechs Wochen habe er gebraucht, um den Mann zu einem Spaziergang in die Freiheit jenseits des Schutzwalls zu überreden. Und dann nur für eine Stunde, sagte der Redakteur, und nur weil es in Westberlin bessere, bestimmt demnächst nötige Schlagringe zur Selbstverteidigung gebe. Mit dieser Geschichte war die Frage nach der Staatstreue sogar zweifach so gut wie beantwortet. Gerade seine Zurückhaltung verstärkte bei mir den Eindruck seiner Anhänglichkeit an alte Positionen, das leise Beharren gab mir dazu eine Ahnung von der Unnachgiebigkeit, die das frühere Regime Spielverderber jederzeit spüren ließ. Das letzte Rätsel, das mir schon länger im Kopf herumsauste, löste er schließlich selbst und ganz direkt. Nach dem Zusammenbruch und in der neuen Freiheit noch aus der Partei auszutreten, so bekannte er seine Mitgliedschaft in der SED, wäre doch wirklich keine besondere Leistung.

Während mich die Ereignisse heftig aufscheuchten und mein Interesse an der DDR paradoxerweise mit ihrem Verschwinden wuchs, blieb so mancher Genosse ruhig sitzen, auch ein Jahr danach am selben Schreibtisch und in der gleichen Mietvilla. Wer das harte System des Sozialismus überdauert, sagte Andrej Sinofjew möglicherweise zu Recht, wird allemal auch im Kapitalismus durchkommen. Mir schien jedoch jede These sofort in die Antithese wandelbar. Denn meine ersten Eindrücke vom Zusammenprall einer Mangel-Gesellschaft und einer voll ausgestatteten bestätigten diese Aussage nicht. Nur bedingt vielversprechend ist vermutlich die organisierfreudige Tauschmentalität, mit der mich mein Gegenspieler im Fußballfreund-

schaftsspiel bei der Volkssportgemeinschaft (VSG) Birkenwerder anging. Angesichts des sumpfwiesenartigen Spielfeldes entnervte er mich und meinen Stürmerdrang gleich zu Beginn mit attackierenden Fragen, ob ich nicht Kontakt zu einer Tiefbaufirma, einem Dränagefachmann oder Entwässerungsunternehmen hätte, und wenn ja, wenn der Rasen auf die Weise in Ordnung käme, gäb's für uns ein halbes Schwein oder auch den Sportplatz selbst, in offiziell geteilter Nutzung.
Ein lästiger Unterscheidungsmechanismus schlich sich in meine Wahrnehmung ein, ein Reflex fast schon: Nichts dagegen zu machen. Mein Zeitgenossen-Blick sortierte ständig Situationen nach deutsch-deutschen Unterschieden. Wenn mich bei einer Diskussionsveranstaltung meine Nachbarin nach der eventuellen Pause fragte, kam beim Prüfblick aufs nicht ganz modische, enge Wollkleid sofort der Gedanke, die Frau ist hier nicht heimisch, sie spürt nicht aus dem Saalduft heraus, daß es bei dem Charakter und Ablauf eines Gesprächsabends eben keine gebe. Sah ich in einer Kneipe mittleren Standards einen vollbärtigen Mann am Pfeiler etwas abseits stehend meine Teilzeit-Freundin Lucia skizzieren, war klar, dies Porträt fertigt ein Ostberliner, der noch nicht weiß, daß es weder Geschäfte noch allzu lange Gespräche nach sich ziehe. Es muß für ihn und andere zahllose winzige emotionale Enttäuschungen gegeben haben – oder anders, Einsichten in die Fremdheit – und als Folge eine Art Rückzug nach ersten Ausflügen. Die Noch-DDR richtete sogar Westschock-Therapiezentren für Jugendliche ein. Abgesehen vom nötigen Konsum hielt sich die östliche Lust auf Entdeckung der westlichen Freizeitwelt bald in pekuniären Grenzen. Mit Aufhebung der Spaltung wurde die historisch-sozial gewachsene Landesgrenze erst klar sichtbar –

der Beginn der Vereinigung bedeutete auch den Anfang einer neuerlichen Entfremdung.

Radelnd und joggend nahmen die Westmenschen die neuen Freiflächen und Seenplatten gern an – auf die neuen Achsen legten die Vereinigten feiertags widerliche Autoschlangen von unglaublicher Länge und verkapselten sich in Blech und Elaste. Aber auf der sonnigeren Seite schien das Jahrhundertereignis langsam zum Thema herunterzukommen. Meine nicht repräsentativen Umfragen ergaben rückläufiges Interesse. Die Volkshochschule eines Westbezirks lud den Lehrkörper einer VHS-Ost zu lockerem Erfahrungsaustausch ein. Die Ostkollegen erschienen vollständig und in Schlips und Schärpe, machten eifrig Notizen über die beruflichen Gespräche, private kamen anschließend kaum in Gang. Sehr unterschiedliche Menschen in unterschiedlichen Lehrsystemen und mit verschiedenem Status – östlicherseits festangestellte Lehrer, dazu aus einer typischen Westnische freie Mitarbeiter, die die Angelegenheit in unbemühter Souveränität wegplätschern ließen. Der Gegeneinladung in den Osten folgte lediglich eine Person – wie mir ein Beteiligter erzählte. Jahrzehntelang durchdifferenzierte Alltagscodes erschweren das Einleben in die Gemeinsamkeit enorm – eine vielschichtige, heterogene Westgemeinde steht einer wesentlich homogeneren Gesellschaft Ost gegenüber. Doch als am Ende des Vereinigungsjahres beide Hälften erstmals gemeinsam wählten, wirkten die Ergebnisse eher seitenverkehrt – Kommentare erkannten anstelle der Mauer gewachsene, gläserne Wände. Am leichtesten durchdrangen sie täglich neue, unfaßbare wirtschaftliche Horrorzahlen, sichtbarste Zeichen einer denkbar unklaren Lage. Mein einheimischer Anwalt erzählte, er habe Schwierigkeiten mit der Lektüre seiner Ost-Post. Die Briefe seien auf verzwickte Weise in einem dialektischen Geschäftsstil verfaßt und ließen stets durch vielfältig deutbare Bescheide und Auskünfte das Ende offen. Wie rätselhaft und in welchem Zeitraum würde ein möglicher Zusammenschluß der in beiden Ländern existierenden nationalen Hegel-Gesellschaften vonstatten gehen?

Ja, ich gebe es zu: Ich war bei der Stasi. Am 4. August 1990 gegen 13 Uhr befuhr ich mit einem geliehenen Damenfahrrad, Marke Condor, 16er Zollgröße, aus Norden kommend die Karl-Marx-Allee ostwärts in Richtung Wladiwostok. Gegen 13 Uhr 35 erreichte ich die Bezirksverwaltung Lichtenberg. Das geschah aus freiem und festem Entschluß, obwohl ich einräume, die Fahrt gegen den Rat meines guten Freundes »Spasski« unternommen zu haben. Nach meinen Informationen handelte es sich bei der Dienststelle Magdalenenstraße nur um eine der Nebenstellen der Zentrale des Ministeriums für Staatssicherheit. Sie war Teil eines enormen Verwaltungs-Komplexes, eines weitläufigen Karrees sechs- und mehrstöckiger Gebäude mit hunderten, wenn nicht über tausend Räumen. Den Bereich des Dienstes erkannte ich außer der Einweisung daran, daß relative Stille herrschte vor dem Trakt. Alle Fenster waren geschlossen und mit täuschend echten Wohnzimmergardinen gründlich zugehängt, kein Hauch von Bewegung von Stockwerk zu Stockwerk feststellbar. Das beobachtete ich vom Innenhof her, aus der Mitte einer gemischtdeutschen Schlange vor einem Sondergebäude. Trotz der Schweigsamkeit der Anstehenden und trotz gegenseitig musternder Kontrollblicke bestanden keine Zweifel, daß wir gemeinsam hier warteten, um ins Innere der Abteilung zu gelangen. Eine zähe Angelegenheit – wir wurden einzeln in einen geräumigen Versammlungssaal eingelassen. Ich hatte übrigens nicht vor, beim Dienst etwas mitgehen zu lassen wie der Kollege »Book« aus Ch., der mir vier Wochen zuvor berichtete, er sei seit seinem Besuch der Zentrale Normannenstraße im Besitz eines kristallenen Likör-Gießaufsatzes des leitenden Funktionärs, Herrn Mielke, in dessen Büro er Zeuge einer Begehung gewesen sei.

Der Grund für meinen Besuch hing unmittelbar mit dem hochsommerlichen Wetter zusammen. Zweifellos ist Berlin eine Ventilatorenstadt. Gegen den Hitzestau in meinem Dachstübchen bräuchte ich schon zwei bis drei Stück, die saisongerecht und zum überraschenden Dumpingpreis von zwei Mark der Staatssicherheitsdienst anbot. Jeder wollte von der Einheit profitieren, ich auch. Möglicherweise leitete mich eine kühle Absicht, die Tatsachen aus dem bisherigen Dunstkreis der Ventilatoren nicht ausreichend berücksichtigte. Für den Markt war das hallenartige Sondergebäude umgestaltet worden, auch die singspiel- und theatergeeignete große Bühne wurde zum Verkauf des Stasi-Trödels genutzt. Zunächst durchlief ich eine Reihe mit zwiebelgemusterten Kaffee-Services für sechs bis vierzehn Personen, komplett, es folgten Werkzeuge, Laborzubehör, Zelte, Schuhe und Gummistiefel auf Grabbeltischen, dann ein Stand mit aus Kunststoff selbstgebastelten Akten-Umlaufmappen diverser Größen mit angetackerten Klarsichtschildern, schließlich Tonband-Markengeräte West der sechziger Jahre und massenhaft mir unbekannte, defekte Fotokopier-Holzklötze, waschmaschinengroß. In der Fitneß-Abteilung erwartete mich als einer der Höhepunkte ein hochgetürmter Berg Spikes, neuwertig im Karton, für schnelle Beine, schade – zu spät.

Zum Ausruhen geeignet dagegen eine bunte Ecke mit Gartenmöbeln plus Zubehör wie Laubrechen und zu Bündeln zusammengestellte Schneeschieber. So ließ es sich leben, ganz manierlich hergerichtet. Aber die Ventilatoren fehlten! So kam ich mit der Leitung ins Gespräch. Das wäre ihm ein völliges Rätsel, sagte der geschäftsführende Stasi-Beamte, noch gestern hätte er Hunderte Ventilatoren hier gesehen. Dann verwies er auf seine guten Beziehungen in der landesweiten Organisation und darauf, daß sich in Sachen Ventilator mit Sicherheit bald wieder etwas tun würde. Ob ich nicht einstweilen seine Telefonnummer haben möchte – ich könnte ihn jederzeit anrufen, und wir würden dann noch einmal in Ruhe über die Sache reden. In Sekundenschnelle mußte ich den komplizierten Problem-Komplex durchdenken und mich entscheiden. Ich beschloß, die Telefonnummer nicht anzunehmen, und verbrachte den Rest des Sommers in zunehmend stickiger Luft unter meinem Dach.

Natürlich nur aus Neugier, und nicht etwa als Pedalritter der Gerechtigkeit, radelte ich auch bei diesem Besuch über die Grenze. Zum Paradox, oder gar neuen Mythos, wurde ein Dienst, der, der Aufklärung wegen installiert, nun selbst wahrscheinlich niemals in all seinen Handlungen nebst Konsequenzen aufgeklärt werden kann. Er wird der unaufgelöste Rest im Gemütsnachlaß der DDR bleiben. Ostberlin, die ehemalige Hauptstadt, ist offen nach allen Seiten. Aber mich wunderte nicht, wenn manche Bewohner die frühere Propaganda ihrer Machthaber noch heute auf möglichen Wahrheitsgehalt überprüften oder, ein nicht geringeres Übel, sich darüber empörten, daß zahlreiche frühere Günstlinge auch neuerlich Machtpositionen innehaben. Und Westberlin, die ehemalige Halbstadt, ist mit Sicherheit eines nicht mehr: freiwilliger Zufluchtsort für BRD-Unlustige und unfreiwilliges Exil für DDR-Unpassende. Ob die daraus resultierenden inneren Strecken zurückgelegt sind, weiß nur der einzelne selbst. Ich jedenfalls, noch immer als einst aus Westdeutschland Zugezogener gegen nicht geringer gewordene Fremdheit ankämpfend, kriege die verschiedenen Berlins nur schwer im Kopf zusammen.

Ein fremdes Land lernt man am besten in seinen Supermärkten und Diskos kennen, sagte mir ein amerikanischer Schriftsteller einmal, und nicht in seinen Museen und Kathedralen. Ich führte ihn in die erste Disko am Platze, und nach zehn Minuten hatten wir uns für den Rest des Lebens aus den Augen verloren. Doch als mir im Winter '89/90 zwei Bekannte vorschlugen, laß uns mal in den Osten rüber zum Tanzen gehen, war meine Neugier da. Die beiden kannten sich auf der anderen Seite gut aus, drei, vier Jahre zuvor noch lebte einer in Dresden, einer in Berlin. Im innerstädtischen Hin und Her gab es keine einfachen Formen mehr – wieder begann eine kleine Zeitreise. Bei Ostmenschen stimmen die Begriffe noch, und tanzen gehen hieß, daß wir dementsprechend tatsächlich nach Mitternacht ein Ballhaus betraten, eine sofort erkennbar geglückte Einrichtung voller Reiz. Im Halbdunkel des hohen Saales hatte ausgerechnet hier eine gastronomische Urform die Jahrzehnte überlebt – der Bal paré, das jeden Abend mögliche Fest, alles stimmte, alles richtig placiert, die Bar an der Rückwand, die Nischen, die Balustraden der Rundumempore, das Podium vor der Tanzfläche, und an deren Rande wir drei an Tisch 17. Sah so der Ort der Verlockung, der verführerischen Spielchen der allseits entwickelten Persönlichkeiten aus? Nutzten Filou rouge und seine gleichberechtigten Schwestern hier die Chance zum lustvollen Irrtum, oder begegneten sich die Damen und Herren nur im planvollen, perspektivischen Ernst? Wie meist in den Domen der Versprechung verfing ich mich in einer Endloskette der Vermutungen, der Fragen ins Nichts, des unfaßbaren Interesses. Was wäre dies hier, und was wäre anders als anderswo? Der Ritus schien ausgedehnter: das Ausgucken, das Auffordern, in Partnerhaltung tanzen, sich unterhalten dabei, das Zurückbegleiten der Frau – die konservierte Form des alten deutschen Tanzvergnügens. Mein Ich, längst abgeschliffen in den mir einmal mehr eindimensional vorkommenden West-Diskos, kehrte für Momente in die sechziger Jahre zurück, verlebt in ähnlichen Lokalen in deutscher Provinz, mit einem vergleichbaren Gefühlsstau von Scham, Unsicherheit und Lust wie jetzt. Supermarkt und Disko, Ballhaus und Kaufhalle. Ein fremdes Land, dachte ich, lernt man doch am besten in seinen Betten und Küchen kennen, oder? Russinnen, sagte einer meiner Begleiter, diese drei Frauen dort drüben sind Russinnen.

Unser Tischtelefon mit der am aufgereckten Pfosten leuchtenden »17« läutete lange Zeit nicht. Wir sprachen wenig, jeder saß unter seiner Glocke der Trunkenheit, eine Folge der knallharten Vorschrift im Restaurant zuvor, uns Bier jeweils nur gekoppelt mit einer Flasche Pikkolo zu servieren. Da ich bisher noch keine Gelegenheit hatte, mich im sozialistischen Lager einmal umzusehen, entschied ich mich fürs reine Schauspiel, suchte Fixpunkte mit scheinbar unaufgeregtem Blick. Männerneugier und Männerstumpfsinn garantierten immer einen sicheren Sitzplatz. In Musikpausen fiel mir jenseits der Tanzfläche eine Frauengruppe auf – eine Brigade, sagte der Dresdner

Begleiter, aus irgendeinem Büro. Brigaden hatte ich mir bis dahin immer in Schutzhelmen und Blaumännern vorgestellt und nicht in Cocktailkleidern. Trotzdem schien es mir unmöglich, bei dieser Bürobrigade mal vorzusprechen oder als bestimmt längst erkannter Westler vorzupreschen, mit dem Anschein von Eroberungswillen gar! An meinem Tisch wurde diese schwache Entschuldigung als ideologische Verspanntheit zurückgewiesen – so schob ich noch meine stets geringe Tanzneigung vor und sagte, daß ich an das Sichnäherkommen beim Tanz grundsätzlich nicht glaubte.
Woran aber erkannte einer Russinnen? Sie unterschieden sich in meinen Augen durch nichts von anderen Frauen des großstädtischen Angestelltenpublikums. Goldschmiedinnen aus Leningrad, sagte mein Begleiter nach seinem ersten Tanz mit einer der Frauen. Ja, was sollten wir denn jetzt bloß machen? Einen Spaziergang in die neue Freiheit vorschlagen? Eine Einladung gar in den Schöneberger Haushalt? Sie dürften nicht in den Westen und gedächten, hieß es, sich an die Vorschriften zu halten. Mit einer weiteren blonden Russin, die mich leicht aus meinem tiefen Zivilisationsschlaf hätte wecken können, schwofte mein Begleiter wieder übers Parkett – von ihr als Partner in diesem Land erkannt.

Gegen Ende der bis dahin seriösen Veranstaltung bildeten sich kleine Panikherde. Erst jetzt wurden die ja im Osten privat selten vorhandenen Telefone in hektischen Rundumrufen bis zur letzten Belastbarkeit ausgereizt. Einmal nahm ich ab und bemerkte sofort, daß der Anruf aus jener Frauengruppe von gegenüber kam, von einer Frau mit Kleidung und Frisur wie aus Nouvelle-Vague-Zeiten. Wir verwickelten uns minutenlang in jenes wirre Gerede, das einem Spontanpärchen im Westen jederzeit gute Prognosen stellte. Vielleicht suchte sie das ernste Gespräch, das ich im flirtgestählten Wust meiner Anspielungen und Provokationen selbst nicht mehr fand und bald entnervt beendete. Überraschend trafen wir uns an der Garderobe wieder und fröstelten draußen inmitten der Brigade, die sich auch ohne Taxen nach und nach auflöste – bis auf eine Frau. Es ergab sich dann, daß sie uns auf dem kilometerlangen Fußweg in Richtung Westen begleitete und bald zu erzählen begann – von den meisten Lebensläufen und Lebensnöten hörte ich auf ähnlichen, gastronomischen Wegen. Doch diese Sekretärin vom Außenhandel – einen einstigen Traumjob nannte dies ein Begleiter – schien haltlos wie lange niemand. In immer neuen Anläufen, ohne auf Zwischenbemerkungen besonders zu reagieren, steigerte sie sich in einen dramatischen Jammer über die Entwicklung, über ihre Ängste, ihre Zweifel, ihre Sorgen, in jedem Satz, in jedem Wort. Ihr Leben wäre so ungewiß wie noch nie, ihre Zukunft, ihre Arbeit, alles, einfach alles sei vollkommen ungewiß. Wie soll es denn hier weitergehen? Alle fliegen raus, alles bricht zusammen, die ersten Briefe sind schon da. Meine Arbeitsstelle wird gekündigt, meine Wohnung, der Krippenplatz werden unbezahlbar, sagte sie, unser Leben löst sich auf, aus, Schluß, vorbei.

Aber es ist gut so, sagte die Frau am Ende ihrer langen Klage – es ist alles gut so, wie es gekommen ist.

Berliner Seiten

Wohnen am Kleistpark. Schon der erste Blick auf den Briefkopf des Schreibens löste unbehagliche Gefühle aus: »Bezirksamt Tempelhof von Berlin«, stand da oben fett und groß, und mager und klein darunter, »örtlicher Bereich Schöneberg.« Wer einen Mythos von Bezirk, einen republikweit bekannten und besungenen Stadtteil ins Kleingedruckte versenken will, der kann das kaum schrumpfköpfiger ausdrücken – offenbar gibt es Schöneberg nicht mehr, verwaltungstechnisch gesehen; das schöne, alte Schöneberg ist kein Bezirk und damit keine feste Größe mehr. Es hat nicht einmal wie bei Daimler-Chrysler, bei Vodafone-Mannesmann oder Däubler-Gmelin zum anständigen oder wenigstens vorübergehenden Doppelnamen gereicht. Mit dem Bezirksamtsbrief in der Hand fühlte sich der Bezirksbürger in mir an diesem Dezembertag wie das Verfügungs-Objekt bei einer feindlichen Übernahme mit unkalkulierbaren Folgen – eine, zugegeben, zunächst hysterische, persönliche Reaktion auf eine an sich vernünftig gedachte Verwaltungsreform. Doch in diesen Momenten war ein sofort aufkommender Impuls schlichtweg nicht zu unterdrücken: Der Schöneberger wollte auf keinen Fall ein Tempelhofer sein, das wollte er wahrscheinlich noch nie. Er will eigentlich auf immer und ewig dasselbe sagen, was einer der bedeutenden bezirklichen Mitbewohner einmal im FAZ-Fragebogen ausgesprochen hat. Auf die Frage, »Wo möchten Sie leben?« antwortete Friedrich Luft klar und deutlich: »In Schöneberch, immer wieder in Schöneberch.«

Dem gebürtigen wie dem gelernten Berliner wird ja zu Recht ein geradezu sentimentales Kiez- und ebenso ein festumrissenes Bezirksbewußtsein nachgesagt. Aus dieser lokalen Anhänglichkeit soll er im Zuge der Fusions-Verfügung sachte ins Globale gehoben werden, auf eine nächste Stufe, die beispielsweise früheren Schönebergern nunmehr einen schiffbaren Hafen und für eine Weile noch eine Flughafen-Anbindung innerhalb des eigenen, erweiterten Bezirks bietet – der unmittelbar örtliche Bereich also als Tor zur Welt. In manchen Fällen scheint dies Aus-zwei-mach-eins recht problematisch zu sein, in anderen weniger. Da soll dann eben am Schreibtisch zusammenwachsen, was nicht zusammen gehört – von der Struktur her nicht, vom Flair nicht, oder auch sozial und politisch nicht: Wir in Schöneberch haben in den letzten Jahren eindeutig rot-grün gewählt und werden jetzt schwarz übernommen.

Dagegen sträubt sich so einiges – das Herz ist keine bezirkliche Mördergrube. Schließlich sah sich der dazugehörige Mensch einmal mehr über Nacht umgebettet – wie am seinerzeit verschlafenen 9. November '89 von Westberlin nach Berlin, so mehr als ein Dutzend Jahre später von Schöneberg nach Tempelhof. Wenn sich jedoch demnächst bei Besucher-Spaziergängen herumgeführte auswärtige Freunde angesichts des KaDeWes oder des ehemaligen Volksgerichtshofs im Kleistpark nach der Stadtteilzugehörigkeit dieser bedeutenden Orte erkundigen, wenn Italiener oder Engländer vorm Schöneberger Rathaus fragen sollten, »Wo sind wir?«, werde ich nicht und niemals antworten: »In Tempelhof – yes, this is Tempelhof, you know.« Vorauseilender Ungehorsam ist die erste Fusions-Reaktion eines bekennenden Schöneber-

gers, auch ausgelöst durch diesen Brief der neuen Verwaltung.
Denn nach meinem Eindruck passen diese beiden Bezirke nicht besonders gut zusammen, eine zugegebenermaßen noch vorläufige Einschätzung nach nur fünfundzwanzig Jahren am Ort. Während dieser Zeit stellten sie sich jedoch als zwei ziemlich verschiedene Stadtteile heraus – hier ein lange heftig und immer noch ausreichend beschwingter Bezirk, dort ein mehr oder weniger lahmgelegter örtlicher Bereich namens Tempelhof. Hier noch der spürbar letzte Anhauch einer im ursprünglichen Sinn alternativen, auch experimentell gestimmten, gleichwohl in die Jahre gekommenen Studenten- und Künstlerschaft, und dort, ähh, dort ja was eigentlich? Abgesehen von den romantischen Airport-Geschichten ein eher sediertes Leben in gepflegter Dezenz, Wohnen nach Vorschrift im Schlummerbezirk, in dessen Schlafstraßen es ab achtzehn Uhr nirgendwo mehr freie Parkplätze gibt, oder was sonst wäre dort los? Wann haben wir hier denn zuletzt etwas gehört aus diesem Stadtteil? Wahrscheinlich in den paar Zeilen aus Ingo Insterburgs leporelloartigem Liedreigen, in dem er, sich bezirksweise vortastend, die Eigenarten der hier lebenden Frauen besang: »Ich kannte ein Mädchen aus Tempelhof, die war sehr lieb, doch ein bißchen doof.«
Bedeutenderes ist danach von dort nicht bekannt geworden; in der von Schöneberg aus gefühlten Entfernung liegt diese Gegend Tagesmärsche weit weg. Seit Jahren kam eigentlich kaum etwas aus Tempelhof, gab's keinen Bezug, keine Nachrichten, keine Botschaften – das heißt, bis auf den Brief gestern.

Das Schreiben löste gleich in mehrfacher Hinsicht ernste Fusionsbeschwerden aus (und zwar dort im Gehirnlappen, wo der Giro-Knochen nervt). Die neue Verwaltung hatte es bereits vor ihrer amtlichen Einsetzung abgesendet, eine neue Sachbearbeiterin zeichnete für das enthaltene Zahlenwerk verantwortlich, und zwar auf strengste Weise. Der ihm zugrunde liegende Antrag auf Wohngeld war Anfang des Jahres an das alte Bezirksamt gegangen, dem die seither wohngeldlos verflossenen acht Monate für eine Bearbeitung zu knapp bemessenen waren, bis es selbst vor ein paar Tagen vom Zeitlichen gesegnet wurde. In dem Fall besaß keine Gültigkeit mehr, was die »Gemeinsame Geschäftsordnung für die Berliner Verwaltung« vorschreibt: »Die Behörden haben ihre Aufgaben mit Takt und Verständnis für die Belange des Bürgers wahrzunehmen und Anliegen sachgerecht und so schnell wie möglich zu erledigen«. Aber welcher Beamte kann schon etwas dagegen tun, daß das Abwohnen der Miete schneller geht – wesentlich schneller jedenfalls als die Berechnung eines laufenden Zuschusses für dieselbe Miete, den das Gesetz garantiert.

Doch das sollte niemanden unter Druck setzen – oder noch nachträglich das beamtische Gewissen belasten. Denn das Tempo, wie meine Zusammenarbeit mit dem alten Amt überhaupt, hatte sich über die Jahre eingespielt, die von mir aufzubringende Geduld korrelierte mit der jeweils im Laufe der Zeit, spätestens am Ende derselben, geleisteten Zahlung der anderen Seite. Mit dem Schreiben des neuen Amtes ging leider Gottes eine mühsam über die Jahre aufgebaute Beziehung im Fusionswirbel unter. Als sogenannter Sanierungsbetroffener noch zu Westberliner Zeiten von einer spottbilligen in eine sauteure Wohnung umgesetzt, war ich in die staatliche Wohngeldspirale und damit an die zuständige Sachbearbeiterin geraten. Beim damaligen

Schönmachen hatte der Bezirk noch Ideen, um trotz der enormen Mietsprünge die soziale und leicht bohemisierte Struktur zu erhalten – ein, zwei Künstlerkandidaten pro Mietshaus waren von Amts wegen durchaus gern gesehen, sozusagen als die Umwelt auflockernde Wohnungskünstler, die sich allerdings unterderhand in vielen Fällen auch zu Wohngeldkünstlern entwickelten. Neben anderen Berechtigten gab es Hunderte, wenn nicht Tausende Antragsteller dieser Schöneberger Spezies, im Prinzip wollten alle Wohngeld. Einen großen Anteil darunter machten die Autoren aus, Dichter, besonders schmal alimentierte Übersetzer von Lyrik der osteuropäischen Sprachen etwa, auch die Schauspieler der zahlreichen Off-Theater. Sie alle mußten sich für die Erlangung des Wohngeldes von der Behörde die intimsten Fragen gefallen lassen, was vor allem sensible, eher staatsfern eingestellte Malerinnen unerträglich fanden.

Tatsächlich war harte Überzeugungsarbeit nötig, bis die ästhetische Erziehung der Beamten erste, magere Früchte trug. Es brauchte Jahre, bis Frau Kwiatkowski, meine Sachbearbeiterin, einen annähernden Begriff davon hatte, was ein Schriftsteller ist und wie das komplizierte Erwerbsleben so einer Person mit der nicht geringeren Komplikation des Wohngeldgesetzes kompatibel abgestimmt werden könnte. Es brauchte einige Zeit, bis sie ahnte, was die großen Verlage so treiben, was ein dünnes Taschenbuch seinem Autor einbringt, was die Beatles für Texte darüber sangen, ja, die Beatles, Frau Kwiatkowski, paperback writer, ja – den kennen Se doch, den Song, das traurige Lied eines Taschenbuchschreibers, der paperback writer, das bin ich, Frau Kwiatkowski: *»Dear Madam / will you read my book / It took me years to write / will you take a look«.* Ein zeitraubender Roman war's, dear madam, von dessen unterfinanzierten Jahren des Schreibens Sie schon so oft in meinen Formularen lesen mußten, bis auch Sie womöglich an ihn glaubten... Von Antragstellung zu Antragstellung wurde Frau Kwiatkowski jedenfalls vertrauter mit den Risiken des Taschenbuchmarktes, den Tücken der deutschen Prosa, den Rezeptions-Problemen der Kurzgeschichte sowie der mangelnden Kommerzialität des Essay-Schreibens ... Und nach weiteren, jedes Jahr aufs neue zu stellenden Anträgen wußte sie, was genau und wie zufällig erteilt und gering dotiert in der Regel ein Stipendium ist, sie erkannte, wie antizyklisch Honorare daherkommen oder mitunter gar völlig ausbleiben können.

Das Finden des richtigen Tons ist beim Schreiben und Sprechen in solcher Angelegenheit ein Problem, dieses Wie-sag-ich's-meinem-Kinde, meiner Leserin oder eben meiner Sachbearbeiterin im Wohnungsamt. Wie schön, daß Sie anrufen, sagte sie manchesmal, und ich wußte dann, der Ton stimmt, jedenfalls für die laufende Antragsphase. Er durfte keinesfalls zu selbstbewußt sein, weder zu fesch noch zu weinerlich für einen Bittsteller ausfallen, um von vornherein übermäßigen Druck zu verhindern und einen Betrugsverdacht erst gar nicht aufkommen zu lassen. Daß hier jemand lediglich einen bestehenden Rechtsanspruch einfordert, sollte auch bei beamtischem Widerstand nur im Ausnahmefall durch scharfe Akzentuierungen unterstrichen werden. Ratsam wäre, die Stimme knapp unter der normalen Festigkeit der männlichen Grundfrequenz von 100 Hertz zu halten, sie keinesfalls als grummelndes oder gar ins Schrille schwingendes Organ einzusetzen – und auch nicht als eine *embedded voice*, die stellvertretend aus vorderster Front der dauerklagenden Massen spricht, um mit dem sogenannten Brustton der Überzeugung die Wohnknete heranzuholen. Klang ist Pathos, Klang ist Leiden, sagte schon Aristoteles. Doch zu weich, zu verständnisvoll für die Probleme des Amtes durfte der Ton andererseits auch wieder nicht sein, denn letztlich mußte das Anliegen ja mannhaft durchgesetzt werden. Von wenigen kleinen Kommunikationsstörungen abgesehen, hatte Frau Kwiatkowski den nötigen Takt und am Ende ein gewisses literarisches Verständnis.

Beim ersten Telefonat mit dem neuen Bezirksamt und der nun zuständigen Sachbearbeiterin fielen mir sofort Insterburgs Liedzeilen über das Tempelhofer »sehr liebe, aber ein bißchen doofe« Mädchen ein – konsequent drei Jahrzehnte weitergedacht. Das im Lied noch gepriesene Liebliche war offenbar auf der langen Strecke ihrer Beamtenlaufbahn verlorengegangen. Diese Frau Meyer machte von Anfang an jede Hoffnung auf gute Zusammenarbeit zunichte – mit der backsteinzersingenden Stimme eines angesoffenen Hooligans, gegen die jeder aufkommende Widerspruch meinerseits nicht durchdringen konnte. In ihrem Zahlenwerk stand die Null am Ende. Bei einem Wohnungskünstler fällt es naturgemäß schwer, das jährliche Einkommen präzis und durchgängig zu ermitteln. Aber deshalb muß man nicht gleich die bestenfalls drei »guten Monate« hochrechnen auf ein ordentliches Jahresgehalt mit Tempelhofer Angestelltenniveau.
»Ich bin Schriftsteller«, sagte ich.
»Egal, Sie sind Selbständiger«, sagte sie, »und wenn die Angaben über Ihr Einkommen stimmen, dann nutzt Ihnen das bißchen Wohngeld doch sowieso nichts ... mal ganz platt gesagt.«

Nach meinem Gefühl stimmte an dem von ihr aufgestellten Zahlenwerk irgend etwas nicht, nach ihrem Gefühl dagegen stimmte es genau – alles eine Frage der Empfindungen, also tendenziell unberechenbar. Vorschriften und Gesetze lassen einer Behördenfrau emotionale Spielräume, und zur Not kann ihr eine trickreiche Software beispringen. Zwangsläufig bekam unser Gespräch einen unaufhaltsamen Drall ins Absurde, bevor es abstürzte in eine grundsätzlich gehärtete Meinungsverschiedenheit, die nur ein vierzehntägiger juristischer Kongreß halbwegs klären könnte.

»Das sind doch virtuelle Zahlen«, sagte ich schließlich.

»Nein, absolut nicht«, sagte sie, »die hat der Computer selbst gemacht.«

Wahrscheinlich wird es sehr lange dauern, bis sich dieser neuen, noch relativ verschlossenen Sachbearbeiterin Takt und Verständnis entlocken lassen. Und noch länger wahrscheinlich, bis es mit ihr zu ersten zaghaften Gesprächen über den Zusammenhang von Literatur und Wohnen kommen könnte. Das neu zusammengestellte Bezirksamt Tempelhof wird erst mit der Zeit entdecken, was es da im einzelnen übernommen hat. Denn Schöneberg ist weit mehr als irgendein leicht einzuverleibender »örtlicher Bereich«, sogar mehr als nur ein ehemaliger Bezirk – Schöneberg ist eine Geisteshaltung. Und dazu gehört neben vielen anderen Befähigungen selbstverständlich auch die hartnäckige Bereitschaft zum jederzeit ausbruchsbereiten, zielsicheren Widerspruch gegen Verwaltungen und andere Schurigeleien.

Neulich am Potsdamer Platz. Am Samstagsmorgen war ich mit einem nur leicht verspannten Kiefer erwacht, am Sonntagmorgen mit einem bereits elefantös angeschwollenen Gesicht – ein so noch nie gesehenes Spiegelbild des Horrors. Au Backe, dachte ich, ließ mir von der 110 die Notdienste runterbeten und hakte spontan bei einer mir unbekannten Zahnklinik am Potsdamer Platz ein. Neueste Technik, noch wenig benutzt, dazu ließ eine Praxis in dieser kaum besiedelten Gegend geringes Patientenaufkommen vermuten – eine richtige Annahme, wie sich herausstellte. Auf den drei Etagen der Klinik war kein anderer Patient zu sehen, dafür flitzte mein geröntgtes Gebiß online rauf und runter und grinste mich volksbühnenmäßig von jedem Monitor an, an dem ich vorbeikam. Alles ging wahnsinnig schnell, moderne, perfekte Behandlung durch ein junges, leistungsfähiges und frühreifes Personal – der Zahnarzt war 18 oder 19 Jahre alt. Er arbeitete tadellos und ohne den kleinsten Sonntagmorgens-Tatter beim Hantieren in meinem Mundinnenraum. Eine halbe Stunde später saß ich ohne jegliche Beschwerden wieder zu Haus. In dem Sinne ist der neue Potsdamer Platz nur zu empfehlen.

Ansonsten fehlt es diesem recht plötzlich aus der preußischen Sahara gewachsenen Kommerzviertel noch ein wenig an Patina – ein paar Revolten, eine kleine Demo-Serie vor der neuen Bundesgelddruckerei vielleicht oder wenigstens ein vierwöchiger Sitzstreik von, sagen wir, fünfzigtausend Cinéasten während der Berlinale würden ihm gut tun und ihn nicht länger so einseitig aussehen lassen. Aber der Potsdamer Platz ist ja nur ein winziger Kiez innerhalb des ungeheuer ausgedehnten Bezirks. Tiergarten, als Stadtteil begriffen, hatte und hat viel Raum fürs Extreme, Widersprüchliche – ein Bezirk Paradox. Der Zahnpatient am Potsdamer Platz, die Bundestagsabgeordneten im Reichstag sitzen in ihm, der Angler am Südufer des Plötzensees auch, selbst Frau Christiansen in ihrem Guglhupf am Zoo saß immer wieder sonntags in Tiergarten. Finstere, hier quasi erfundene Mietskasernenkieze in Moabit und süßeste Stadtvillen im Lützowviertel gehören dazu und gewagte, Meereswellen assoziierende Botschaften und Politbauten wie die gläserne CDU-Jacht auch – alles in allem eine riesige architektonische und kulturhistorische Grabbelkiste. Wer sich als nur halbwegs interessierter Stadtforscher versteht, sollte keine zwanzig Meter achtlos durch den Bezirk streifen. Er könnte beispielsweise die Zwölf-Apostel-Kirche übersehen und ein, zugegeben hochrangiges, Detail verpassen: Der Sakralbau, dessen Fenster der Bombenkrieg zerstörte, wurde 1945 vollständig neu verglast – mit mehreren tausend grünen Schnapsflaschen! Wegen der – euphemistisch ausgedrückt – damaligen Material- und Lieferprobleme waren die Flaschen von der Gemeinde gesammelt, in Einzelfällen auch von ihren Mitgliedern selbst ausgetrunken und anschließend natürlich ohne Ettikette in die ruinösen Fensterhöhlen hineingeklebt worden. Wenn man's weiß, sieht man's, Flasche für Flasche. Die Goldene Späher-Nadel sei ausgelobt für den, der diese Buddel-Kirche aufspürt – schließlich habe ich an die dreißig Jahre vor Ort gebraucht, bis ich ihre Besonderheit in einer Tiergartener Seitenstraße entdeckte.

Kleiner Rückblick auf die Zweite Internationale Bau-Ausstellung. Mein persönlicher Laufzettel für das alte Westberlin erinnert mich daran, daß sich Anfang der achtziger Jahre mein, wie man seinerzeit sagte, Arbeits- und Lebensmittelpunkt tatsächlich in Tiergarten befand. Das lag an zwei Frauen. Eine hatte im Einwohnermeldeamt Glücksfee gespielt, meine Karteikarte aus zehntausenden heraus-

und mich damit zum Schöffendienst herangezogen. Vier Jahre lang machte ich den Laienrichter in der Abteilung 263 des Amtsgerichts Tiergarten, in der großen Krimi-Kathedrale Moabit, und zwar im eher kleinen Saal 571. Die zu verhandelnden Fälle, nach Adreßbuch nur jene von Krüger, A. bis Lehmann, J., ließen sich auf verschiedene Beschränktheiten der Angeklagten zurückführen, meist in Hinsicht auf die Einkommensverhältnisse. An manch herzzerreißendem Tag hätte ich lieber ein Bündel Scheine im Saal verteilt, als irgendein nichtsnutziges Urteil zu sprechen. Wenn die durchaus ernsthaften Gerichtssitzungen bis in den Abend dauerten, hörten wir die im Innenhof aufsteigenden, schaurigen Schreie der Häftlinge aus dem Untersuchungsgefängnis gegenüber.

Später zu Haus', in einer rundumverglasten Veranda hoch über dem Landwehrkanal, schwor ich meiner Freundin, für immer brav zu bleiben. Zu der Zeit wohnte ich bei ihr – fest, aber nicht ganz fest, nach Art der Berliner Besuchsehe eben. Sie wiederum wohnte in einem der medienberühmten IBA-Energiesparhäuser, einem ultramodern ausgetüftelten Bau. Um seinen Sinn zu erfüllen, heizten wir uns gegenseitig mächtig auf und ein, badeten dreimal am Tag und ließen auf der Toilette auch sonst keinen Wunsch der Architekten unberücksichtigt – und diese von zwei Körpern freimütig abgegebenen Flüssigkeiten wurden nebst der verbrauchten Wärme auf wundersame Weise recycelt. Nächtelang lagen wir im ökologischen Schlafzimmer aufeinander und sparten die Energie fürs halbe Haus zusammen. So etwas gab's nur in Tiergarten. Am Ende des Jahres jedoch steckte die Energiesparhaus-Verwaltung eine höchst überdurchschnittliche Heizkosten- und Warmwasserrechnung in den Briefkasten.

Eine Herzenssache, auf ewig. In keinem anderen Bezirk bin ich so oft auf die Schnauze gefallen wie in Tiergarten – so vertiefte sich nach und nach die ganz natürliche, intensive Bindung zu diesem Stadtteil. Beim jahrelang herumzigeunernden Freizeitkicken zwischen Siegessäule, Spreeufer und Reichstagswiese habe ich das Bier wieder ausgeschwitzt, das ich in anderen Bezirken getrunken hatte – zweifellos ein ungerechtes Verhalten. Besonders die gelernten, oder besser: anzulernenden Berliner verwechselten, zumal zu Mauerzeiten, diesen Bezirk mit einer Spiel- und Liegewiese, ungeachtet seiner tatsächlichen Dimensionen, seines Stellenwerts und Bestandes an monumentalen Bauten oder historischen Spuren. Exakt dort, wo die Spin-Doktoren des musicalbühnenartigen Kanzleramts immer stärker in ihre Hemden schwitzen, lag beispielsweise einst das Winterstadion der Reichstagskicker, ein schönes, weiches Fleckchen Grassteppe, auch bei stärkstem Frost und Schnee über Jahre uneinfrierbar. Das Naturwunder ließ die Spiel-Doktoren unter uns so lange rätseln, bis beim großen Nach-89er-Umgraben die unterirdischen, offenbar erdwärmenden Nazi-Fluchtgänge entdeckt wurden. Geschichte als permanenter Verdrängungsprozeß – die faschistische Rasenheizung verschwand im Bau-Chaos, die demokratische Skulpturenwiese und unser alternatives Winterstadion auch, der gesamte Platz der Republik kam für fast ein Jahrzehnt abhanden. Bleibt nur zu hoffen, daß er sich eines Tages nicht als historischer Irrtum, als totkontrollierte Bannmeile präsentiert.

Das Gelände zwischen Kongreßhalle und Reichstag, Inschrift: Dem deutschen Volke, ebendiesem zu entziehen wurde immer wieder versucht – auch seit die verdienstvoll große 68er Revolution beschlossen hatte, auf diesen Wiesen die Massengesundheit fördernde Aktivitäten zu betreiben. Die damals vom Senat losgelassenen berittenen Ordnungskräfte konnten von den Fußballrebellen mit bloßen Füßen siegreich zurückgeschlagen werden. Damit war, geschichtsklitternd gesagt, der Weg frei für einen einmaligen Freizeitpark, für Sportler und Sonnenanbeter, für türkische Grillfreunde und die Kleinkunstszene vom Tempodrom, dessen Haustechniker selbstverständlich bei den Reichstagskickern mitspielten. Für fast ein Vierteljahrhundert wurde das gesamte Areal zum unverzichtbaren grünen Herzen der Subkulturen des alten Westberlins. Gelegentlich wurde die Lage brenzlig, nicht nur für die Griller. Als der Senat zum 750. Stadtgeburtstag das Gelände aufs angenehmste renovierte und die unbelehrbare Polizei erneut zum Rasenschutz anrückte, schrieb unser Schriftführer, Michael Peters, einen Beschwerdebrief an den Bundeskanzler. Minister Bohl antwortete aus Bonn, »... wir betrachten Ihre Vorschläge zur Verlebendigung des Reichstagsgeländes mit Wohlwollen ...«, und dieses Schreiben, das heute als verschollen gilt, hielten wir den Beamten vor die Nase und blieben fortan vom Räumungseifer verschont. Hier, im größten Fußballer-Freigehege nördlich der Copacabana, spielten Hunderte Teams, Hunderte Männer habe ich hier kennengelernt, die meisten kamen von weither – aus Schwaben, Haiti oder Ghana, aus Amazonien und aus Amman, die Ausländerquote lag zeitweise bei 52 Prozent. Erst als in der Nähe eine große Mauer umfiel, war Schluß mit der Idylle.

Neulich im Reichstag. Nicht die notorisch bekennenden Fußballkapitäne aus Kanzler- und Auswärtigem Amt, sondern der eher tischtennishafte Bundestagspräsident Thierse kündigte an, daß demnächst vor dem Reichstag wieder Fußball gespielt werden soll. Lange Jahre nach der Vertreibung dürfe die bunte Truppe zurückkehren – ein später Dank dafür, daß wir in harten Zeiten hier der freien Welt die Torstange gehalten haben. Leider sind etliche Reichstagskicker mittlerweile selbst im Präsidentenalter und haben daher ein Recht auf erstklassige Bedingungen. Sir Norman Foster müßte also echten Wembley-Rasen pflanzen, und Thierses Leute sollten ihn schon tüchtig sprengen. Dann würden wir vor den Augen der Polittouristen unsere Trickkiste wieder öffnen und uns identitätsstiftend knipsen lassen, dann erhielte der Platz der Republik seinen ursprünglichen Sinn als Schauplatz bedeutender Ereignisse zurück. Wir würden unsere alten Knochen noch einmal hinhalten – für den reformbedingt dahingeschiedenen, stets fairen Bezirk, für das Ansehen der Hauptstadt, des Landes und natürlich auch für die Demokratie.

Szenen einer Zerrung. Die älteren, sich jenseits der Ü-50-Demarkationslinie weiterhin bewegenden aktiven Sportler können es bestätigen: Fußballspielen ist lebensverlängernd, aber nicht ganz ungefährlich. Ein plötzlicher Antritt, ein energischer Ausfallschritt in Richtung Ball und Gegner – und schon ist's passiert. Der Sportsfreund und Kenner seines Körpers weiß in Sekundenschnelle Bescheid: Er hat sich wieder einmal eine Zerrung zugezogen. Ein wie mit glühendem Stilett verpaßter Stich durchfuhr seinen Oberschenkel, der Schmerz wird bleiben, als steckte die Klinge noch tief im Fleisch. Es ist ein ganz, ganz trauriger Moment. Ohne die geringsten Vorzeichen kann diese Verletzung jederzeit über einen kommen, nichts kann sie verhindern – eine Zerrung ist schicksalhaft. Um es auch Nichtmedizinern zu verdeutlichen: Man nehme ein rohes Steak, ziehe es einmal ruckartig in die Länge und schaue hin, wie das Gewebe zerfasert. Unter einem leistungsstarken Küchen-Mikroskop würde man sogar erkennen, daß es Muskelzerrungen eigentlich gar nicht gibt. Biotechnisch gesehen sind sie bereits Risse winzigster Muskelfasern, die nur aus Konvention noch als gezerrt gelten. Selbst via Fernsehen ist der Schock nachfühlbar, wenn der Sprinter nach wenigen Metern in bizarre Verrenkungssprünge verfällt, als hätte ihn ein feindlicher Querschläger ins Bein getroffen. Oder wenn sich der Fußballprofi, die Hand an der Unterseite des Oberschenkels, in eine wochenlange Pause schleppt – mit kläglichem Trauer-Gesicht, das, ganz abgesehen vom schmerzlichen Verlust etlicher Antrittsprämien, viel glaubwürdiger rüberkommt als jede Jubelpose.

Der Gezerrte ist dumm dran, bei schönstem Kaiser-Franz-Wetter darf er nicht ran. Womit soll der nicht einsatzfähige Sportsfreund die sonst sportgefüllte Zeit ausfüllen? Sein Sonnabend besteht ja normalerweise aus neunzig Spielminuten. Der Fußballtermin ist mit unsichtbarer Tinte in seine Fußsohlen tätowiert – samstags nachmittags existiert die gewöhnliche Welt überhaupt nicht. Da beißt auch die schönste Maus keinen Faden ab. Seit etlichen Jahren unverletzt, hat er keine Ahnung, was er in der Zeit von 14 bis 17, 18 Uhr machen könnte, mit welcher mehr oder minder untauglichen Ersatzhandlung das Spielverbot zu überbrücken sei. Der notorische Wochenendkicker weiß einfach nicht mehr, auf welchen Floh- oder Gemüsemarkt, zu welchen Tierpark-Babies oder sonstigen Sehenswürdigkeiten der Samstagsnachmittagsmensch geht, um die Sorgen zu vergessen. Er hat überdies verlernt, wie man sich da so verhält, wie man Gefallen und Genuß an überlaufenen Freizeitorten findet – sie sind, mit dem Rasenspiel verglichen, doch eher mediokre Abenteuerplätze. Dort und in Museen oder gar Einkaufszentren kann keiner mit dem Zufluß jener Mengen Glückshormone rechnen, wie sie der Fußballgott auf intimen Wiesen an seine Jünger ausschüttet. Aber wie sonst könnte der Gezerrte nun an seinen dringend nötigen Schub Endorphine herankommen?

Da mag manch LeserIn denken, dieser doch wohl nicht völlig deprimierte Mann könnte mal etwas länger im Bett liegen bleiben, bis in die Puppen frühstücken, zu Haus' mal schlau sein und dabei sein undsoweiter. Nein, das kann er selbst bei Spielausfall nicht – den Gezerrten juckt es in den Füßen. Es drängt ihn auch ohne Ball ins Freie, raus aus der weggewohnten Woche in einen überraschend prall gewordenen Samstag. Ihm bietet sich endlich mal Gelegenheit, die ganz und gar verrummelte Wochenend-Stadt zu durchstreifen: Brückenfeste, Straßenfeste, Gaukler-Feste – hier singt die Dresdner Bank. Er geht zu Ereignissen, die er unverletzt niemals erleben würde, zum Kulturkarneval und ChistopherStreetDay-Umzug, hoffentlich nicht auch noch zu irgendeinem Liebesmarsch. Jede Minderheit hat inzwischen ihre Massenparade, stellt er nach Jahren der Samstagnachmittags-Abwesenheit fest – nur für Individualisten gibt es keine. Deren einer sitzt irgendwo, unfeierliche Stiche im Bein, und schlabbert das Wasser der Genesung.

Die Zerrung ist eine Zicke, die kokketteste Verletzung von allen. Sie zieht mit dem Gezerrten ein grausames Spiel durch. Er weiß nie genau, was sie tut, was sie vor hat, ob sie überhaupt noch da ist oder schon längst weg. Sie wiegt ihn in Illusionen, wenn sie den Schmerz verschwinden läßt, und bleibt doch tief im Fleisch versteckt. Beim Ungeduldigen, der sie voreilig überwunden glaubt, bricht sie, wie man sagt, wieder von neuem auf und wirft schwarze Schlacke. Dann dauert die Zeit der Heilung zur Strafe doppelt so lang. Der Gezerrte läßt sich wieder einmal über den Wochenendmarkt schieben – noch mit der Rest-Arroganz des Sportlers gegenüber anderen Marktschleichern. Er guckt sich auf diversen Kunst-Biennalen neueste Scherenschnitt-Arbeiten an; in eingetrübter Stimmung (5. Woche!) hört er auf diversen Literatur-Festivals von Frauenstimmen geraunte Zeilen wie »Die Aprikosenbäume gibt es, ... die Fischreiher gibt es ...« in Saal 1, die ihn schon eher ansprechende Zeile »Ersatzschmalz ist zu wässrig« kriegt er auch zu hören, in Saal 2. Am sechsten Zwangspausen-Samstag nähert er sich dem Kanzlerhaus, verharrt vorm Portal und schaut auf den schwarzen, stählernen Knoten des Eduardo Chillida. Dem leidgeprüften Blick erschließt sich das Werk sofort als stilisierter Muskelstrang – Chillida, einst der berühmteste baskische Torwart, hat hier sein und unser aller Zerrungs-Trauma auf ewig sichtbar verarbeitet. Die Skulptur heißt »Berlin«.

Keine Frage – den verletzten Menschen zieht's zur Kunst. Er kann jeden Trost brauchen, auch den der Lyrik, die noch nachklingt: »... die Schmetterlingstäler gibt es, ... den paradiesischen Raum gibt es ...«. Doch Wohngeld gibt es diesmal leider nicht, wie ein entscheidender, gerade erhaltener Brief vom Amt verhieß. Noch zehn Tage absolute Ruhe, sagt der Doktor, dann darfst du joggen – für fünf Minuten.

Die Wirte des Lebens

Zweimal oder dreimal in der Woche besuche ich eine kleine Bar in der Nachbarschaft. Es muß dort die eine oder andere angenehme Situation gegeben haben, denn über die Jahre ist sie zu einer Stammbar geworden – Patrick, mein Lieblingskeeper, bedient mich auch nach nur ein, zwei knappen Gesten. Das Bürschchen wirkt müde in letzter Zeit – nachmittags schiebt er 'nen neuen Kinderwagen durchs Viertel, nachts Getränke und Flaschen übern Tresen. »Weißt du eigentlich, wie du von uns Kellnern genannt wirst«, sagt er mit Blick auf seine akkurat aufgereihten Rechnungszettel – »du bist hier ›Der Professor‹.« Für Momente bin ich sprachlos – Deckel-Name »Professor«, nicht zu fassen, eine doch recht späte Berufung, so fünf vor zwölf. Man sieht's ja, ist nicht mehr der Jüngste, euer Professor – die vielen nicht zu Ende gelesenen Bücher werfen auf Dauer intelligente Falten, die vielen zu Ende gebrachten Kneipengänge auch. Vielleicht erfolgte die Ernennung durch die Kellner-Kommission ehrenhalber? Der Barhocker als Lehrstuhl, der Stammgast ein Professor der Gastronomie, honoris causa? Noch zögere ich mit der Annahme des Titels – obwohl ich eine gewisse Verpflichtung spüre.

Meine Sympathie für dieses Dienstleistungsgewerbe ist nämlich enorm und hat eine so lange Tradition, daß mir die Theoriebildung, ja sogar eine grundlegende »Kritik der Gastronomie« durchaus gelingen könnte. Im Lauf der Jahre habe ich in verschiedenen Universitätsstädten das Milieu dieser Fachrichtung unterschiedlich intensiv erforscht – ein mittlerweile über sechzig Semester währendes, Energie und Geld kostendes und längst noch nicht abgeschlossenes Studium. Denn noch immer gehe ich in Spätcafés, Bars und Kneipen, und noch immer verzichte ich dafür auf vieles andere. Noch immer schätze ich den Aufenthalt in diesen Räumen der (Kantschen) ungeselligen Geselligkeit, noch immer wissen eine Handvoll Menschen, wo sie mich zu bestimmten Zeiten finden könnten. Und noch immer liebäugele ich ein wenig mit der bohemehaften Vorstellung einer nomadenhaften Häuslichkeit – obwohl mir längst bewußt ist, daß es sich jenseits aller Selbstmystifizierung beim Kneipenhocken um eine eher gewöhnliche Form der Seßhaftigkeit handelt. Überdies läßt sich die Wahl des Stammcafés oder der Lieblingsbar nicht länger mit einer Weltanschauung gleichsetzen – auch ziehe ich nicht mehr wie einst um die Häuser, sondern nur ein paar Hausnummern weiter, bleibe im Prinzip im Kiez. Das Viertel, der Bezirk und die ganze Stadt sind ungeheuer entgegenkommend gegenüber Leuten, die gern Gast sein möchten. Bars und Kneipen pflastern unsere Wege – egal, ob es kurze oder lange oder kreiselnde oder perpetuierliche Gänge sind.

Natürlich gibt es mehr als genügend Stadtbewohner, die dieses Faible gar nicht teilen, die nicht die geringste Vorliebe für die bewegten Stehkomödien am Tresen, die Sitcoms an den Tischen und anderes gastronomisches Tanztheater zeigen. Honette Bürger, die zur besten Ausgehzeit bereits an ihrem Nachtzapfen lutschen, mag das Geständnis eines passionierten Kneipengängers befremden, die meisten meiner Altersgenossen und früheren Tresennachbarn vielleicht auch. Doch ich hege nun einmal eine aktive Nostalgie für die nächtliche Kulisse, brauche aus verschiedenen Gründen den Wechsel in ein zweites Wohnzimmer, in dem das Bekannte und das Fremde einander in der Halbdistanz begegnen. Die angenehm belebte Einsamkeit inmitten von Menschen mit unklaren Absichten, das banale, simple Gerede, auch die Stille im geräuschvollen Schweigen entspannen mich. Ich ziehe Nutzen aus einer kleinen Bar, einer brummenden Kneipe, einem halbleer vor sich hindösenden Spätcafé. Ich schmarotze gern an der Atmosphäre, die im wesentlichen andere hervorbringen – sie, die Wirte des Lebens. Ihre Lokale brauche ich als Druckausgleichskammern, als neutralen »dritten Ort« zwischen öffentlicher Arbeits- und privater Heim-Existenz. Mit ihrer Hilfe gelingt es mir, vorübergehend ein wenig Ruhe zu finden vor dem wilden Schweinsgalopp der Gedanken im Kopf, vorm heillosen Lärm der heimischen Flimmerschirme, vor den alltäglich vorbeiziehenden Dramen der Öffentlichkeit.

Die versuchte Ruhe hält allerdings nur so lange, bis John, der zweite Barmann, mit kräftigem Hieb eine Flasche der Marke »Jever Fun« hinsetzt und ironisch-verächtlich ins Tresenrund ruft: »Fun, Fun, noch ein Fun, noch mehr Fun für dich!«

Vielen Dank, du frustrierter, sadistischer Flegel, ich weiß Bescheid, du abgefuckter Schlagersänger, schon klar – er steht nicht mehr als der Trinkfesteste da, der Professor, nimmt schon länger Alkoholfreies, das humorlose Falsch-Bier, immer öfter, und oft an Werktagen.

»Das mit dem Fun geht auch leise«, sage ich – verärgert über seine ironische, ja gemeine Anspielung, daß ich noch immer Fun beanspruchen würde, obwohl Spaß mir eigentlich nicht mehr zustünde, und daß ich überdies der Schluckpflicht in der Bar nicht ausreichend nachkomme, somit seinem Spaß an der Sache keinesfalls genüge. Meine

Hilfe bei der Arbeitsplatzsicherung für ihn und die anderen Keeper ist tatsächlich gering – die Chemie stimmt leider nicht, eine metabolische Diabolie, und das medizinisch begründete Fun-Trinken bringt eher weniger Spaß. Bloß jetzt keine Erinnerungen an die verflossenen, bierseligen Zeiten! Spiel hier nicht schon wieder den alten Märtyrer des Müßiggangs! Diese kleinen Abende verlaufen wie eh und je im Sande, Zerstreuung sind sie, was sonst, ob mit oder ohne Alkohol. Ein Schöneberger Lokal hat diese Metapher dekorativ und mehrdeutig umgesetzt – nicht unter, sondern auf dem Kneipenpflaster liegt dort der Strand. Die Gäste stehen, mit dem Drink in der Hand, auf feinem weißen Sand und damit nicht mehr ganz so fest auf dem märkischen Boden der Realität. Das hartlinke, vor der Versandung zum Absackersaufen nach Demos genutzte Lokal liegt am Winterfeldplatz, der damals auch »Roter Platz« genannt wurde. Heute dient es überwiegend als Treff für Schwarzafrikaner.

Der über Jahre gereifte Gastronomie-Beobachter weiß es – die Stadt ist längst zu einer Sortiermaschine geworden. Cafés, Restaurants, Discos, Bars und Lokale aller Art sammeln die Gäste nicht nur durch Stil und Ausrichtung, sondern auch nach Altersklassen ein – fünf Jahre über oder unter der Altersgrenze zu sein genügt oft, um das Treiben und die Mentalität der jeweiligen Szene nicht mehr zu verstehen. Zu viele kurzlebige Milieus, sogar mobile, haben sich gebildet: quer durch die Bezirke tanzende Club-Gemeinden, in ehemalige Tresore, Werkhallen und sonstige Kuckucksnester einfliegende Klassenzimmer sowie schwer zu enternde Party-Boote mit ständig wechselnder Fracht und Position. Bereits ausgehwillige Mittdreißiger könnten bei der Festlegung einer

Kneipenroute in Schwierigkeiten geraten. Und die – pardon – noch älteren Herrschaften? Ein Fortysomething, oder ein Forty-reichlich-something und drüber, der sich aus Gewohnheit oder anderen Gründen vom zarten Kitzel des Nachtlebens noch nicht verabschieden mag, steht schon rein rechnerisch vor einer begrenzten Auswahl ihm zugänglicher Lokale und daher gelegentlich unsortiert am falschen Ort. Wenn er die prominent besetzten Gasthäuser lieber meiden, aber auch nicht endgültig in neutralen Restaurants oder belanglosen Zechstuben verschwinden will, muß er sich nach der passenden, leicht bewegten Spätkneipe oder Bar schon tüchtig umschauen. Die Bar meiner Wahl liegt folglich nicht im Trend, sondern im Mainstream einer Hauptstraße, links daneben eine Wollboutique, rechts Gebrauchtwagen. Es ist eine gewöhnliche Großstadtbar, längst steckengeblieben auf dem Weg zur besonderen Adresse, aber mit der Verläßlichkeit des Vertrauten und der selbst in allerkleinster Dosis unbedingt nötigen Prise des ungewissen Etwas. Vor der Tür stehen mehr Fahrräder als Cabrios.

Ein schwerer, innerer Entscheidungskampf ging dem Verlassen der Wohnung nicht voraus, auch nicht der nervöse Rechtfertigungs-Krampf eines Ruhelosen, der nun zu später Stunde vor dem Druck des Alleinseins flüchten muß. Nein, der Tapetenwechsel geschieht im berechenbaren Intervall, der kurze Nachtflug war geplant und ist genehmigt. Allerdings bringt der Kneipengang, trotz aller Routine und weitgehendem Verzicht auf Alkohol, noch immer ein paar Promille Moral, oder schlimmer: Moralin ins Spiel, noch immer handelt es sich um einen ambivalenten Vorgang. Die innere Stechuhr tickt gewissenhaft, auch wenn die Bar für'n gutes Stündchen nur zum Berliner

Zimmer wird, zum Durchgangsraum auf der Kurzstrecke von der heimischen Arbeitsecke zum Bett. Und dieses ausgelagerte Zimmer hier eignet sich für den kleinen Umweg – kein Tempel der Ekstase, keine Herberge hingeflezter Träume, auch keine Botho-Strauß-Bar mit steifhüftigen Bedenkenträgern und dauerbeleidigten Ingeborg-Bachmann-Leserinnen. Es ist nicht unbedingt ein Lokal für Seitenspringer und erotische Schnellschüsse oder für Performances, wo in Gaze gehüllte Kunst-Elfen von der Decke schweben, noch eines für die psycho-hygienische Entsorgung von Trouble-Makern oder notorischen Störern im selbsttherapierenden Rundlauf. Und doch hält die Atmosphäre all diese Stimmungselemente bereit – jederzeit könnte das eine oder andere auftauchen und sich situativ entwickeln.

Der architektonische Grundriß entscheidet zu allererst übers Wohlgefühl in einem Lokal – er ist das System, die andekorierte Idee das Programm. Hier hat jemand sich im Stil einer *american bar* bemüht, ohne aufdringlich zu werden: Ein schmaler, länglicher Raum, in der Mitte geteilt vom Halbrund-Tresen, Spiegel, Stahlrohrhocker, entlang einer Wand eine Reihe Tische mit roten Ledersitzbänken. Deckenventilatoren, in Grüppchen gehängte Schwarzweißfotos und das milde Glühbirnenlicht an die Wände geklemmter, alter Schreibtischlampen suggerieren die beliebte Série-Noire-Stimmung von Erotik und Crime, eine kinohafte Anwärmung. Von ernstgemeinter Kunst bei Kneipenbau und Betrieb ist eher abzuraten, insbesondere von der Verwendung großformatiger Gemälde oder Skulpturen – wie etwa die in jener Bar, wo ich kürzlich neben einem auf seinem Hocker am Tresen sitzenden Mann aus Holz Platz nehmen mußte, einer hartkantigen, naturalistischen Attrappe, mit der es die halbe Nacht lang zu unangenehmen Ellebogen-Kontakten kam. Im Vergleich mit diesem balkenholig-bunt geschnitzten Blickfang ist die Gestaltung hier geglückt: die dezent simulierte Büro-Kulisse zitiert jene Filme, in denen verrätselte Blondinen zu smarten Detektiven kommen und irgendeinen Stuß erzählen, der gefälligst Form annehmen soll, und zwar innerhalb von neunzig Minuten. Für einen Film, einen Flirt und einen Baraufenthalt auch ist dies das einmal gefundene, menschliche Maß und gar nicht nostalgisch, da es noch immer um die richtige Auflösung am Schluß geht.

Wer alleine steht, der muß eben alleine darauf kommen. Erstmal sich umgucken, kleine Sachen überlegen, den Unterschied zwischen dem Wohnungsdenken und dem Außer-Haus-Denken nutzen. Es ist gar nicht so einfach, seine angejahrte Figur wie selbstverständlich in eine Bar zu stellen, ohne gleich in leichten Streß oder gar Tristesse zu verfallen. Wenig Betrieb, wenige Gäste da, mal sehen, ob noch wer kommt. Die frühere Westberliner Gewißheit, an bestimmter Quelle jeden Abend zumindest einen der Kumpane anzutreffen, ist schon lang erschüttert – aber die Keeper erzählen auch etwas. Der eine vom Kinderkriegen, der andere von Sportwetten – Vorsicht, das kann länger werden. Einer ist Franzose, einer Libanese, einer Ami. Der oft anwesende Besitzer der Bar erzählt gern von seinen vielen Geschäften, vom Modeladen, nur beste Ware aus Paris, von der Reiseagentur und anderen Plänen – ein westafrikanischer Erfolgsmensch mit der Statur eines Schwergewichtsboxers und dicker Hornbrille, ganz sicher ein Vorzeige-Mitglied der kleinen senegalesischen Kolonie in der Hauptstadt. Neulich zeigte er selbst etwas vor: das Foto seiner dreijährigen Tochter, ein dunkelfarbiges Berliner Lachkindchen. Sehr hübsch, sagte einer der Gäste übern Tresen, ganz der Vater, ein anderer, und zum Glück, sagte ein dritter, trägt die Kleene noch keene schwarze Hornbrille.

Für Augenblicke verärgern mich die Weißbierkeulen, die zwei quasselnde Kerle neben mir locker im Handgelenk schwingen lassen. Was treibt solche Burschen in die Spätkneipe? Redseligkeit wahrscheinlich, der Durst weniger – sie werden höchstens noch eine Flasche nehmen. Diese Mitt- oder Enddreißiger bleiben am Ende nüchtern – anders als meine Korps-Freunde im selben Alter fünfzehn, zwanzig Jahre zuvor, in denen wir als harte Verfechter der Schultheiß-Gruppentherapie allnächtlich letzte Fragen bis zur allerletzten Antwort ausdiskutierten. Die Therapie verlief für manche mit mehr, für andere mit weniger Erfolg. Mittlerweile scheint auch der früher oft lästig gewordene, schräge Vogel Schluckspecht so gut wie ausgestorben zu sein, und auch sein Antipode, der schweigsamharte Trinker, ist aus dem Barbild verschwunden, womöglich vertrieben von der allseits netten Laufkundschaft. Anders als die unter sonst 16jährigen befindet diese sich sogar wochenends durchweg auf der passablen Seite des Alkoholpegels. Wenn der schwarze Barbesitzer am Ende eines Abends abrechnet, stehen auch auf dem Professorendeckel nur selten mehr als zwei, drei Striche.

Der erste Wirt meines Lebens war ein käsig-weichgesichtiger Mann, der seine jugendlichen Gäste in einem dreiviertellangen weißen Kittel bediente. Er eröffnete Anfang der sechziger Jahre in meinem norddeutschen Provinznest eine Milchbar, die fortan täglich starken Sog auf uns Schüler ausübte. Mit der Roxy-Milchbar begann die lokale gastronomische Moderne und damit meine Laufbahn als Kneipengänger – mit ihrem sachlich-hellen Einrichtungsstil sah sie übrigens kaum anders aus als heutige Szene-Cafés. Die frühe Entdeckung dieser freien Form des gesellschaftlichen Lebens hatte begeisternde wie auch verheerende Folgen – der Schwerpunkt der Neugier verlagerte sich von der schulischen auf die nachschulische Zeit. Das war ja viel aufregender, als in die Penne, nach Hause oder in die katholische Jugendgruppe zu gehen! Wir probten das Erwachsenendasein, das Cliquenleben, rezitierten Gedichte und Chansons, fanden Grass ganz groß – die erst stückeweise eingespielte Rockmusik wirbelte das grad Erworbene bald durcheinander. Die Dauerpräsenz und manch gelungener Auftritt auf der Roxy-Bühne brachten einem 15-, 16jährigen Jungen ganz andere Pluspunkte als die im Klassenraum, die Schule war eigentlich aus.

Wenn wir nicht flüssig waren, führten wir den Rum flaschenweise in die Milchbar ein – auch Bier, exakt sieben Pullen paßten in den stets mitgeführten Geigenkasten eines Freundes. Der Mann im weißen Kittel wunderte sich einige Wochen über die stets angezwitscherte Runde – bis eines Tages zwei, drei leere Rumflaschen unterm Tisch hervorkollerten und ihm die Lust nahmen, uns weiterhin bei Cola und nichts einzuhüten. Zwei bewunderte Berliner Jungs brachten uns mit hohen Zechen wieder zurück ins Spiel. Eine wichtige Regel lautete damals, mit anderen, schulfremden Typen zusammenzukommen. Die beiden arbeiteten im Akkord als Eisenwichser, strichen für'n Haufen Geld Strommasten mit Mennige an und schenkten vor unseren Schüleraugen ihren Freundinnen jeden Freitag ein neues Kleid.

Von diesem Glücksfall Roxy abgesehen, war in den frühen sechziger Jahren die Provinz mit dumpfdeutschen, wie von Heimwerkern getischlerten Holzschänken überversorgt – in jedem zweiten Lokal hingen die unsterblichen Wagenräder und Pferdehalfter an vernagelten Bretterwänden. Nur gerüchteweise lockten die großen und feinen Formen der Gastronomie aus der Ferne. Jazzhören irgendwo im Exil, das war Stil und weit entfernt, Whiskytrinken in vergeistigten Kellerhöhlen, vor sich die kerzenwachsbetropften vat-69-Stalagmiten, das war urig und international. Im Savoy zu Hannover öffnete sich in Sommernächten eine riesige Kuppel über den tanzenden Teenagern, die dem Vernehmen nach Musik mit Händen in die Luft malen konnten, unter Sternen. Und erst Paris, die Lichterstadt! Die Mädchen dort hießen yeah-yeah-Mädchen und drängten in atemberaubenden Massen in sogenannte Diskotheken – gar kein Reinkommen für einen kleinen, hergetrampten Niedersachsen. Eine schmerzensreiche Zeit: mal fehlte der Anzug, mal der Schlips, immer das Geld und ewig das Alter, vergattert auf die verdammten 15, 16 Lenze. Auch führte das ständige Hocken in der Milchbar dazu, daß ich schulisch länger als nötig sitzenbleiben sollte. Das kostete mindestens ein Wiederholungsjahr. Aber ich hatte früh gelernt, daß ein Stammlokal das Wohlgefühl ungeheuer heben kann.

Was nach der Zeit im Roxy folgte, ließe sich durchaus als ein nicht enden wollender, gigantischer Kneipenbummel verstehen – das Leben, eine weiträumige, jahrzehntelange Suche nach dem nächsten, endlich richtigen Lokal. Die Stationen sind Legion, ihre Namen schwingen mit poetischem Klang bis heute nach. Sie tippen etwas an, Mode, Zeitgefühl, Geschichte, und rufen persönliche, intime

Erinnerungen hervor. An das Altdeutsche der 60er Jahre etwa: Mottenburg, Eichenburg, Seeburg; Germanisch-Mythisches taucht auf, Tolstefanz, Golem, Grünspan; später umspült von einer neudeutschen Welle, Fischlabor, Gurke, Mitropa. Heilige, Helden und Landschaften werden beschworen, Golgatha, Niemandsland und Slumberland, Heiteres nahegelegt, Meisenfrei und Meisengeige, und Dunkles auch, Schwarze Wiege, Intensivstation, Ruine. Über zwei epochale Berühmtheiten schrieb Uwe Nettelbeck 1968 Sonderseiten in der ZEIT, creamcheese und Blow up, beides Begriffe aus der Fotografie, ersterer das amerikanische Hilfs-Wort für »bitte lächeln«, der andere für Vergrößerung, und damit genau richtig für zwei revolutionäre Pop-Schuppen. Die Kunst lockte einst simpel, Palette, Malkasten, Die Muse, Studentenlokale hießen tangente oder Cosinus, Politisches zog Leute an, zuerst ernstgemeint, Rigas Ferreos, Zett und Bobby Sands Pub, bald weniger ernst, Potsdamer Abkommen, Großherzogtum Sachsen und KGB, ein übler Laden. Der Underground liebte das O – Risiko, Subito, Schizzo. Manchmal ging's nach der Uhr, Nach Acht oder past ten, manchmal nach der Literatur, Oblomow, Vau, Bukowski und Glasmenagerie, manchmal ums Soziale, Café Grundgehalt und Gnadenbrot, manchmal um die Grundrichtung des nächtlichen Besuchs, Domino oder Domina. Rätseln ließ der Name des Spättreffs Gruß und Katze, war ein Science-fiction-Romantitel, rätselhaft auch ein schlichtes b an einer edel holzverkleideten Kudamm-Eingangsfront, nichts weiter als ein kleines b in Schönschreibschrift. Gegenwärtig fehlen die originellen Ideen bei der Lokaltaufe. Eine Bar in meiner Nachbarschaft verweigert sich ganz, N. N. steht dran – die jetzige Epoche sucht schließlich auch noch ihren Namen. Die Diskothek, in der ich Silvester

1976 meinen Umzug nach Westberlin feierte, war mir dagegen namentlich bereits bekannt. Sie hieß wiederum Roxy – was immer das bedeuten mag.

Ein aus Westdeutschland einreisender Kneipenfreund erkannte bereits nach wenigen Test-Besuchen, daß es sich im Falle Westberlins um ein gastronomisch herausragendes Gebiet handelte. Die eingemauerte Halbstadt hatte im Vergnügungsgeschäft an die Tradition vor der Nazizeit angeknüpft und war in dem Sinn die freieste Stadt der Bundesrepublik, das Preis-Leistungs-Verhältnis stimmte, zu Recht vom Senat beworben mit dem Slogan »Berlin – durchgehend geöffnet«. Lokalpolitisch bedeutete das, daß auf diversen Durststrecken in Schöneberg-Charlottenburg morgens um vier die Verkehrspolizisten der Besatzung einer stark schaukelnden Studenten-Ente noch den Weg in die gesuchte Kneipe wiesen – »Die Quinte suchen Se? Da vorn isse doch.« Tages- und Nachtgastronomie waren perfekt austariert, dazu sozusagen alternierend reichlich Kultur, alles in allem schien das innerstädtische Freizeitangebot größer als andere, denkbare Beschäftigungsangebote zu sein. Tatsächlich sah es bald danach aus, daß sich nur unter Aufbietung enormer Mühe ein Minimum an Zeit für die Arbeit finden ließ – einfach zu viele Lokalitäten und offene Häuser warteten. Verglichen mit anderswo war im Berlin der späten siebziger und frühen achtziger Jahre das Leben in der Kneipenlandschaft bereits eine ausgefeilte Existenzform. Die hin- und herwandernden Dauergäste, die Caféhaushocker, Tresensteher und Szene-Läufer wirkten auf einen Neuankömmling damals wie eine eigenständige, interessante und vielbeschäftigte Berufsgruppe.

Schon der erste Berlin-Besuch hatte mich dieser Spezies nähergebracht. Auf Vorschlag meiner Gastgeber verließen wir die Wohnung, und ich dachte, na schön, ein abendlicher Spaziergang durch Wilmersdorf, 'nen Blick auf Gottfried Benns Wohnhaus werfen, zwei, drei Quasselbiere nehmen. Eine Viertelstunde später dachte ich, wir seien in Rio oder wo, bei einer fernen tropischen Ethnie. Aber wir standen im Dschungel am Winterfeldplatz, umgeben von einer wild bewegten, karnevalesken Menge – so eine aufgedrehte Szenerie in einem Lokal hatte ich anderswo noch nicht erlebt. Als wären die vitalsten und lustigsten Jungmenschen zur Feier der höchstmöglichen Lebensfreude zusammengekommen, als böte sich hier im letzten westlichen Tanzschuppen die sogar politisch zwingende Gelegenheit, angesichts des Elends hinterm Eisernen Vorhang eine fatalistische Fête wie eine Fata-Morgana steigen zu lassen. Einige Jahre später, am Tresen des immer noch reizvoll infernalischen Nachfolge-Lokals, sagte mir der offenbar jederzeit problemlos durch die Mauer schlüpfende DDR-Dramatiker Heiner Müller: »Was die hier im Westen müssen, würden die drüben gerne dürfen.« Vorerst durfte nur er hier mitmachen.

Damals beim Erstbesuch waren wir im Nu mittendrin, hingerissen und einbezogen, angelacht und angemacht. Diesem gemeinschaftlichen Ausbruch von Spontaneität mochte sich niemand entziehen, keiner fremdelte, kaum eine blockte ab – Geistesblitze und Treppenwitze schwirrten durch die Luft, Brüste und Ärsche standen entblößt im Licht, man dankte gelegentlich mit Zungenkuß. Und irgendwann, zu zwölft inzwischen, ging's im Ringelreihn quer über den Festplatz in ein kriegszerstörtes Haus, in

die Ruine, wo euphorische Brüllchöre Rocksongs herausschrieen, wo alle im Raum den Rhythmus klopften und stampften und einsturzgefährdend mit Gläsern und Flaschen aufs nasse Holz hieben – die musikalischste Ruine, die ich jemals besichtigte, ein besoffenes Grand Guignol, die Vorboten des Punk.
Die erste, voll durchgezogene Nachtpromenade auf dem Winterfeldplatz machte klar, daß alle bundesrepublikanischen Wetterzonen weit hinter mir lagen und ein aufgeheiztes, ja surreales Klima vor mir – mit Palmen, Pils und ausgestopften Papageien, in diesem Dschungel von Schöneberg. Irgendwann ging die Tür auf, und ein Packer von Kerl überbrüllte zornigen Blickes die Musik mit seinem später noch oft gehörten, nie variierten Halbsatz: »Die Autos vom Marktplatz!« Nur wenn dieser Gemüsehändler im Türrahmen erschien, rückte die Nachtuhr im *Dschungel* das einzige Mal vor, immer um fünf. Mein Gastgeber duschte mittags eine Stunde kalt – der Fitmacher für den kommenden Abend.

Diese beiden und etliche weitere Lokale gehörten zu den Sehenswürdigkeiten der Halbstadt. Wer hierher zog, wollte auch die gastronomischen Besonderheiten kennenlernen – hier agierten die stilbildenden, illustriertengerühmten Vorreiter, die ideenreichsten Kneipeneinrichter der Nation, von Oma-Plüsch-Zeiten über den Sperrmüll-Punk bis zur wieder entrümpelnden, strengen New Wave-Szene, bis zum letzten Beispiel des er- und gefundenen Techno-Ambientes im Osten. Im alten Westen gab es diverse Routen, Treidelpfade für trunkene Schiffe, an denen sich die große Seilschaft der Kneipengänger Nacht für Nacht hochzog. Bis zum Erstarken der Kiezkultur Mitte der achtziger Jahre, bis zum Mauerfall, der auch die Karten der Wirte neu mischte, lagen diese kaum variierten Vergnügungslinien fest.

Die gängigste Strecke führte vom unteren Kudamm nebst Umgebung am Olli über den Savigny- zum Nollendorf-Platz bis ans Kreuzberger Weltende. Kleinverdiener klapperten sie per Auto ab, Bafög-Empfänger mit dem legendären 19er-Nachtbus, dem stets bizarr besetzten blue-nineteen. Wer nicht auf ein bestimmtes Haus fixiert war, baute sich im abgesteckten Rahmen eine Tour zusammen. Vielleicht so: ein gesellschaftlich korrekter Auftakt im Axbax mit Bufett und weißen Tischdecken und Seitenblikken auf Promis, danach eine kuriose Zwischenstation bei Kunsttrinkern und anderen, dauerdrolligen Originalen im Zwiebelfisch, zum Schluß, der nicht das Ende bedeuten mußte, abhotten in einer Großtanzstelle wie dem gerühmten, hochpromiskuitiven Tolstefanz – jede Station ein Kapitel für sich, voller längst vergessener Episoden und oft erzählter Stories. Tausende bewegten sich allabendlich auf diesen Wegen, absolut linientreu bis zum exzess – um nur zwei Endstationen auf der Piste zu nennen, die auch im späten Wanken noch Erlebnisgarantie gaben. Oder auch nicht. Dann gab's vielleicht ein Gedicht, das einer dem anderen ins Ohr raunte: »Flüchtiger, du mußt die Augen schließen / denn was eindringt ist kein großes Los / abends im Lokal ist kein Genießen / selbst an diesem Ort zerfällst du bloß /.«
Wenn's so ist, Benn, dann laß uns gehen.

Vor allem Neuankömmlingen diente das gastronomische Koordinatensystem als Bezugspunkt – viele machten hier entscheidende Kontakte für die Zukunft. Erhebliche Mitschuld am ständigen Tresen-Abklappern trugen natürlich auch die andauernd von außerhalb anreisenden, abenteuerlustigen Besucher. Insbesondere die zugezogenen, angelernten Berliner wurden durch ihre Gäste aus der alten Heimat zu so manchem Kneipenabsturz regelrecht gedrängt, um sie dann doch an irgendeiner unübersichtlichen Stelle des Betriebs bis zum nächsten Mittag aus den Augen zu verlieren – husch und weg, die gute Freundin, abgetanzt, der alte, westdeutsche Freund. Der Song *sex and drugs and rock'n roll* war, disko-praktisch genommen, eine Berliner Hymne, und David Bowies *Heroes*, die Helden für eine Nacht, wurden sogar im Mauerschatten geboren, lebten hier besser als anderswo und obendrein viel länger als im Lied. In jenen libertären Jahren hatte die Stadt einfach Eros für alle. Frauen und Männer entfalteten ungeahnte Fähigkeiten – egal ob als leichtherzig keß hingelegtes Spontan-Pärchen oder bei aufreizend lang hingezogenen Kennlern-Jagden an den einschlägig bekannten Spielorten. Womöglich endete die Reise in die Nacht in einem weiteren Palmenlokal wie dem *Matalla* am Olli, wo letzte Chancen für die Liebhaber der Sumpfblüte bestanden, wo sich die verrauchte Luft noch einmal wölbte über rüden Reden und geflüsterten Flirts, bis um halb acht, halb neun oder halb zehn in der Früh. Draußen brüllten die Vögel.

Und gut zwanzig Jahre danach stehe ich in meiner Stammbar, seligen Angedenkens an die in jedem Sinne verlorene Zeit, und vertrete mir die Füße – wie auf einem verstohlenen, abendlichen Gassi-Gang unweit der Stätten einstigen Vergnügens. Der Gast ist hier ganz unter sich, bewegt sich nur im Schwenkbereich des glashaltenden Trinkarms, minimal abgelenkt von der Kulisse. Nach wie vor bin ich ein Anhänger der Stehkultur, das hält elastisch und signalisiert ein »Kurz-mal-so-Vorbeischaun«. Auf einem Barhocker drohte das stille Abgleiten in die Melancholie oder – 'ne Nummer kleiner – in die uneingestandene Lauerstellung für sich auf irgendeine Weise ergebende Kontakte. Platznehmen bei flüchtigen Bekannten fiele mir schwer – Tische zwingen förmlich zur Konzentration, dort zu sitzen führte alsbald zu Verkrampfungen, Tische sind überhaupt ungesund. Die Zwecklosigkeit, denke ich, heiligt noch immer den Aufenthalt. Mache ich mir hier vielleicht etwas vor? Gilt die Bar, die Kneipe doch noch als Schnittpunkt in der unendlichen Landschaft der Sehnsüchte? Als Illusionsort, wo die überichige Wunschvorstellung einer nach wie vor gelebten Dissidenz und jugendlichen Haltung aufrechterhalten wird? Oder ist dies bloß der Raum, in dem schale Rückstände abgewickelt werden?

Die Gefühle sind nicht mehr gemischt, die Gesichter unbekannt. Kürzlich sprach mich eine nervöse Enddreißigerin an und lud ohne lange Vorrede ihr schweres Problem ab, den Trennungswunsch des Partners nach zehn Jahren des Zusammenseins. Ihre soeben beim *Griechen* im Aufarbeitungsgespräch mit dem Ex nochmals angefressenen Aggressionen entluden sich nun auf mich als stellvertretenden Sandsack. Sie hatte so ziemlich alles auf der Liste, was derzeit lebenden Männern vorzuwerfen ist, und nach meinen immer matter werdenden Zurückweisungen rauschte sie hinaus, nicht ohne mich von der Tür her unvermittelt niederzubrüllen als »Versager, Versager! Noch so'n Versager, zigmal probiert, nichts geschafft, und dann wieder hier rumstehen.« Das dämpfte meine Stimmung für den Rest des Abends. Zu Beginn unserer Unterhaltung hatte die Frau erzählt, daß sie – wie ihr abgängiger Partner auch – bei der *Stiftung Warentest* arbeite.

Die Bereitschaft, sich auf spontane Begegnungen mit Fremden einzulassen, nimmt bei hart geprüften Semestern verständlicherweise ab. Berlin ist wieder zur anonymen Großstadt geworden, das häufig schlechte Wetter geblieben, gut für den Kneipengang – als Testperson eben. Wer würde da auf Wunder warten? Selbst das Treffen von alten Bekannten hat längst Zufallscharakter, die Ausgeh-Rhythmen und Ziel-Lokale werden immer differenzierter – mancherorts treffen sich früher allabendlich vorhandene Stammgäste nur noch am jeweils ersten Mittwoch eines Monats. In dem Punkt waren die früheren Szenelokale allein deshalb zuverlässiger, weil die Kundschaft mehr als die betreffende Kneipe teilte, weil eine ästhetische und gesellschaftliche Haltung alle miteinander verband, vielleicht sogar eine Sensibilität im gemeinschaftlichen Umgang. Man fühlte sich nicht als konsumierender Gast in solchen Häusern, sondern als Teil einer Bewegung. Dieses Gemeinschaftsgefühl wurde in einer Pinte sogar bis zum konsequenten Rollentausch durchgezogen: Hier standen die Besucher hinter der Theke und zapften Biere, und die Wirte lungerten irgendwo im Raum, in einem Kneipenkollektiv der *Spontis*, in Friedenau. Aber heute zu behaupten, Westberlin sei zu Mauerzeiten »der Mülleimer der Bundesrepublik« für genießerische Aussteiger, Chaoten und revolutionäre Studenten gewesen, ist üble Nachrede und Trinkgeldverweigerung. Der Staatssekretär, der mit solchen Formulierungen Hauptstadts-Ängste beschwichtigen wollte, ist ein undankbarer Staatssekretär und ein Sprachgrobian dazu. Er vergißt, daß Zehntausende jener »Aussteiger« halbwegs verkleidet und normal geschminkt ohne Gedächtnisverlust noch immer in der Stadt leben. Und daß auch sie ihr in schwierigen Zeiten die Stange gehalten haben, selbst wenn's oft nur der *foot-rail* oder die dankbar ergriffene Sicherheits-Sprosse an der letzten Theke der westlichen, freiheitlichen Welt war.

Nicht nur lokal-politisch ist das alles überholt – die Gemeinsamkeiten von Gästen beschränken sich wieder auf das Naheliegende. Aber am langen Tresen der Erinnerung wird die Weltgeschichte immer wieder rückwärts erzählt, werden die alten Ideen nochmal beschworen. Gastronomiehistorisch gesehen, haben die geblümten siebziger, die flotten achtziger Jahre, zuletzt die Millenniumszeiten selbstverständlich auch besichtigungsreife Kneipendenkmäler hinterlassen. Die mit amerikanischen Music-Boxen und anderen US-naiven Souvenirs vollgestellten Rockbars ziehen noch heute Besucher an, ach du lieber *Pinguin*; sentimentale Underground-Höllen köcheln in exquisiter Musikbefeuerung endlos vor sich hin, nein danke, *ex und pop*. Daß die Madhouses der Subkultur eines Tages Patina ansetzen würden, sich die Avantgarde der Düsternis nach hinten durchgereicht wiederfände, hätte zu ihren Hochzeiten kaum ein Mitmacher vermutet. Kneipen sind Gedächtnisstützen für das, was einmal war. Sie dekorieren unsere Straßen mit Seelenbildern der Vergangenheit, sie spielen mit der kollektiven Erinnerung, mit längst abgelebten und doch zählebigen Mentalitäten. Nostalgische Brückenköpfe wie der traditionelle, abgestandene *Zwiebelfisch* oder die von zwei linksdrehenden Generationen vollgequatschte *Dicke Wirtin* am Savigny-Platz existieren weiter und sind dabei umstellt von Dutzenden zeitgenössischen Hochglanz-Bars, mehr uniformiert als originell, wie von der Designerstange gekauft. Diese aus Stahl, Glas, Chrom und Leder gearbeitete, gastronomische Konfektionsware schafft eine neue Atmosphäre. Das Kneipenleben dort ist nicht länger verwandt mit der Party-Ekstase, sondern mit dem Shopping. Und auch wenn hier 30 gepflegte Biersorten, inklusive Mexikos *Corona*, der flotten Corona, angeboten werden, geht's weniger um einen feuchtfröhlichen Abend als um die Lifestyle-Erwartung eines bestimmten Zielgruppen-Segments – das Gasthaus als gehobene Dienstleistung, for yuppies only, for dinkies too, das Sein wahrt hier den Schein.

Wo sich die gewohnten Vergnügungsmeilen immer schikker geben, wo überhaupt reichlich Unruhe in die Stadt eingezogen ist, bleibe ich lieber im Kiez, an der angestammten Nachtadresse. Die kleine Bar an der Ecke mag ich, weil sie nicht auf irgendeine angesagte Idee oder speziell herausgekitzelte Kundschaft setzt. Sie changiert in der Gleitzone zeitloser Schlampigkeit, nicht neu, nicht oldie, nicht glamourös, sondern quartiersverbunden, durchschnittlich, gewöhnlich, der pure Realismus. Das Stammlokal als Resonanzraum oder gar Brennpunkt aller denkbaren Welt-Bezüge? Dieses hier sammelt Leute von der Straße ein, keine Studi-, Proll- oder gar Touri-Kneipe, sondern etwas für Alltagsmenschen, Individuen, Anwohner – eine zufällige Auswahl von Großstadt-Existenzen, ein Fressen für Kneipen-Soziologen und Tresendeuter. Das Laufpublikum wechselt von Mal zu Mal, sucht nicht den großen Kick oder kleinen Auftrag, nimmt die Musik, wie sie kommt, die Handys sind noch nicht an den Ohren angewachsen. Selten Einzelgänger, gleich welchen Geschlechts, das will sich niemand mehr öffentlich zumuten, auch keiner der mir nach und nach bekannter gewordenen, psychisch eher etwas angeschlagenen Stammgäste. Es handelt sich vermutlich nicht um die Bewußtseins-Avantgarde der Stadt – wer oder was wäre das überhaupt? Manchmal erscheinen samstags zwei Banker. »Als Alt-68er habe ich lange gezögert«, sagt der eine, »aber jetzt investiere ich im Osten, Go-Kart-Bahnen, ganz heißer Tip.«

Im kleinen Raum hat sich ein Rest jener früheren Westberliner Leichtigkeit erhalten, mit der Kommunikation oftmals in der Enge herbeigedrückt wurde, mit der man sich etliche, sogar weiter geführte Bekanntschaften regelrecht erstehen konnte. Aber auch ohne Kontakt läßt sich im bareigenen Reizklima das eigene Ich, der lästige Dauerbegleiter, vorübergehend suspendieren, lassen sich die Dämonen der Einsamkeit für eine Weile besänftigen. Der Experte der nächtlichen Schwärmerei weiß allerdings um die Instabilität des Gemüts während seines Aufenthalts. Er kennt die schleichende Wandlung seiner Stimmung und damit auch die Kehrseite jeglichen Lokals. Jederzeit möglich, vom Sein ins Nichts abzugleiten, in ein inneres Gezeter zu verfallen, und es bei Gelegenheit sogar laut rauszulassen: »Meine Wohnung ist kalt, der Kühlschrank leer, meine letzte Freundin hatte 'nen starken Kinderwunsch – und außerdem schwere Bedenken gegen meine Lebensabschnitts-Bar.«
«Erzähl' mir bloß keine Geschichten«, sagt Patrick, »ich hab' sie alle schon mal gehört.« Und dann fragt er, ob mir eigentlich die drei in Bars am meisten gebrauchten Wörter bekannt seien – Nö, sag' ich – also: Eishockey, Schlange und Kino. Wieso »Eishockey?« – er mimt leicht lallend zurück, »Is alls okay?«, okay, »Schlange?« – »Scho' lange hier?«, ach so, verstehe. Und »Kino?« Der sehr spät fallende, ultimative labiale Ablaut, meint Patrick, »Ein k(r)ie i no?« – zum Totlachen.

Wenn ich mich umschaue, sehe ich allerdings, daß bis auf zwei, drei Schweiger alle Anwesende in längere Gespräche, ins Erzählen von Geschichten verstrickt sind. Und zwar so intensiv, als gäbe es nichts, was sie lieber täten. Der gewöhnliche und doch minimal vom Alltag abgehobene Ort, seine Kulisse aus Schall und Rauch löst die Zungen und lockert die Zensur – kommt unheimlich viel Kneipengerede bei raus, eine sehr spezielle Form der Kommunikation. In ihr wird quasi ins unreine gesprochen, unterliegen die Worte nicht immer der sofortigen Überprüfung – es darf auch schwadroniert werden. Wie oft habe ich in irre lauten Diskos jemandem etwas – was eigentlich? – langatmig zu verklickern versucht und dabei gedacht, allein der erhöhte Aufwand an Lungenkraft brächte besonders Wichtiges hervor oder wertete das Gesagte zumindest auf. Und wie gesprächsstoffbeladen bin ich in vielversprechende Kellerlokale hinabgestiegen, um mich dort halbbetrunken von mir unbekannten, hellsichtigen Wahn-Säufern ergebenst beschimpfen zu lassen – »Du Vollidiot, hau ab – ich kann dein Gesicht nicht mehr sehen«. In der Erinnerung erscheinen derartig kalte Abfuhren relativ nett formuliert, wie diese geschönte Geschichte insgesamt. Doch wer immer mir so etwas sagte, hatte recht mit seiner Antwort, genug recht jedenfalls.

Denn Leute, die zuhören können, sind am späten Abend enorm wichtig – ein guter Zuhörer ist heute gefragter als ein raffinierter Erzähler. Die insgeheim auf ihre Sprechstunde lauernden Redewilligen bilden mitunter einen ungeduldigen Erzählerstau vor dem Hocker einer einzigen Zuhörer-Kapazität – okay, eine womöglich zu subjektive Einschätzung eines unglücklicherweise gelegentlich zur Quasselköpfigkeit neigenden Gastes. Welche Möglichkeiten gäbe es im Augenblick? Der Hauptabnehmer für meine Kneipenprosa ist ernsthaft besetzt, vom zweiten

Kreis des Talk-Zirkels keiner greifbar, andere Stammgäste umspielen die Lage noch mit schwer deutbaren Blicken. Es gelingt nicht mehr so leicht, sich einfach einzuklinken ins laufende Gespräch – das einstige, stets spontan mögliche Tresen-Blödeln und die damit verbundene, allgemeine Offenheit sind weitgehend von monadisch geschlossenen Halbkreisen abgelöst. Generell betrachtet, läßt sich die Bar-Kommunikation in ein medienähnliches Formatsystem aufteilen: vom einfachen Sportklatsch zu seriell fortgeführten Beziehungsskizzen über Wohnungs- und Job-Novellen bis hin zur Kultur, respektive ihrem Abbau, respektive der Literatur in ihrer Schwundform von Presse- und Fernsehkritik, respektive lückenfüllender Hauptstadtarchitekturdiskussionen, respektive der Philosophie als unendlichem Nachwort, respektive der essayistischen Prognostik, wie sieht Deutschland wohl in zwanzig Jahren aus – sowie retrospektiv, sag' mir, wo die alten Zeiten beziehungsweise die Leute von damals eigentlich sind. Vorbei, weg, verheiratet?

Manche sind sogar ziemlich weit weg, verschwunden in Blockhütten in den Rocky Mountains oder Einfamilienhäusern in Ruhleben, oder haben inzwischen zwei- oder dreimal geheiratet. Gelegentlich taucht jemand aus einem früheren Stammlokal mit genaueren Informationen an meinem aktuellen Tresen auf. Dann werden die Lebensläufe der alten Cliquen mal gründlich nachgearbeitet, werden halbvergessene Randfiguren und Stories rausgekramt, komplettiert und auf den neuesten Stand gebracht. Die einst gastronomisch geknüpften Beziehungsnetze geben Stoff für eine typische Form der Bar-Unterhaltung – die Recherche der verlorenen Namen, »Und was-macht-der-eigentlich-jetzt?« oder »Siehst-du-die-manchmal noch?«

Immer wieder erstaunlich, wie viele Details und unbekannte Querverbindungen erst fünfzehn, zwanzig Jahre später herauskommen! Dabeigewesen und doch nicht richtig hingeguckt. Das will heute, wo alles zu spät ist, wenigstens ausführlich erinnert sein.
Einstweilen könnte ich mich vielleicht runter zu Moni setzen und besser aufpassen bei dem, was sie erzählt. Moni, schon ewig Stammgast, ist eine nachtwache Friseuse mit rotblonder Hochsteckfrisur der späten sechziger Jahre, ihrem momentanen Alter – sie betreibt nämlich auch Erinnerungsarbeit, weil sie die Eigenarten ihrer vier verflossenen Ehemänner und der dazugehörigen Epochen im nachhinein besser verstehen will, ohne Kenntnisse aus Psychologie-Magazinen, aber glaubensorientiert – unruhig ist unser Herz, bis es ruht in dir. Oder ich red' ein paar Takte mit dem kleinen aznavourhaften Armenier, dem mit der Baskenmütze und seinem ewigen Glas Roten in der Hand. Der gibt mir schließlich immer recht, und das mit einem respektvollen Sprichwort aus seiner Heimat: »Okay, okay, du hast ja schon einige Hemden mehr getragen als ich.« Der Armenier steckt zur Zeit tief im subkulturellen Gedankengut, weil er gerade eine süddeutsche Weinbauern-Kommune entdeckt hat. »Menschen können anders leben«, sagt er. Nein, denke ich, das wäre noch anstrengender, geht nicht.

In günstigen Momenten vermitteln Bars die Illusion einer großen Harmonie – dann stimmen die Bilder, scheint alles mit allem zusammenzupassen wie auf einem Landspaziergang. Sie sind ein verwunschenes Stück Wildwuchs inmitten der Großstadt, Räume einer zweiten Natur, spirituose Höhlen voller disparater Gefühle – Leidensmienen und Wonnegesichter zeigen sich eng beieinander. Blicke,

Gesten, auch Gedanken verknüpfen alle Anwesenden – selbst die coolsten, unbeteiligt Wirkenden, diese Virtuosen der Distanz, die so tun, als wäre ihnen spätestens ab morgen Besseres beschieden, als koste es sie große Mühe, ihre enorme innere Glut bis dahin im Zaum zu halten. Weniger Posierende sind sichtbar entflammt. Vom Armenier, der noch auf Antwort wartet, halb verdeckt, umschlingt sich ein Paar, beide bereits weit im Ansaugestadium, die Schenkel von Hocker zu Hocker wie auf ewig ineinander geknotet – da zuckt's ein paarmal im Auge des Betrachters. Ein zweites Paar, Mann sitzt, Frau steht, eine Hand auf sein Bein gelegt, arbeitet womöglich auf dem Weg dahin Hindernisse ab, ein drittes scheint ein ausgewogenes Verhältnis von Sprache und Zärtlichkeit erreicht zu haben – längere, lächelnd und auflachend geführte Dialoge enden in kleinen Serien hin- und hergetupfter Küsse. Paare in Bars haben die doppelte Leuchtkraft –, sie beseelt der geglückte Augenblick und die Vorfreude auf alles, was vor ihnen liegt. Von ihrem Anblick geht eine letzte existentielle Hoffnung aus, sie sind einfach wunderbar, vorsichtig gesehen.
Pärchen werden jedoch können man-frau hier nicht unbedingt – die flirtgeneigte Blondine am Ende des Tresens will heute garantiert nicht weiter gehen, was sich im wiederholt versteinernden Ohnmachts-Gesicht ihres Begleiters widerspiegelt. Ein anderer Mann dort starrt wieder mal Frauen an, als wolle er sie daheim aus dem Gedächtnis fotorealistisch malen. Der nächste sieht frisch getrennt aus und atmet etwas ruckartig – er wird sich ans allabendliche Rebirthing in der Bar aufs neue gewöhnen müssen. Aber ist das nicht eine abstruse Vorstellung, Wesentliches über den Menschen in seinem Mienenspiel erfassen zu wollen? Noch dazu in einem Lokal – im Grenzland also

zwischen Einsamkeit und Gemeinschaft! Solche Theken-Reflexionen und ihre minutenlang abdriftenden Verästelungen sind natürlich reine Gedankenmusik und vielfach widerlegte, unsinnige Spekulationen. Doch sie zerstreuen das unglückliche nächtliche Bewußtsein.

Dem Einzelgast, drei Schritt von mir entfernt, genügt die stoische, selbstreflexive Meditation nicht. Er, etwa Mitte Vierzig, schütteres Haar, sieht vielmehr Handlungsbedarf und ruckt unvermittelt an in Richtung einer Tresen-Urszene: Mann spricht alleinstehende Frau an. Sein Oberkörper pendelt leicht, als wolle er seine schon länger schmorende Wortmasse lockern, die doch nur zögernd loströpfelt – die offenbar gedankenabwesende Nachbarin antwortet kurz, während er, nicht ungeschickt, beim Weiterreden eher wieder zurückweicht in einen größeren Abstand. Is' trotzdem zu nah und kein Standortvorteil, meint der nicht ganz unbeteiligte Beobachter, diese Nähe kann sich im Normalfall in enorme Distanz verkehren. Donnerstags sind die Leute hier viel interessanter als samstags, sagt der Mann in etwa – ein mageres Kompliment für die Angesprochene und einen Tick zu routiniert als Abgrenzungsversuch gegenüber den unter Vergnügungszwang stehenden Wochenend-Singles. Gnadenlos kommunikativ geht's dann voran, Job, Stadtteil, Hobbies, die Sterne und ihre Zeichen, alles nur auf Verdacht angekratzt, der Flirt als Rubbel-Los. Mein lieber Mann – wenn du laichdummer Hecht glaubst, hier ad hoc 'ne Frau rauszocken zu können, wenn du meinst, hier als cooles Kneipenfossil mal eben zugreifen zu dürfen, dann komm nicht mit so 'nem Frage-Antwortspiel, nicht mit der biographischen Schnitzel-Jagd oder esoterischem Wortgeklingel, und auf die noch nettere Art ooch nich'.

Du mußt sie erheitern, Junge, sie zum Lachen bringen, zu einem ganz bestimmten, die Gesamtmuskulatur lockernden Lachen – eine Frau, die lacht, sagt der Franzose, hat schon ein Bein im Bett. Statt dessen seh' ich schon den Streß, der dein Gesicht in heuchlerischer Freundlichkeit entstellt. Bis zur mythischen Frage »Zu mir oder zu dir?« hältst du das nicht durch – deine Nächte auf der sicheren Seite sind einmal gewesen.

Ja, ich weiß – manche Leute hängen an den alten Zeiten der freibeuterischen Pistengänge, der Wunsch, es möge sich endlich mal wieder ein Großstadtmärchen ergeben, ist wider bessres Wissen noch immer derselbe. Vergiß es. Das ist durch. Vergiß es, auf der Stelle. Wo im Alltag, in den Medien, in der gesamten durchsexualisierten Erlebnisgesellschaft Männern ständig Überreizung und Frauen permanente Anmache und beiden Geschlechtern ständig Konkurrenz droht, sollte man sich in einer kleinen Bar davon ausruhen dürfen. Sie ist der am wenigsten geeignete Ort für Anbändeleien – hier läßt sich keine eintägige Affäre herbeireden, ausgeschlossen, klar? Na ja – so gut wie ausgeschlossen, es kann schon mal vorkommen. Aber nur in ganz, ganz seltenen Augenblicken, bei ganz, ganz außergewöhnlichen Konstellationen und höchstens dann, wenn einer mit göttlicher Tiefenwahrnehmung zugange ist und vor allem im entscheidenden Moment nicht vom Hocker fällt.

Hier ist alles eine Frage des Timings. Zur rechten Zeit kommen die Gespräche wie von selbst zustande, vor ein Uhr die leichteren, danach die härteren Sachen. Fragmentarische oder ausführlichste Berufsbilder, die Innenansichten von Betrieben und Triebleben, oft gehörte und auch unerhörte

Geheimnisse werden freimütig ausgebreitet – manchmal höre ich da sehr aufgeschlossen zu. Ich habe sieben Telefone, sagte mir kürzlich eine attraktive Chefsekretärin, und kaum etwas zu tun – aber heut' früh stand Leo Kirch vor meinem Schreibtisch. Darüber kann man sich schon eine Weile unterhalten, nicht nur, weil ihre Kostüme von Mal zu Mal teurer aussehen. Auch der Themenklau bei Konferenzen einer Zeitung wuchs zum lang bekakelten Thema mit einer Redakteurin heran – ich verfolge ja die Presse und bin durchaus neugierig auf Hintergrundinformationen. Eine burschikose Frau erzählt öfter, wie anstrengend die Altenpflege sei, anstrengend sei auch die Betreuung von Zirkuskindern, erzählt eine andere öfter. Die Zirkuslehrerin ähnelt nicht nur obenrum der jungen Sophia Loren. Sie ist als Bauerntochter mit elf Brüdern aufgewachsen, und das bei Spielen wie dem im breitbeinigen Stand ausgetragenen Darmausblasen. Als alleinentscheidende Jurorin des Wettbewerbs mußte sie sich an exakt angewiesener Stelle rücklings auf den Erdboden legen, während die Jungs über ihr stehend die Fallwinde blasen ließen – ich seh' noch heute die Unterhosen meiner Brüder flattern, sagt sie.

Etwas länger dauern gelegentliche Gespräche mit einer Betriebswirtin. Die Staatsschulden sind überhaupt keine Schulden, meint sie, das ist nur die Abschöpfung der immensen privaten Sparbeträge – die Staatsverschuldung hoch bedeutet: Renten und Sozialleistungen runter, die Löhne runter bedeutet: Kapitaleinlagen rauf, über Brüssel, Hermes, IWF-Fonds und Verlustzuweisungen, denn das Minus im Plus ergibt nach wie vor ein Plus. Diese Ökonomin mag mich, glaube ich. Vielleicht spricht sie deshalb ein bißchen zu laut, und nicht nur, weil sie betriebswirtschaftlich überzeugen will. Ihren fundierten Erklärungen zur allgemeinen, aktuellen und persönlichen Finanzsituation folgen tagesfrische Stimmungsberichte vom beschwingtesten aller Wochenmärkte, bis ich mit einem gastronomischen Grund-Satz antworte: »Okay, ich bin gekommen, um in Ruhe entspannt und mäßig zu trinken – jetzt hab' ich was begriffen und bin besoffen.« Am Ende sind etliche solcher Meinungen und Unterhaltungen durchaus verzichtbares Gequassel. Aber, ehrlich gesagt, über Leo Kirch und die sieben Telefone hätte ich anderswo liebend gern von ihr noch einiges mehr gehört.

Besonders neugierig bin ich natürlich auf diverse Fortsetzungs-Geschichten, auf den Hausklatsch, der sich aus den sporadischen Treffen verschiedener Stammgäste ergibt. Deshalb stimme ich auch nicht ein in die Bennschen Abgesänge auf Menschen in der Bar und deren »Beziehungslosigkeit«, auf die »Hohlechos des Miteinanderredens« – trotz der räumlichen Nähe. Gottfried Benns Stammlokal lag nur tausend Schritte von hier entfernt. Die Beziehungen beschränken sich eben auf die immer wieder in der Bar gemeinsam verbrachte Zeit. Sie entwickeln sich kaum darüber hinaus und greifen nicht mehr so entscheidend in den Lebenslauf ein, wie sie es früher häufiger taten. Was wurde damals nicht alles auf gastronomischer Basis begründet – Freundschaften, Liebschaften, Herausgeberschaften. Um der täglichen Kneipensucht zu entgehen, machten größere Stammgastgruppen Literatur- Zeitschriften oder Hegel-Kreise am Donnerstag, eine erfreulicherweise herbeisublimierte Kulturleistung, unter Umständen der Auftakt bedeutender emergenter Prozesse. Denkste. Nach der geistigen Arbeit landeten sie doch wieder an der unvermeidlichen Tränke, wie an jedem anderen Abend auch.

Heute genügt mir jedes absichtslose Gespräch, jeder Ansatz von halbwegs glückendem Small talk – mit dem Bildhauer, der Pantomime und Städtebau zusammendenkt, mit dem Kfz-Mechaniker, der erst um drei aufsteht und fleißig Ersatzteile unterm Bett sammelt, mit dem fülligen Banker, dessen 25 Jahre jüngere Freundin partout nicht bei ihm einziehen will. »Warum nicht, warum nicht jetzt«, sagt er, »sie kann doch in drei Jahren wieder ausziehen.« Eine nur bedingt frauenversteherische Kalkulation – nicht alles rechnet sich eben so gut wie bei einem weiteren Stammgast und wettsüchtigen Ex-Computermann: »Ich habe 600 Pferde im Kopf«, sagt er, »das läuft.« Ich rede mit ihnen in der Reihenfolge ihres Auftretens – mit dem leicht ramponierten Schriftsteller, der dutzendweise blendende Stories erzählt, die er aus uneinsehbaren Gründen nicht schreiben kann, oder mit dem vertrackten Nichtstuer, der mit dem elterlichen Haus auch die dort gezüchteten Neurosen geerbt hat, und schließlich auch mit dem Maler, der forsch reinkommt und sagt:
»Jetzt sehe ich auf Fotos so aus wie Picasso mit 60.«
»Beruhig' dich, Junge,« sage ich und lade ihn zum Bier ein, dem gelungensten aller Altenteilchen-Beschleuniger.

Mehr als neugierig bin ich allerdings darauf, wie die Sache mit Andy und Reinhard weitergeht: Wir bildeten hier öfter einen losen, sympathischen Halbkreis. Der Schein männerbündischer Zusammengehörigkeit gehört nach wie vor zum Kneipen- und Barleben. Aber die zwei reden seit 'ner Weile nicht mehr miteinander, offenbar ein Streitfall, ein tödliches Wortduell: der Wiener Schlaks mit dem fliegenden Schlips gegen den Berliner Lehrer-Frühpensionär mit dem soldatischen Händedruck, ein Jungtrinker mit Schmäh-Qualität, Charakter und 'ner Schwäche für

Geld gegen einen Dandy-Darsteller mit Windhund, Sport-Coupé und Lolita-Tick. »Siebzehnjährige riechen anders hinterm Ohr«, raunt Reinhard mir zu, »Männer wie wir haben ein Recht auf Jugend und Schönheit.« Und dann zieht er damit vom Leder, was der Strauß-Botho und der Schmitt-Carl über Elite und Erhabenheit so alles hergeben – und auch damit, was diese beiden nicht unbedingt hergeben. »Wer war denn der letzte mutige deutsche Politiker ... Wer hat's denn allen mal so richtig gezeigt ... Und jetzt ist das deutsche Feuilleton schon wieder ver...« Stop, Reinhard, bitte, stop, nicht mit mir, diese Mahler-und-Kameraden-Sprüche – diese herrenreiterhaften Pöbeleien sind nichts anderes als ein schwerverständlicher, in jüngster Zeit sich sukzessive verschlimmernder Fall von Geisteswirre bei einigen flüchtig bekannten Generationsgenossen. Aber mir waren solche Leute wie Reinhard schon vor ihrer überraschenden Flucht ins Dritte Reich zu humorlos und daher für mich leicht zu entbehren, diese alten Leutnants und neuen Rechten.

Den Humor hat Andy, ein Bilderbuch-Hochstapler Krullscher Sorte. Er ist jemand, der weltweit irgendeinen Dreiviertel-Schwindel zusammenfaxt, mittags das Konto besucht und nachts manchmal leise Qualtinger-Lieder singt, mir allein zum Trost in einer Sitzecke. Da er trotz seiner Jugend eine offene Ader für elegant kombinierte Ausstiegs- und Ruhestandsvorstellungen hat, hörte er sich wochenlang Reinhards vaterlandstreues Elite-Gesülze an. Eines Nachts, in meiner Abwesenheit, mußte es dann zwischen den beiden fürchterlich geknallt haben. Mit einer feurig langen und völlig unkameradschaftlichen Philippika spie Andy dem Dandy in die bräunliche Suppe: »Du Träumer, du Blender, du Feigling!« Übereinstimmenden

Zeugen zufolge brachte er ohne Angst und gut besoffen die Sache auf den Punkt.

»Du Schwachmatikus träumst doch nur davon, ein Nazi zu sein.«

Reinhard stand entgeistert da, als fühlte er plötzlich eine fremde Hand in seiner Hose. Im Gegensatz zu sonstigen Abenden war es eine ziemlich einseitige Sache. Andy geriet richtig in Fahrt und brüllte seinen Kontrahenten schließlich aus der Bar.

»Hau endlich ab, du mieser Möchtegern-Nazi! Der Paukerstammtisch ist im *Lenz*! Du kannst dir noch zehn Sport-Coupés kaufen und zehn Windhunde und zehn Lolitas und bleibst doch immer nur, was du warst, ein unbedeutender kleiner Lehrer!«

So ein Zusammenprall bringt Farbe in eine demokratische Bar, einer Ersatzbühne des unabgeschöpften Ehrgeizes für manch' leicht zu erkennende Gäste. Diese beiden Anzugträger hatten sich eine Zeitlang ganz gut verstanden – beide spielen eine Rolle aus dem Fundus alter Kinowelten, der eine im Bendler-Block oder Reichssicherheitshauptamt, der andere vorzugsweise in *Ricks Café* oder im *Raffles* in Singapur, wo sie sich ohne weiteres treffen könnten. Während Reinhard jedoch selbst als Dandy-Darsteller noch auf den Endsieg in Wilmersdorf aus ist, führt Andy solch konventionelle Vorstellungen ad absurdum und kann weit entfernte, schwindelhafte Höhen erreichen. Aber er neigt halt a bisserl zu Übertreibungen. Das *Lenz* ist eigentlich ein ganz schönes Lokal. Eins fürs spätere Leben, den dritten, vierten Lenz – ohne die anderswo übliche, unaufhörlich an frühere Zeiten erinnernde Musikberieselung. Und um ein Uhr ist Schluß.

Wenn die Männer, die alleine stehen, am Tresen unter sich sind, naht die gefährlichste Viertelstunde – die Nacht hat ihren Kredit verbraucht. Aus den Gesichtern weicht dann jedes Mienenspiel, Traurigkeit läßt sie um Grade erbleichen, Männer, vor Schrecken starr – der Blues ist da. Es lohnt nicht mehr, über das zu sprechen, was nun verwehrt bleibt: Es ist zuviel. Eine Handvoll Kerle schwächelt vor sich hin – unfreiwillige, negative Helden für eine Nacht. Lange Tunnelblicke werden in den Luftraum gesenkt, die Spannungen sind abgeflossen, einige Biere eingeflossen, nicht Trost genug, nie. Wird die Tür von außen geöffnet, nestelt jemand am Vorhang, drehen sich drei, vier Köpfe gleichzeitig zum Eingang hin und Sekunden später im selben Tempo wieder zurück. Den Blues haben die allein am Tresen die Nacht durchstehenden Männer dann, wenn sie nicht mehr wissen, worauf sie warten. In dieser gefährlichsten aller Viertelstunden verschwinden Tage, Wochen, Monate.

Auch wenn sich so mancher Besuch als überflüssig herausstellte, möchte ich auf die kleine Bar an der Ecke und einige andere Lokale nicht verzichten. Mir ist natürlich klar, daß es sich beim Kneipengang nur selten um einen Weg zur Wahrheit handelt und daß der leichte Taumel der Zerstreuung auf Dauer wohl kaum eine befriedigende Lösung oder gar Erfüllung darstellt. Aber ich bewege mich gern in dieser lebhaften, höchst veränderlichen Atmosphäre, ich brauche die spontanen Stippvisiten, die kurze Begegnung mit anderen – alles ist nach unbekanntem Gesetz auf den Augenblick abgestellt. So werde ich höchstwahrscheinlich auch in der nächsten Woche das eine oder andere Mal bei Laune dort hingehen. Vielleicht treffe ich jemanden, der mir etwas erzählt oder, besser noch, der sich von mir etwas erzählen läßt. Wenn nicht, steh' ich halt für 'ne Weile da, hör' in der Musik, was einst oder nie gespielt wurde, seh' in den Gesichtern, was ich nicht weiß, und denke an die verlorenen Freunde, die verlorenen Lieben und all das Schöne, eine reine Gefühlssache. Du bist hier jederzeit willkommen, versichern mir die Wirte, doch ich weiß, ich werde nie vermißt. Wie all die Abende auch verlaufen mögen, ob sie Vergnügen bringen oder undeutlich verstreichen, ist so offen wie eh und je. Nur eines steht von vornherein fest: Am Ende wird abkassiert.

Ü 50

In fünfzig Jahren, heißt es, werden fünfzig Prozent der Bevölkerung über fünfzig sein – ein nebenbei aufgelesener, schön rundgerechneter Satz, eine im Konkurrenzkampf der Institute und Medien wohlformulierte Prognose, die etwas Konkretes in eine sprachspielerische, abstrakte Ferne projiziert. Für jene, die in Kürze und nicht erst in fünfzig Jahren zu den fünfzig Prozent über fünfzig gehören, kann in dieser Aussage ein leiser Schock mitschwingen, ein ungewisser Thrill. Sie erwartet demnächst oder bald eine Komplikation, eine durch nichts abzuwendende Tatsache jedenfalls: Der 50. Geburtstag steht an, oder härter ausgedrückt, das 51. Lebensjahr, oder noch härter gesagt, der Beginn des sechsten Lebensjahrzehnts. Diese runden Geburtstage, seit jeher eine Besonderheit, strukturieren das Alter in scheinbar sinnfällige, überschaubare Dekaden und zeigen auch den Uneinsichtigen in aller Deutlichkeit, daß die Zeit eine Grundmacht des Daseins ist.

Diese rätselhafte Macht hängt einem eine verdammt hohe, in sich auch widersprüchliche Summe von Jahren an, deren Erreichen jubilierende Bedeutung beigemessen wird. Mathematisch betrachtet gilt die Fünf darin als vollkommene Zahl, die Null dagegen erinnert eher an Beginn oder Ende und als kreisförmiges Zeichen sogar ans Nichts, die Quersumme kennt das Geburtstagskind seit der Schulzeit – Fünf, mangelhaft, setzen. Soweit die zahlensymbolische Grundlage für eine fifty-fifty-Party, in der Realität könnte es unter Umständen so aussehen: Mitten in der Mitte der Lebenskrise, in der Startbahn für die Wechseljahre, zwischen der ersten und zweiten Scheidung, dem zweiten und dritten Lenz, den dritten und vierten Zähnen (Implantate!) muß ausgerechnet der fünfzigste Geburtstag gefeiert werden. Dessen traditioneller Rang führt bei manchem Anwärter schon eine Weile vorher zu mittelschweren Nervositäten – ich gehe jetzt auf die Fünfzig zu, sagt einer der Betroffenen und bleibt nach diesem Standardsatz erst mal gedankenvoll stehen. Zu viele Vorstellungen und Klischees lasten gerade auf dieser Altersangabe. Insgeheim oder offen bekannt, hält sie so mancher Jubilar für einen wesentlicheren Einschnitt als vorhergegangene, sieht vielleicht in ihr eine Datumsgrenze zwischen zwei Zeitzonen. Wer sie überschreitet, der tritt, wie man so sagt, von der ersten in die zweite Lebenshälfte ein – eine recht optimistische Einschätzung, die trotz der jüngsten Entdeckung des Homo longaevus, des langlebigen Menschen, statistisch nur auf wenige Zeitgenossen zutrifft. So gerechnet handelt es sich beim 50. Geburtstag um eine zwiespältige Angelegenheit mit in vieler Hinsicht unklaren Folgen. Fest steht nur, daß der Tag widerwärtig scharf fixiert ist und daß er kommt, und zwar schon bald.

Allerdings hatte ich aus mehreren Gründen das Gefühl, dieser Termin würde nicht gerade im allergünstigsten Augenblick auf mich zukommen. Allein die formale Gestaltung des einmaligen Ereignisses könnte zunehmend Kopfschmerzen bereiten. Zum großen Fest einladen, sich selber zu Ehren? Pomp fifty and circumstances im bunten Freß-Zelt? Die letzte von mir veranstaltete Party lag ungefähr 24 Jahre zurück. Also lieber eine kleine, anonyme Lösung nach dem Motto: wie rutscht einer gut, gelassen und weithin unbemerkt in seine Fünfziger? Das wäre die bruchlose Weiterführung der lang gepflegten Ignoranz gegenüber diesem zufälligen Datum im Paß, eine Normal-Behandlung wie bei x-beliebigen Geburtstagen. Als notorischer Nicht-Feierer wurde dieser Anlaß von mir bestenfalls mit der amtierenden Freundin und eventuell ein, zwei Spezis im Restaurant einfach weggegessen. Küchenpsychologisch gesehen, wartete der Termin mit einem gefährlichen Dilemma auf – sowohl die strahlende Selbst-Feier als auch das strenge Verweigern liefen auf den Verdacht des gestörten Narziß hinaus. Beim letzten runden Wiegenfest, dem ja ebenfalls heftig zu Herzen gehenden Eintritt in die Vierziger, versteckte ich mich bei Bekannten auf einer Samstags-Fête, nur eine Person wußte Bescheid. Es wurde eine ziemlich melancholische Nacht zwischen Tür und Angel. Bei schönster Partystimmung lechzte ich heimlich nach Niederlagen und Prügel. In Erinnerung blieb ein meinerseits kläglicher, wegen Einfallslosigkeit abgebrochener Flirt mit einem unbekannten, blonden Würgeengel – das Alter, dachte ich in jener Nacht, das Alter flüstert dir ab jetzt immer den falschen Text ein.

Noch war genug Zeit für Anregungen. Eine Weile beobachtete ich andere bei ihren Bemühungen, den besonderen Tag zu begehen. Ein Aspirant verdrückte sich punktgenau auf einem Langstreckenflug, ein anderer allein zu Haus, ein dritter verschwand für eine Woche ohne Adressenangabe nach Italien – die letzten zwei, drei Tage, sagte er danach, die war'n grausam. Zwei unerschrockene Frauen feierten riesig mit Freunden, Kindern und allen, nein, nicht allen, mit einigen Feindinnen, das war Klasse. Ein früherer Freund, ein semi-prominenter Rocksänger, lieferte ein fernsehgerechtes Hallen-Spektakel mit tausend Gästen – schwer einzuschätzen, ob er das wünschte oder nicht, bei so einem Mann wird der 50. Geburtstag halt zum Firmenjubiläum. Ein Schreiberkollege lud aus demselben Anlaß zu einer Lesung in den Hinterraum eines Cafés. Diese Möglichkeit habe ich einen Moment lang erwogen – und dann unter anderem als Ideenklau verworfen. Auch der erste Schummler fiel mir bei den Fünfziger-Jahre-Forschungen auf. Ein alter Bekannter hatte in einem aktuellen, von ihm selbst mitgestalteten Prospekt seine Daten geschönt – mein lieber Gerd in Steglitz, was soll's, du bist doch schon seit drei Jahren nicht mehr 49.

Dieser erste Ansatz von Erbsenzählerei verrät, daß auch ich zum verbreiteten Typ des Geburtstags-Neurotikers gehöre – also zu jenen Leuten, die zwischen innerer Erregung und äußerer Gelassenheit schwankend alljährlich den Festtag als überaus nervigen Test-Tag verbringen. Ohne es sich so recht einzugestehen, achten sie auf die Schar der Gratulanten, denken an die Vergeßlichen (anstatt umgekehrt), blicken in den Zeit-Tunnel zurück oder auch voraus in die mögliche Zukunft und lächeln maliziös in die Sektrunde. Es sind mal mehr, mal weniger traumatische Tage, sie erinnern ans verdrängte Trauma der Geburt – und es können denkwürdig traurige Tage sein, vor allem die späteren, die einem noch das drohende Ende als Lebenserwartung andrehen, 37, 48, 59 und immer so weiter. Mancher Termin wird daher trotzig verschlafen, manch anderer führt zu seltsamen, im nachhinein auch lächerlichen Eintragungen in Tagebücher: »36! Ab sofort nie mehr zur Hölle gehören«, »41 – heute kleines Violinkonzert«, »49 – worauf du glotzt, sind die Kinder deiner Freunde«. Die Erinnerung an diese Tage geht über die alltägliche hinaus.

Aber keiner der Geburtstage beschäftigte mich bereits Monate vorher. Daran gemessen waren die bisherigen nur gewöhnliche Haltstellen an der Strecke, der 50. jedoch könnte ein unmißverständliches Stop-Schild, ein Achtungzeichen an einer Kreuzung sein. Die runde Zahl legt den Gedanken nahe, daß der Gegensatz zwischen subjektiver und meßbarer Zeit möglicherweise so groß gar nicht ist – fünfzig Jahre wären demnach wirklich fünfzig Jahre, und eben nicht so alt, wie man sich fühlt. Der Widerspruch, der Chiasmus zwischen dem persönlichen Empfinden der Jahre und der objektiven, feststehenden Zahl war ja oft das Verwirrende am Geburtstag. Natürlich geht es nicht um diesen einen Tag und in diesem Fall auch nicht um das darauffolgende Jahr. Es bestehen Gründe für die Annahme, daß diesmal eine Altersgrenze definitiv überschritten wird – dahinter fällt die Grenze weg, und das Alter bleibt übrig. Fortan ist Ich in der Tat ein anderer – nämlich Mitglied der Gruppe der »über 50jährigen«. Dieses Ich wird demographisch neu eingeordnet und ist mit Sicherheit von nun an eines: für immer unjung.

So exakt das Datum, so vage der Richtwert – zunächst drückt sich diese Umgruppierung an wenigen, noch dazu verschmerzbaren Punkten aus. Diejenigen mit der »5« vorne rutschen bei demoskopischen Umfragen, soziologischen Feldforschungen und den Analysen der Werbeindustrie in neue Spalten und Kästchen. Dabei setzt insbesondere die Werbung, das härteste aller Realitäts-Orakel, deutliche Zeichen. Ihre Untersuchungen der Marktchancen für uneingeschränkt zu konsumierende Produkte enden meist bei den 49jährigen. Aus. Braucht man danach nichts mehr, oder hat man all diese Dinge bereits? Wird man etwa über Nacht resistent gegen Werbung? Oder darf man sich auf ewig dieser 49er-Zielgruppe zurechnen? Sozusagen aus Kulanz fürs lange Durchhalten als Konsument? Auch in den filmischen Beiträgen der Branche zeigt sich meine neue Altersgruppe stark unterrepräsentiert – erst ab sechzig aufwärts winken wieder vermehrt Auftrittsmöglichkeiten, dann als vertrauenerweckend Ratgebende, als fit-fröhliche Alte. Ein ganzes Jahrzehnt also als blinder Fleck? Natürlich stehen genügend einzelne Persönlichkeiten an gut einsehbaren Stellen und Positionen in der Öffentlichkeit. Aber was ist mit der Masse der vielen namenlosen Existenzen? Sind die 50jährigen, parallel zu den Kindern zwischen Kita und Jugendclub, vielleicht so etwas wie Lücke-Erwachsene? Unjung zwar, aber nicht alt? Auch der frei flottierende Volkswitz verschont sie bei ihrem späten Spagat mit zwiespältigen Kose-Formen. Über dies Stadium gibt es keinen der so beliebten Wegwerfsätze wie »Trau keinem über 30«, »Wer's mit 40 nicht geschafft hat, schafft's nie mehr« oder »schon 60 und kein bißchen weise«. In Berlin sprang kurzfristig ein ganz leiser Radio-Sender in die Jahrzehnte-Lücke – »50 plus«, ein Name wie ein Programm, mit nicht völlig unbegründeter Reichweiten-Hoffnung ausgestrahlt und doch bald verstummt.

Was in diesem optimistischen »Plus« mitschwingt, leitet nach meinen Vermutungen einen mehr oder minder langen, irreversiblen Prozeß ein – von nun an werde ich nicht nur älter, ich werde alt. Was könnte das bedeuten? Oder – mal ganz deutsch gefragt – welche Unkosten könnten mir dadurch entstehen? Langsam, langsam. Es könnte bedeuten, daß ich demnächst den Prospekt für eine neue kabellose Fernbedienung mit Nunchuk-Erweiterung nicht verstehe. Es könnte bedeuten, daß ich im kommenden

Jahr den bundesrepublikanischen Kinobesuchs-Durchschnitt von einskommasieben nicht schaffe. Es könnte beispielsweise auch bedeuten, daß ich ungefragt in eine neue Zielgruppe gesteckt werde, obwohl ich die Leute darin gar nicht kenne, nicht die »Woopies«, auch nicht die »Wollies«, die »Yollies«, die »Grumpies« und die nach genereller Einteilung der Medienbranche »Uhus« genannten unter Hundertjährigen auch nicht.

Für das Herausbringen dieses schlichten Drei-Satzes ging fast eine Stunde drauf, eine nur mit einem Bruchteil an dazugehörigen Überlegungen, Spekulationen und Zwangs-Vorstellungen gefüllte Stunde. Schließlich klingt hier ein existentielles Grundthema mit seinen unendlichen Variationsmöglichkeiten an, das Altern. Spontane Variation A: einfach ignorieren! Variation B: bitte nicht jammern! Variation C: bleib erschütterbar und widersteh! Variation D: endlich über 50!

Völlig überraschend kommt das Ereignis auch wieder nicht. In jüngster Zeit gab es bereits einige Gelegenheit zur Einübung ins Unvermeidliche. Der kleine Tatter am Morgen und die wenig opferbereiten Schlappheiten am Abend sind natürlich nichts gegen die dunklen Ahnungen der vollen Zahl, gegen die Beängstigungen durch die nun ausgeworfene Zwischensumme. Was mache ich jetzt mit meiner schwarzen, scharfen Lederjacke? Und wo, zum Teufel, hänge ich meine fast noch neuen Fußballschuhe hin?

Seit Jahren neugierig auf diese Wendemarke, frage ich gezielt die jeweils feiernden Geburtstagsmänner, na, wie isses, wie fühlst du dich denn jetzt. Bonmots kamen dabei nicht heraus – eher ein knappes, ja, so wie gestern, oder: so wie vergangenes Jahr. Was wäre sonst zu erwarten?

Daß jemand sagte, er wechsele nun das Charakterfach, er werde nun gern zu jener älteren Figur, die bisher immer nur die anderen abgegeben haben? Und daß er bereit sei, ab sofort kürzer zu treten, kleinere Brötchen zu bakken, halbvolle Gläser zu nehmen? Oder daß er manchmal kleine Durchhänger habe, schwarze Sekunden-Löcher, in denen er irgendwie ein bißchen abwesend sei? Nein, solche unüberlegten Dinge wird ein runder Fünfziger dieser Tage nicht sagen, jedenfalls nicht laut. Er wird auch nicht sagen, daß er eigentlich untröstlich sei, ja nahezu unendlich untröstlich über das halbe Jahrhundert auf dem Bukkel. Er greift lieber zum abgegriffenen Zitat, zu Schillers »Dem Glücklichen schlägt keine Stunde« – oder er wählt die modernere Fassung von Woody Allen: »Was bedeuten schon Jahre, wenn man eine mietpreisgebundene Sozialwohnung hat«.

Die Volks-Prominenz vom Tele-Boulevard äußert sich in Mini-Interviews durchweg positiv, wenn sie als Neumitglied des Clubs gecastet wird – »50? Wunderbar. Man kann alles machen, alles essen, alles trinken. Wie bisher.« Übers Jahr sieht's oft anders aus – mit 50 ist das schöne Bildschirmleben vorbei. Zwischen Jugendwahn und Altersangst entstand die kuriose Situation, daß die über 50jährigen, zu »Alten« erklärt, just in dem Moment aus den Programmen verschwinden, in dem ihre gesellschaftliche Macht wächst. Daher kontern die Falken auf beiden Seiten des Mediengeschäfts bei der geburtstäglichen Befindlichkeitsfrage mit dem auffällig oft fallenden Standardsatz: Ich habe mich entschlossen, mit dem Alter keine Probleme zu haben.
Keine Probleme, klar, lieber nicht drüber reden, versteh' ich doch. Vor allem, seit mir rechtzeitig der gnadenlos helle

Essay von Jean Améry in die Hände geriet – »... mühselig ist das dumpfe Halbbewußtsein der Unheilbarkeit des Leidens«, heißt es da einführend, und am Ende ist das Leiden voll bewußt. Mit Kapiteln wie »Sich fremd werden« und »Die Welt nicht mehr verstehen« analysiert Améry den Prozeß des Alterns so genau, daß es praktisch keinen Spaß mehr macht, die Sache jemals in Angriff zu nehmen. Etwas Erleichterung verschafft lediglich die vage, zeitliche Bestimmung des Ausbruchs dieser garantiert tödlich verlaufenden Krankheit: ungefähr mit 55 soll es losgehen. Den Virus habe ich mir mit dem vorwitzigen Vorgriff dennoch angelesen – auch wenn bis zum Ernstfall ein paar weitere Jahre bleiben. Oder sind es bloß »Jährchen«?

Läßt sich das biologische Alter jenseits des Diktats der klaren Zahlen schon schwer bestimmen, so ist das soziale, mitunter auch personal genannte Alter noch schwieriger auf den Nenner zu bringen. Im gesellschaftlichen Wimmelbild finden sich zahllose Versionen von Fünfzigern, und zahllos sind die dazugehörigen Platitüden und Klischees, die Geschichten von Erfolg und Nichterfolg, von abgefahrenen Zügen und vielleicht noch wahr werdenden Träumen. Manche ruhen auf dicken Konten und Rasenteppichen, andere besorgen sich im Sozialamt Pinsel und ein Döschen Farbe. Es gibt die sogenannten drahtigen Burschen, denen man ihr Geburtsdatum nicht anmerkt, und es gibt andere, die mit einem Blick zum alten Eisen gerechnet werden. Nur stechen die Gegensätze unter Gleichaltrigen, weil endgültig, zwingender ins Auge als zuvor – wer nicht fest im Sattel sitzt, sieht halt älter aus. Entsprechend kraß zeigen sich die Unterschiede bei oberflächlicher Sichtung einiger Biographien – beim Grenzwert 50 stehen Verheißung und Verzweiflung im raschen

Wechsel. Georges Simenon beispielsweise verkaufte längst drei Millionen Bücher jährlich und notierte: »Ich gehe auf die Fünfzig zu, in der Vergangenheit sehe ich nichts Definitives.« Er hoffte noch immer auf das große Kunstwerk, wie es kurz zuvor von einem anderen geschaffen wurde – Robert Musil. Der aber versandte im exakt gleichen Alter herzzerreißende Bittbriefe unter der Überschrift: »Ich kann nicht mehr weiter.«

Die willkürlich gewählte Parallelsituation gerade dieser beiden Zelebritäten krümmt sich vor Ungerechtigkeit wie zahllose andere auch. »Der Mann ohne Eigenschaften« war Ende der siebziger Jahre nach der Ankunft in Berlin meine erste Lektüre. Ich saß in einer Wohnung unterhalb der sozialen Mietpreisbindung und las und las und las – dreieinhalb Monate lang, den ganzen Tag, las gelassen und ruhig wie niemals wieder. Ich war um die dreißig, und das Buch verhieß einen neuen Horizont. Alle Uhren gingen damals richtig, aber es gab überhaupt keine Zeit – es war meine Musil-Zeit ...

... und knapp zwanzig Jahre später ging ich in die FU-Ringvorlesung »Altern – unsere Zukunft.« War man seiner erst einmal gewahr, steckte der Virus überall. »Altwerden heißt, ein neues Geschäft antreten«, sagte der zu dem Zeitpunkt deutungsbefugte Rhetorikprofessor Walter Jens. Schön geredet, Walter, aber unglücklich formuliert, im Wort geirrt. In der Realität ist ein Geschäft ganz etwas anderes, und man braucht dafür weniger geistig-kulturelle Werte als vielmehr das nötige Kapital. Ließe sich ja alles machen – zum Beispiel mit dem in Berlin-Brandenburg sehr gefragten Existenzgründer-Darlehen. Das wird vom Staat auch gern gewährt. Allerdings mit einer etwas kleinlichen, grundgesetzwidrigen Einschränkung – geschäftswillige Menschen über 50 Jahre bekommen es nicht mehr.

Ein wunderbares Jahrzehnt ist dahingegangen, diese bewegten, schönen Jahre ab vierzig, die einem im dankbaren Rückblick höchst lebendig und arbeitsam, bumsfidel und über lange Strecken kein bißchen alt vorkommen. Die Tischsitten blieben stabil, das Bett wurde geteilt. Meine Schwellenängste in jener melancholischen Geburtstagsnacht zu Beginn erwiesen sich als reichlich übertrieben. Berechtigterweise nennen die führenden Köpfe der mir bis dato gar nicht geläufigen Fachrichtung »Lebenslauf-Psychologie« diesen Abschnitt »Die Periode der Konstanz«. Diese Wissenschaftler fanden auch die zweifellos lyrische Formulierung von der »Scheitelhöhe des Daseins«, ihnen zufolge leider nur bis Mitte, Ende Vierzig haltbar. Tatsächlich teilte sich bereits vor dieser Zeit der Bekanntenkreis – manche blieben in Form, andere verließen sie. Ihre Scheitel zeigten sich zunehmend blanker, und ihre Daseins-Höhe sackte in die Breite. Haarverlust und Bauchgewinn gestalteten den einen oder anderen neu – Kerle, nicht mal Mitte Vierzig, verweht und gebläht. Wie schrecklich, wenn einer der alten Freunde mit wabbelnder Wampe auftauchte, noch dazu einer, von dem man es nie und nimmer erwartet hatte, ein ehemaliger Leichtathletikmeister oder langjähriger, bewunderter Frauenheld. Ernste Ermahnungen und Sticheleien brachten das Fleisch nicht zum Schmelzen, das Abarbeiten der Fette gelang selten. »Ein Mann ohne Bauch ist ein Krüppel«, sagte ein rundum mit neobarockem Leib überraschender Kollege und komplimentierte seine verräterische Fülle per Sprichwort in die Normalität. Er glaubte, nicht die Straffheit des Fleisches, sondern die Spannkraft des Geistes werde fortan stärker verlangt.

Der Verzicht auf kalorische Reduktion zog mit beängstigender Zwangsläufigkeit den Aufstieg in die höhere Gewichtsklasse nach sich – ganz ohne Tribut kam von da an keiner davon, genetische Disposition hin oder her. Bei mir fielen so viele Haare in die Suppen, daß es eigentlich für mehrere Glatzen hätte reichen müssen. Für einen, der einst mit passender Matte in der Uraufführung des Musicals »Hair« herumlungerte, eine peinliche Ausfallerscheinung – sie machte ab 45 zunehmend längere Vorbesprechungen mit Friseuren nötig. Die Lebenslauf-Psychologen nennen diesen Zeitpunkt den Beginn der »kritischen Periode«, was im Prinzip heißen könnte, daß sich fortan mit weniger Haaren die Welt wohl kritisch beobachten, aber nicht mehr verändern ließe.

Der Gedanke, die Welt verändern zu können, gehört möglicherweise zu den gesammelten Irrtümern so mancher Jubilare. Ihr kulturelles Bewußtsein formte sich in der Protest-Dekade von Ende der sechziger bis zum Ende der siebziger Jahre – in einer ach so wilden, lehrreichen Jugend. Auch ohne sich zum Affen jener Epoche gemacht zu haben, wurde jeder während und von dieser Ära nachhaltig affiziert – gleichgültig, welcher Unterabteilung der insgesamt als Kulturrevolte begriffenen Bewegung er sich zugehörig fühlte. Allein das Jahr 1968 kostete viel Zeit und dauerte gut neun Jahre lang. Diese Periode mit der dichten Abfolge ihrer verrückten, oft nur halbbewußt verarbeiteten Ereignisse prägte nicht nur das Denken und Verhalten der einzelnen, sie durchsetzte auch die Seelen dauerhaft mit neuen, mitunter lästigen Mythen und ihren Helden – auch 1968 hat man zu viele Leute getroffen, von denen bald feststand, daß man sie nie mehr wiedersehen wollte, ohne ihnen letztlich entgehen zu können. Außerdem steckte in den damaligen, meist mit heißer Nadel gestrickten Theorien und Begründungen nahezu ausnahmslos ein merkwürdiger Fehler – sie hatten die Möglichkeit des Älterwerdens nicht berücksichtigt, ja sogar ausgeschlossen.

So sank der schöne Imperativ eines gewissen Robert Zimmermann für immer tief ins Gemüt dieser Generation – forever young, singsangte er als Bob Dylan seine fortan gültige Ultima ratio gegen alle Schrecken. Junge Briten rissen die Klappe noch weiter auf – die Wer-noch-gleich hofften zu sterben, bevor sie alt würden, was anderen tatsächlich gelang. Der Mann an der Schießbude der Beatles wollte in seiner herzhaften Art das Problem im Vorgriff lösen und meinte, jeder über 60 gehöre abgeknallt – nach seinem 50. dementierte er das noch rechtzeitig, erst vor seiner Mutter, dann vor der Öffentlichkeit. Der Horror vor dem Später war riesengroß, die Erkenntnis, daß Rebellen aus Prinzip nicht altern dürfen, schmerzlich. Aber etliche der einstigen Wortführer im Kampf gegen das etablierte System schafften es inzwischen trotz ihrer Vergangenheit, in irgendeiner Form die gemeine Fünfzig- oder gar Sechzig-Jahre-Hürde zu überwinden, und jede Menge weiterer werden folgen. Sie müssen sich nun einen guten Geburtstagsspruch einfallen lassen. Wie wär's mit einem von Kierkegard? Ein ganz leicht zu merkender Satz: Das Leben wird vorwärts gelebt – und rückwärts begriffen.

Zum Glück wird niemand allein fünzig, nur muß jeder allein damit fertigwerden. Ohne die ausdrückliche Absicht, von mir auf andere schließen zu wollen, enge ich die Fülle der Möglichkeiten einmal auf meinen Fall ein:

Ich bin kein Familienvater, der bei gesicherter Existenz, nach gängiger Formel »mitten im Leben stehend«, alsbald im Eigenheim Kinderküßchen und im Büro Präsentkörbe entgegennimmt. Ich stehe weder in der Mitte, noch neokonservativ oder politisch korrekt auf der Höhe der Zeit, sondern liege mit der einen oder anderen Ansicht eher daneben oder darunter; von der Hoffnung auf Verbindlichkeit nicht ganz verlassen. Ich gehe davon aus, daß zu meinem Wiegenfest nur eine Glückwunschkarte wirklich sicher ist, die vom Hotel Moser-Verdino in Klagenfurt, die jeder Gast fünf Jahre lang als eine Art alpenländischen Senioren-Flyer erhält. Als freier Autor und als offenbar geborener Mieter stehe ich auch in meinem Jubiläumsjahr vor erheblichen Finanzierungslücken und lebe solo, allein, ein Single. Aber paßt dieses neudeutsche Wort noch zu meiner Situation? Wendet man den Begriff »single« auch bei den über 50jährigen noch an?

Binnen kürzester Frist sammelten sich Unmengen Zettel zum Thema an, das Gedächtnis braucht mittlerweile seine Hilfen. Auf einem stand: »Ich bete meine Wohnung an«, weniger rätselhaft auf einem anderen: »Erik! Was genau nochmal ist Arthrose?«, und: »Wo die Gefahr beim Weitermachen?« Ein dritter besagt: »Sich mal ein, zwei Seiten lang unzensiert und ungeschnitten der Tagesform bzw. Nachtlage widmen.« Dieser Hinweis bezog sich möglicherweise auf Nächte wie jene schnöde Dienstagnacht, die gegen ein Uhr ohnehin nicht als normal gedachte Schlafnacht begann, sondern als ein wegen verschiedener angegriffener Körperteile lediglich versuchter Überprüfungsschlummer. Vorangegangen war eine schonende Anti-Pasta-Mahlzeit, die wegen eines geringen Konzentrationsfehlers als krachendes Anti-Dente-Dinner aus der

Küche kam. Die Spaghetti, während der Jahrzehnte des Wartens auf Ruhm immer dienstags auf dem Speiseplan, waren zu hart, nicht alle, einige wenige nur, und nicht absolut zu hart, sondern nur in Relation zu einem von vier vorhandenen Backenzähnen. Ein harscher Knacks brachte Bedenkzeit – auch zur Rückverfolgung des Fehlers bis in den Supermarkt, der unter gleichem, deutlich erkennbarem Firmensignet eine neue, weitere Sorte anbot. Diese Minimalvariation erforderte offenbar von mir nicht berücksichtigte 30 bis 60 Sekunden Garzeit mehr als die Vorgänger. Das genügte für die letzte Lockerung im Kiefer, danach wackelte ein Teil und hatte Luft.

Das darf nicht sein, o mia pulpa, nein – unsereins hängt doch gerade an den Ruinen. Über Stunden klammerte ich mich an diesen eminent wichtigen Zahnstummel, bleib bei mir, um Himmelswillen, bleib. Eine weitere Verknautschung des Kaustils wäre unerwünscht – längst muß ich die Nahrung temperieren und zusätzlich einspeicheln, ein noch weithin unbemerkt gebliebenes Handicap. Mein Eßtempo ist inzwischen so langsam, daß eine von mir ins Restaurant eingeladene Frau vorzeitig annehmen muß, ich sei von ihr total fasziniert oder zumindest ein extrem ausgeglichener, unter allen Umständen bewußt genießender Mensch. Bekanntlich hat die Traumdeutung den lediglich geträumten Verlust von Zähnen als Anzeichen drängender Sexual-Probleme betrachtet. Ich vermute in dem Sinn allerdings auch dann einen mehr als symbolischen Zusammenhang, wenn die Beißerchen ganz real verloren zu gehen drohen. Wer würde denn bei wackligem Zahnstand an die Liebe denken wollen? Johann Wolfgang von Goethe selbstverständlich, der tat's. In seiner Novelle »Der Mann von fünfzig Jahren« wirbt der Held, ein vorderzahnloser Major, um eine junge Geliebte, obwohl ihm ein Schauspieler-Freund abrät: »Für einen Mann in gewissen Jahren ist das sicherste kosmetische Mittel, sich des schönen Geschlechts zu enthalten.« Ungeachtet seines abschreckenden Ratschlags schickt der Schauspieler dem verliebten Major einen Maskenbildner mit Crèmes und Wässerchen zur Retusche der Falten vorbei – am Ende muß sich Goethens Major die junge Frau dennoch abschminken.

Knapp zweihundert Jahre später winken die Experten für Vorseniorenleiden, die Andrologen, mit der Testosteronspritze oder dem Viagra-Rezept; der Amerikaner Philip Roth führte diese Pille nolens volens in die Weltliteratur ein. Ob sich damit der früheren Pracht wieder dauerhaft aufhelfen läßt, prüfen die deutschen Paperbackschreiberinnen noch. »Mit fünfzig küssen Männer anders«, teilte eine Frau Zinn in ihrer denunziatorischen Bandscheiben-Ballade mit. Immerhin tun sie's noch, nicht nur symbolisch-persiflierend, betrunken oder als Kuß-Fütterung, sondern sogar erschwert bei sauerstoffarmen Bergwanderungen, was die knutschenden Kraxler in Ahnung des Zinnschen Schreibstils vermutlich unterlassen hätten. Für mich als alten Verfechter der mandschurischen Besuchs-Ehe brechen so oder so schockschwere Not-Zeiten an. Auch die verdichtete, früher glatt überlesene Erkenntnis unserer dichterischen Lordschaft George Byron stimmt in der Hinsicht nicht allzu optimistisch: »Mit fünfzig kommt die Lieb' nicht mehr der Liebe wegen.«

In schlaflosen Nächten verschaffen andere zarte Attacken Ablenkung. Sie legen in unzyklisch wiederkehrendem Rhythmus glasfaserdünne Stichkanäle in die linke Brusthälfte, von mir als Beobachter des Herzens bang erwartet und voruntersucht. Außerdem polkt im rechten Fußgelenk der Knochenmann ganz munter mit einem winzigen Obstmesser – im Sockel meines Standbeins kursieren abbröckelnde Knöchelchen. In den Bronchien knurrzt ein fremdes Kätzchen, was auch durch weitere Gute-Nacht-Zigaretten nicht besänftigt werden kann. Solche Klein- und Wanderbeschwerden zu erwähnen gilt zu Recht als unhöflich und ließe sich leicht seitenweise fortsetzen. Die Beschreibung der per se unbeschreibbaren, neu einziehenden Wehwehchen stellt naturgemäß eine hochgradige sprachliche Herausforderung dar – die Schilderung des Schmerzes war schon immer der Königsweg zum Realismus. Die Anfänge, die gelegentlich hopsenden und piekenden Herzen, den skelettösen Brösel, der durch die Gelenke geistert wie Schrott im Weltraum, das sporadische Gefühl, dünnflüssige Lava zu pinkeln, und die bisweilen elektrisch geladenen Zähne kennen die meisten Anwärter bereits. Alle Pein ruft: hier! – spätestens jetzt. Und Gottseidank, schließlich meint der Volksmund: Wenn ein Mann über Fünfzig ohne Schmerzen aufwacht, ist er tot. Die Beschwerden sind jedoch so lange keine Schicksalsschläge, bis sich zum ersten Mal an einer Schwachstelle die Unumkehrbarkeit des Verfallsprozesses definitiv zeigt.

Vor Jahresfrist kehrte ich vom Urlaub aus Griechenland zurück, bog um eine meiner tausendfach abgelatschten Straßenecken und konnte von einer gewöhnlich reflexhaft genutzten Stelle aus die Botschaften auf einer Litfaßsäule nicht mehr lesen. Obwohl mich diese Annoncen nicht besonders interessierten, war ich in dem Moment tief geschockt. Tagelang machte ich zusätzliche Besichtigungsgänge rund um die Säule, stellte mich wiederholt und vergebens an den alten Leseplatz, prüfte auch, ob man sie vielleicht während meines Urlaubs um ein, zwei Meter versetzt hätte, und dachte schließlich, drei Wochen griechischer Tavernen-Wein muß der Grund für die sicher vorübergehende Sehschwäche sein – zuviel Promille trübt die Pupille. Leider nein, nicht der Wein – es war der Verlust junger Augen, ein Aha-Erlebnis. »Ein tapferer Mann muß immer sehen können, was um ihn herum vorgeht«, sagte John Wayne. Für diese Tapferkeit gibt es in meinem Fall keine Garantie mehr. Eine verfrühte Einschränkung des Blickfelds, die noch dazu unmittelbar nach einem Griechenland-Urlaub auftauchte – bekanntlich endete die Wehrpflicht für Männer im antiken Sparta erst mit sechzig.

Nach langem, schamvollem Zögern mit Heim- und Auswärtsbrillen bedient, verhalte ich mich noch immer wie eine Test-Person, die auf Geheiß dort hin und wieder einmal durchgucken soll. Um den Ausnahmecharakter zu betonen, sage ich im Theater oder Kino zu Bekannten – du bist übrigens der erste, der mich mit Brille sieht. Die Reaktionen bleiben eher matt. Dem klaren Blick und Urteil der anderen kann sich ohnehin keiner entziehen – mit 50 hängen Aussehen und Alter nicht mehr vom Spiel des Lichts im Saale ab. Max Frisch hatte eine Zeit, erzählt man in Zürich, in der er jeden fragte, du, sag mal, für wie alt hältst du mich? Und wenn der Gefragte sagte, nu, so um die fünfzig, wandte sich Frisch aschfahl und wie ein Siebzigjähriger aussehend ab – er war fünfzig. Die anderen haben vor allem das Gesicht vor sich, und dessen Jahresringe können sie leichter einschätzen als die eines Baumes – mit Ausnahme jener seltenen Babyfaces, die beneidenswerterweise gar nicht zu altern scheinen. Die anderen entscheiden die Altersfrage nach dem aktuell wahrgenommenen

Ausdruck, während die Betreffenden in der Selbstwahrnehmung tendenziell noch eine Weile an einem ihrer jüngeren Gesichter festhalten.

Tatsächlich hängt meine Vorstellung vom eigenen Aussehen sogar um Jahre zurück – eine Selbstüberlistung, die gelingt. Auch aus den vorsichtigerweise wenigen im Vorbeigehen mitgenommenen Spiegelbildern wähle ich blitzschnell den besseren Gesichtsausdruck, der dann stundenlang Gültigkeit behält – gibt's keinen, so isses eben ein Scheißtag. Könnte man nicht, wie in meinem geradezu mysteriös verfalteten Fall, mit einigen Schnitten nach Art eines Filmcutters einige Jahre – oder besser: die Pausen innerhalb dieser Jahre – aus dem Gesicht schnippeln und verschwinden lassen? Könnte, aber sollte man nicht. Das ist trotz aller gegenteiligen Propaganda keine revolutionäre Errungenschaft der Medizin, wobei auch noch jeder sehen kann, wie teuer eine gekaufte Visage am Ende kommt. Mit solch überflüssigem Medienkram stopfe ich meine Birne schon seit Jahrzehnten voll. Vielleicht rühren die Falten ja daher – vom informationellen Overkill durch laufend gelieferte Äußerungen wie diese: Kuba ist das einzige Land der Welt, in dem Gesichtsliften kostenlos vorgenommen wird.

Eine Sorge treibt die Mehrzahl der kommenden Fünfziger gewiß um – daß sich die Dinge des Lebens zunehmend von der aktiven Handlungsebene in die Hochebene der bloßen Anschauung verdünnisieren. Verkopfung droht, reale Reichweiten verkürzen sich, konkrete Orte verblassen, alles bekannt, alles Wiederholungen – und obendrein steht die eigene Attraktivität in Frage. Lange Zeit mochten sich die Individualisten, die die Freiheit lieben, weder festlegen noch festlegen lassen. Das aber tut der Kalender jetzt. Frühere Generationen pflegten von diesem Datum an »in

Würde zu altern«, heute setzt die Gesellschaft keine klaren Verhaltensnormen, sie vergrößert eher das Rollenangebot. Offensivkräfte sind bei der Hilfe zur Selbststeuerung gefragt – Erica Jong rief gleich zweimal Grundsätzliches aus dem Bücherberg: »Keine Angst vor 50« auf deutsch, »Fear of Fifty« im Original. Um die Verwirrung angesichts der fiesen Zahl zu mindern, wurden jede Menge subjektive Geheimstrategien ausgeplaudert – »50 Jahre pervers« empfahl Bundestunte Rosa von Praunheim als probaten Durchhalte-Tip, warum nicht. Professoren pfiffen es durch die Wochenendbeilagen – das alte Altersschema gelte gar nicht mehr, immer längeres Leben erwarte uns, die Avantgarde von morgen werde Grauhaar tragen. Dazu durfte sich jeder einzelne das passende Alter aus dem wissenschaftlich abgesicherten Angebot aussuchen: das tatsächliche Alter (chronicle age), das gefühlte Alter (feel age), das des Verhaltens (do age) und das der Interessen (interest age). Den vielen Versprechungen für einen späten Aufwind mißtraut der Adressat zwar, die eifrig publizierten Forschungsergebnisse beruhigen aber auch – etwa im Sinne Schopenhauers, der die verschiedenen Lebensalter als »Taschenspielertricks der Natur« abtat.

Gestärkt rechnet der Aspirant seine Ressourcen hoch, vertraut auf seinen Blutzuckerwert und die durch den Weltraum sausenden Mittfünfziger wie Hans Schlegel und glaubt, sich ganz locker als Schwarzfahrer über die Altersgrenze mogeln zu können. Doch gerade dann, wenn er sich langsam weiter voranphantasiert und an nichts Böses denkt, werden ihm prompt zwei Herzinfarkte aus dem erweiterten Freundeskreis nachgemeldet, oh yeah, jetzt Reha, die Reha. Und kurz darauf fegt gar der erste veritable Schlaganfall eines Bekannten durch die Telefone –

umgefallen isser, o Gott, im Hausflur. Der Mann war 47! Lebte getrennt, trank und arbeitete gut, tanzte letztes Pfingsten noch auf Tischen. Nach einem Monat sprach er wieder – nicht mehr wie früher von sechs, sieben, sondern nur von dreien seiner wie eh und je großartigen, cleveren Projekte.

»Ich habe diese stechende Trostlosigkeit im Blick, ...« – Amerikaner wie E. L. Doctorow kennen sich bestens aus im Genre »Wir um 50«, »fat and fifty« ist dort eine feste Redewendung. Er und andere Autoren porträtieren sehr kenntnisreich jene von Infarkten, Embolien und Karzinomen früh gefällten City-Füchse, sie erzählen, wie von einem Moment zum nächsten das Imponiergehabe zusammenbricht, wie sich köterhaftes Charaktergetue in Wehmut wandelt und manch kühner Entwurf in Pathos. Die wilden Jahre sind vorbei – *too old to rock 'n' roll, too young to die*, heißt der passende Song dazu, eingangs der Schlußkurve noch mal allein und in Ruhe zu Gemüte zu führen. »... und so entdecke ich mit 50«, schreibt Doctorow, »... nicht etwa, daß jeder, den ich kenne, verkorkst, zurückgeblieben, unentfaltet wäre. Alles in allem sind wir ganz gut beieinander. Das Leben an sich scheint mangelhaft.«
Trostlos, einsam und gut beieinander fühlt sich der überseeische Bündnispartner, und nicht länger erhitzt, geschüttelt und gelöst. Denn das Leben an sich scheint nicht nur mangelhaft, sondern neuerdings auf zunehmende Weise auch endlich zu sein. Bibelfeste Vorsenioren haben das natürlich immer gewußt, Psalm 90, Vers 10: »Unser Leben währet siebzig Jahre, und wenn's hoch kommt, so sind's achtzig ...« Erstaunlich dabei, daß sich trotz der unabweisbaren wissenschaftlich-medizinischen Fortschritte

über zwei Jahrtausende wenig an dieser allgemeinen Berechnungsgrundlage geändert hat. Weil diese einmal festgeschriebene Zahlenangabe insbesondere den näher an sie heranrückenden Christen seit jeher nicht recht pläsierte, schoben die Verfasser der Schöpfungsgeschichte noch eine gigantische Trostnummer nach – unseren vorsintflutlichen Urvater Methusalem, der es angeblich auf 969 Jahre brachte. Zwei Jahrtausende später genügte einem Frankfurter Journalisten der bloße Name, um als erfolgreicher Seniorentröster einen Bestseller herauszuhauen – darin nur eine Devise: Werde älter und fürchte dich nicht. Da kommt für Sekunden Optimismus unter der Tarnkappe auf, irgendwo geistert nach wie vor das Methusalem-Gen. Zumal laut Michael Fossel von der Universität Michigan die Wissenschaft ihrerseits Phantastisches zu bieten hat: »Es dauert höchstens noch 20 Jahre, bis wir den Alterungsprozess umkehren können – bei den Fadenwürmern ist das schon geschafft.«

Es fehlt durchaus nicht an Erbaulichkeiten. Seamus Heaney schrieb die Zeile: »Ich wartete – und glaubte erst fast mit fünfzig an Wunder.« Nicht mehr ganz taufrische Geburtstagsadressen können einen von Stimmungsschwankungen malträtierten Kandidaten sogar schwindlig machen. »Glücklicher Fünfziger!«, dichtete Ricarda Huch, »Mit noch schwungvollem Gang trittst du in das schöne Jahrzehnt der Ernte mitten im Kampf.« Ihre Freundlichkeit entstammt der Nachkriegszeit, in der die Spätgeborenen im Glauben an jene traditionellen biographischen Muster aufwuchsen, die ein von 25 bis 65 durchgezogenes Erwachsenenleben verhießen. Dessen Gültigkeit ist heute vielfach eingeschränkt – unter anderem aus Sicht der Verantwortlichen der öffentlichen Verkehrsbetriebe. In einigen bundesdeutschen Großstädten wird Busfahrern ab dem Fünfzigsten trotz erheblicher Proteste der sogenannte Idioten-Test abverlangt.

Gerade in der Vorbereitungsphase, beim Aufbau eines möglichst abfedernden Erwartungs-Gerüstes, wird der Kandidat permanent von eher bedenklichen Botschaften getroffen – die Waffen schweigen zum runden Geburtstag nicht. Schon ein halbes Stündchen Entspannungs-Lektüre kann den Hin- und Hergerissenen ins Schleudern bringen – selbst das Lesefrüchtchen eines antiken Komödienschreibers wie Aristophanes: »Die über Fünfzigjährigen fühlen sich schwach und heiser, ausgeblasenen Flöhen gleich.« Leicht abschüssige Sätze im Krimi sollten besser überflogen werden, beispielsweise dieser: »Die Niederlage hatte sich an seine Fersen geheftet«, oder der: »Das einzige, was mich vom Selbstmord abhält, ist, daß es diese Möglichkeit gibt.« Überspringen oder sofort vergessen sollte man auch einschlägig Bekanntes wie diese kryptische Aussage: »Ich bin ein Buch, das ich selbst geschrieben habe, aber nicht lesen kann.« Besonders schockiert hat mich die letzte Kunde eines einstigen Gewährsmannes. Kurz bevor er sich einfrieren ließ, meldete sich Timothy Leary noch einmal und kam vermutlich näher an die Wahrheit heran als je zuvor: »Das einzige große Ereignis, das nach dem 50sten noch zu erwarten bleibt, ist der Tod.« Ja. Ja? Meine bisherige Zurückhaltung diesem großen Ereignis gegenüber muß wohl langsam aufgegeben werden. Zumal mir wieder einfällt, daß im abgelaufenen Jahr tatsächlich drei ehemalige, zumindest zeitweilige Weggefährten ablebten, gleich drei und früh an Jahren, 47, 53, 59. Keine engen Freunde, aber immerhin aus dem Bereich des gegenseitigen Telefonnummernbesitzes. Was mache ich jetzt mit ihren Namen? Schwärzen, durchstreichen, ein Kreuzchen hinter ihre Nummer? Am besten abwarten, bis ein neues Adressenbüchlein fällig wird.

Der Zahn, der zur Zeit abgeht, wäre der fünfte Verlust aus dem Gesamtbestand. »Wir sterben scheibchenweise«, lese ich beim Anatomisten Xavier Bichot, der Schutzmuskel der Ohrknöchelchen schwindet schon mit 25 Jahren, die erste Alterserscheinung der Spezies Mensch. Prothesen pflastern unseren Weg zur Grabeskante. Dort könnte es inzwischen ausgesprochen farbig zugehen. Eine tabubrechende Bestatterin aus dem Ostteil Berlins bot knallbunte, auch poppig bemalte Särge an – mit 'nem Picasso überm Leib fährt's sich schöner in die Grube, oder feiner mit Feininger. Wenn die junge Frau dabei an hinscheidende Alternative und andere höllenwärts drängende Hexer denkt, nagelt sie an einem Holzweg. Hol's der Geier, sagt dagegen der Hochland-Tibeter, und legt anfallende Leichen zur Vogelbestattung auf die Berggipfel. In Entsorgungsfragen wirklich Fortgeschrittene nehmen die Sache persönlich in die Hand. Sie gehen beizeiten in behutsam betreute Volkshochschulkurse unter dem Motto: »Wir töpfern uns die eigene Urne.«

Vielleicht ließe sich der Prozeß des Niedergangs doch ein wenig verlangsamen. Aber die Zeit anhalten zu wollen kostet Zeit. Auf dem Gebiet der präventiven Mängelbekämpfung wird ungeheuer viel gearbeitet. Wer das Anti-aging-Programm lückenlos erfüllt, hat kaum Zeit, den Zugewinn an Vitalität auszukosten. Mit all den Fitneßübungen, die mir theoretisch vorschweben oder dringend angeraten wurden, gingen am Tag leicht zwei, drei Stunden drauf. Dauernd erfahre ich Neues, auf das jemand schwört – Waden, Augäpfel und Nacken, überall ist was zu machen, auch zu Haus unter Verwendung des Mobiliars. Leg' dich über zwei Stühle, sagt einer, und stemm' dich über dem Abgrund hoch – die Königin der Liegestütze, Mann! Von den asiatischen Finessen, von zarter Hand angeleitet zu Höchstpreisen in Höchstform zu kommen, gar nicht zu reden. Meine Versuche, die in Fleisch und Skelett tickende Lebensuhr anzuhalten, sind bescheidener und zielen nur bedingt auf den Zustand des vollkommenen Gleichgewichts aller körperlichen und geistigen Funktionen. Gefrühstückt wird im Stehen mit einem leichten Stretching hüftabwärts, in einer Hand ein Stück Brot, in der anderen das Fensterkreuz, ein kleines Küchentraining. Im wirklichen Sport scheint endgültig die Obergrenze für Aktive und damit das Präsidentenalter erreicht – mit seinem genialen Zeitgefühl hat der ferne Lebensbegleiter Franz Beckenbauer das bereits vorgemacht.

Der Mann weiß es: Der geliebte Sport wird spätestens jetzt zum zwiespältigen, verräterischen Akt – einerseits nach wie vor physisch und mental stabilisierend, zeigt er die Hinfälligkeit andererseits um so deutlicher. Der Sport numeriert nun die Knochen, um mit einer früheren, die absichtliche Verletzung des Gegners androhenden Redewendung zu sprechen. Vom Scheitel bis zur Sohle trouble: Das ist die orthopädische Wahrheit – der Körper lügt nicht. Und entgegen der massenhaft vorhandenen Körperliteratur »glaubt« er auch nicht, »was Sie ihm sagen«. Bei den von mir bevorzugten bodenständigen Disziplinen wie gelegentlichem Jogging und Tischtennis, vor allem jedoch beim Freizeit-Fußball fällt mein Mangel an Dynamik ins Auge, die Sache schleppt sich. Eine bedauerliche Arretierung der einst flüssigen Bewegungen sorgt für laufend schiefe Bilder auf dem Rasen – der Körper, nicht länger treibende Kraft, wird mehr und mehr Masse und immer weniger Energie. Ein von mir, freundlich gesagt, verstärktes Team aus Altersgenossen geht frei nach der von Arthur Rubinstein am Klavier erprobten Methode zu Werke – langsame Passagen werden ganz langsam gespielt, damit die schnellen, wenn auch langsamer als früher vorgetragen, weiterhin schnell wirken. Die anschließend im Stehkonvent vorgenommenen kritisch-würdigenden Analysen und der Nachgenuß dauern dagegen länger als die Aktionen selbst. Sorgen macht dabei unser Sabri, ein bis dato toller Türke, kaum vierzig. Grund ist nicht mehr die Angst, von ihm wie früher ausgetrickst und überlaufen zu werden – seit einer Weile schleicht er nämlich über die Wiese, als wäre sie mit Honig bestrichen. Er ist der erste in der Mannschaft, der mit einem Herzschrittmacher spielt.

»Ab dem fünfzigsten Jahr gilt die Regel des Nicht-Spiels«, notierte Peter Handke am Felsfenster morgens, »(es gibt) keine andere Möglichkeit ...« Das Ich aber will endlos weiterspielen, keinesfalls auf das sportive Element verzichten, nur der Organismus spielt nicht mehr richtig mit. Selbstentfremdung, Frust und Ärger sind die Folge, stetig anwachsend durch neu auftretende Probleme und Funktionsstörungen. Das Ego beginnt zu zweifeln, auch langsam zu verzweifeln – der da soll Ich sein, dieser lahme, halbblinde Sack dort auf der Wiese? Das Ego rebelliert gegen ein seinem Gefühl nach falsches Ich, den falschen Fünfziger, dessen vor Jahresfrist noch folgsamer Körper sich nun wie eine Last gebärdet. Der Leib wehrt sich gegen seine Ertüchtigung, er will einfach nur sein. Der Wechsel von den vitalen zu den sitzenden Sportarten wie Skat und Schach scheint fällig, auch der Übergang zu

magischen Bewegungsformen wie Feuerlaufen und Wünschelrutenwandern ist nicht mehr gänzlich auszuschließen. Es droht Verbannung auf die ewigen Zuschauerränge: Oldie, Senior, Sense. Das Undenkbare, das Ende der einfachen körperlichen Fähigkeiten wird laufend mitgedacht – nicht der Spaß und das Vergnügen, der Mann selbst steht mittlerweile auf dem Spiel.
Aufschiebenden Trost findet der Spät-Sportler in den Wärmestuben der Ärzteschaft. Sie versteht sich nicht nur immer besser auf die Kunst der Hängung lebensfroher Grafiken, sondern in der Regel auch auf die Kunst der Konversation. Das tief im Manne dräuende Drama versteht sie nicht. Worte sind dennoch Balsam – ein rezidiver Reiz im Akromiokulargelenk? Das hört sich doch besser an als schlimm. Das ist schon akustisch die Antike, griechisch, also geistesjung. Dann dürfte ich also weitermachen? Nu ja, der menschliche Körper ist fürs Kicken eigentlich nicht gedacht, sagt Doktor Erik, aber es könnte gehen. Der jüngere Altersgenosse in mir erinnert sich an Sir Stanley Matthews, der noch mit 53 in der englischen Profi-Liga dribbelte, der ältere erinnert sich an Rod Stewart, der sich selbst zum fünfzigsten den ersten eigenen Fußballplatz schenkte, verärgert nur darüber, daß er nicht schon früher auf die Idee gekommen war. Für die Zeit nach Ende aller Spiele legt der gute Doktor gedruckte Bücher, keine Bilderblätterbände, im Wartezimmer aus, als richtungsweisende Spur.
Auf porzellanenen Füßen und dank allerlei Salben und Bandagen hat der Spät-Sportler seine Samstagskurven im Schillerpark einmal mehr ganz passabel hingekriegt. Sitzt am Abend im Restaurant, wohlig entspannt und frisch durchfeuchtet wie ein Kind nach dem Bade, glaubt sich im Vollbesitz jeglicher Kräfte und trinkt eins der schön-

sten Biere der Welt. Trifft einen jüngeren, flüchtigen Bekannten, der als Kameramann neuerdings Fernsehserien dreht – ah ja, verstehe, sagt der Sportsmann hochjovial, diese Serien, bestimmt kein allzu harter Job. Du hast nicht die geringste Ahnung, sagt der Kameramann, den kommerziellen Druck, den Schwachsinn aushalten, den permanenten Streß. Und dann, beiläufig und ohne böse Absicht, rutscht es aus ihm raus: Du bist doch ein alter Mann.

Alter Mann? Also doch. Solange ich mich erinnere, bin ich tatsächlich immer älter geworden. Aber alt? Läßt sich der Beginn des Altseins denn fix terminieren? Die jungen Männer sehen doch immer früher alt aus, die Frauen dafür immer länger jung. Die Arbeitswelt laviert auch hinsichtlich der Pensionsgrenze zwischen Mitte fünfzig und Ende sechzig – der Ruhestand als sehr bewegliche Angelegenheit, die mit der Vorsilbe »vor« häufig weiter vorgezogen wird und deren »goldener Handschlag« meinen Jahrgang fast schon erreicht. Naturgemäß ist die historische Spannweite der Neu-Fünfziger enorm – egal, ob mit Verlusten oder Gewinnen, ob mit oder ohne prima Physis. In mageren Nachkriegszeiten aufgewachsen, mußten sie im Kindesalter gleich damit anfangen, die nationalsozialistische Vergangenheit zu verarbeiten – und die Aufgabe wird ihnen für den Rest des Lebens erhalten bleiben. Jeder von ihnen ist hochgradig angereichert mit objektiver Geschichte und erst recht mit seinen persönlichen Geschichtchen. Er muß sich gar nicht erinnern, die Erinnerungen sind, ob erwünscht oder unerwünscht, von selber da. Irgendein Detail, ein Bild oder Wort, ein erwähnter Name oder Ort, können sie jederzeit ins Bewußtsein rufen – er knabbert an einer Familien-Superpackung Proust-

scher Plätzchen und kann zum Erinnerungsmonster werden, voller doller Stories, wie er denkt, oder oller Kamellen, wie andere denken. Er hat spätestens jetzt eine Biographie mit etlichen, auffälligen Nahtstellen, er hat immerfort und lange schon Zeit gesammelt.
Die meisten der Geschichten, die er erzählt oder erzählen könnte, stammen allerdings aus immer fernerer Vergangenheit. Das verunsichert angesichts der längst veränderten Gegenwart. Das Zeitgefühl muß öfter nachjustiert werden – er sagt, Amsterdam, klar, da war ich doch zuletzt vor vier, fünf Jahren. Und schon erzählt er eines der unendlich vielen Döntjes, die einem heutigen Reisenden kaum von Nutzen sind. Beim Nachrechnen kommt dann heraus, es sind schon fünfzehn Jahre, daß er das letzte Mal in Amsterdam war. Rieselt der Kalk also nicht nur in den Gelenken? Oder gestattet sich der Alternde eine kleine Schluderei aus Angst vor zu hoch klingenden Zahlen? In den niedrigen Zahlen steckt mehr Vitalität, Jugend. Die großen Zahlen erschrecken, nach hinten gerechnet genauso wie nach vorn. Amsterdam, Mensch, doch schon lange her, vor fünfzehn Jahren. Wie seine Person in fünfzehn Jahren dasteht, will er sich lieber nicht vorstellen. Er kann es sich gar nicht vorstellen, noch immer nicht.

Was also tun zur Feier dieses ganz speziellen Geburtstages?
Das kleine Violinkonzert aus dem Wiederholungsprogramm? Vielleicht einen Jahrgangs-Workshop über jubiläumsbewußte Themen: Wir und die Folgen der Westanbindung – Soziodelische Revolution und gestückelte Biographie – Fünfzig Jahre kreuzen in Deutschland (mit abendlichem Umtrunk). Oder würde es genügen, am Ge-

burtstagsmorgen 5000 bunte Luftballons aus dem Schlafzimmerfenster aufsteigen zu lassen?

Den Gedanken, ans Meer zu fahren, verwarf ich ebenso wie die pathetische Idee, den Tag X in meiner lebenslang mißachteten Geburtsstadt zu begehen. Beim eher planlosen Kartenstudium kam die Idee, in den weniger festlich gestimmten Osten zu fliehen, zum Beispiel nach Brandenburg. Und wie? Mit dem Fahrrad, das Leben ist Kampf. Auf eine Insel ohne Brücken, weite Wege, hohe Wälder und ein mittleres Fischsterben. Ermattet in ein früheres FDGB-Urlauberheim einchecken, ein Plattenbau in grüner Seelandschaft, ein ansehnliches Fontane-Denkmal im Hof. Die letzte junge Nacht ebendort verbringen – mit ein, zwei Colabüchsen und Schokoriegeln, Radiomusik und einer in offener Steppe schwer erjagten FAZ, so gegen 24 Uhr über dem Feuilleton wegschlummern. Am Morgen fit ins sechste Lebensjahrzehnt einsteigen, der gewohnt kurze Blick in den Spiegel, ein angenehmerer Blick übers Wasser, der Blick über leere Terrassen und Parkplätze. Weniger wünschenswert wäre an diesem Morgen der Blick auf eine rote Limousine, aus der drei osteuropäische Elfen springen, die in ihren Bodies, hauchdünnen Schleiern und seidenen Morgenmänteln den kargen Rahmen der Hotelhalle fleischfarben sprenkeln, ehe sie als Gäste eine andere Feier im Hause besuchen. Tagsüber einen Ausweg erstrampeln, auf einen laut Karte möglichen Abstecher zum See Göttin, vielleicht eine milchigdunstige Stunde memorierend am Ufer hocken, eventuell rüberradeln nach Caputh zum Einstein-Haus, sich einen Kopf kürzer fühlen. Gegen Abend dann, eine monumental kleine Selbstfeier mit weiterem Seeblick und rein deutschem Essen, Zander, klar, Spargel und Rhabarber, gut.

Zum Abschluß käme ein Froschkonzert in Frage, wenn's ginge in Taiga-Lautstärke, der geniale Lockgesang von, sagen wir, circa 500 bis zum Hals im Tümpel steckenden Männchen.
Das wäre nicht der schlechteste Plan für so einen Tag.

Auf die ihm oft gestellte Frage nach den Problemen und der Angst vor dem Altwerden antwortet Federico Fellini in seinen Memoiren – die hätten für ihn zu keiner Zeit existiert. Seine Begründung erscheint mir glaubwürdiger als das meiste im prominenten Zitatenquatsch: Er habe inmitten der immer gleich bleibenden, uralten Bauten und Plätze in Rom sein Altern einfach nicht gespürt. In einer Stadt, die sich durch Hochhäuser, Neubauten und sonstwie dauernd verändern würde, so Fellini weiter, wäre dies sicher nicht so gewesen. Mit schnöder Absicht nehme ich sein geschätztes Empfindungsvermögen noch einmal in Anspruch – der Grund ist selbst mit geschwächter Pupille nachvollziehbar. Mein Wohnort unterscheidet sich stark von seinem. In meinem lief das internationale Immobilienkapital schneller durch, als ich gucken konnte. Die Stadt Berlin zeigte sich danach sensationell verändert. Der Wille zu simplen baulichen Gestaltungen und die Lust auf gelegentliche architektonische Extravaganzen sind ungebrochen – am Potsdamer Platz soll es sogar weiße Ratten geben. Das ist so seit der Wiedervereinigung und wird für den zu vermutenden Rest meines Aufenthalts oder gar bis zum Ende meines Lebens so bleiben. Die Intimität mit Berlin ist flötengegangen, das isses. Die Stadt verjüngt sich und wird mir dadurch fremder. Und anders als in Fellinis so wunderbar lebenbegleitendem, haltbarem Rom verstärkt dieses Fremdwerden das Gefühl des Alterns.

Auf die neuen Szenerien, Kulissen und Projektskizzen reagiere ich oft genug mit den Verhaltensweisen eines Über-Fünfzigjährigen, mal störrisch, mal stoisch. Könnt's nicht auch 'ne Schippe weniger sein? Weniger Malls, Bürofensterfronten, Einkaufszentren, weniger geleckte oder güldne Quartiere für höhere Wesen? Diese Skepsis ist weder sachkundig noch gerecht, sie ist sentimental und zukunftspolitisch unkorrekt. Aber das Gefühl für die Stadt hat sich nun mal seit dem Mauerfall stark gewandelt. Schließlich wurde 1989 mein Unjungsein eingeleitet, ein biographischer Zufall und von der Zahl der Jahre her eigentlich überfällig. Im fröhlichen Westberlin galten jedoch andere Maßstäbe als sonstwo in den beiden Republiken. Sein Ende bedeutete auch das Ende des hier beliebten Modells der lang anhaltenden Jugend, und ich bekenne, mich dieses Modells auf spezifische Art bedient zu haben. Die Verhältnisse auf der »Insel der Glücklichen«, in dem künstlichen Ort, der eigentlich ein Zustand war, hatten es ermöglicht, das Jungsein ungewöhnlich auszudehnen. Man ignorierte Karriere- und Leistungsdenken und experimentierte auch als 47-, 48jähriger mit seinem Leben so lange weiter, wie man wollte. Meine Generation hat hierbei kräftig mitgemischt und bekanntlich viel Phantasie gezeigt. Selbstverwirklichung, heute beinahe ein Unwort, politisches Engagement und ästhetische Privatforschung waren über zwei Jahrzehnte vielen wichtiger als der Absprung in die geregelte Existenz. Dieser mit dem alten Westberlin versunkenen Mentalität weine ich hiermit die allerletzte, von den seither gesalzenen Jahren prall gefüllte Träne nach. Das gab's nur einmal, das kommt nicht wieder, das war vielleicht nur Träumerei. Und das wird auch anderswo nicht wiederholt, Neese.

Der Gedanke jedoch, daß ein Gutteil der Dauer-Jugendlichen, der Bummelstudenten und letzten Tresen-Philosophen, der im Intimbereich mit Spinnennetzen tätowierten Großmütter, der Reichstagskicker, Künstlerkandidaten und Träger subkulturellen Wissens nun konstruktiv in ihre Fünfziger hineinaltern, ist wiederum belustigend! Herzlichen Glückwunsch an alle! Ihr habt damit das Schwabenalter erreicht. So nennen es die Lebenslauf-Psychologen – keine Dummheiten mehr, sagen sie, ab dann wird's gnadenlos vernünftig. Aber für Aufregungen ist auch weiterhin gesorgt. Der nächste Anstoß zur Rebellion kommt ganz bestimmt – er kommt aus dem Körper, vielleicht sogar aus dem Bauch.

Die Chancen stehen nach wie vor fifty-fifty; Unjungsein löst leichtes Unwohlsein aus, das Datum juckt unterm Pelz. Ermahnungen und sylvesterähnliche Vorsätze stellen sich ein – mit dem Eintritt ins sechste Lebensjahrzehnt müßte doch so einiges geklärt und spätestens dann diese oder jene Macke endgültig verschwunden sein. Aber die moralischen Selbstappelle prallen auf die unverfrorene Lust, sich der Altenteilchen-Beschleunigung irgendwie zu widersetzen. Denn gegenwärtige Vorsenioren müssen einen kuriosen Widerspruch aushalten – sie erreichen ihre Datumsgrenze just auf dem Dauerhöhepunkt des Jugendlichkeitkultes, den sie obendrein selbst mit lancieren halfen. Dieser vorherrschende Stil ging aus den Revolten der jüngeren Vergangenheit hervor und ist als Lebenshaltung späterer Epochen allgemein geworden. In den Medien, den Sportstudios, der Kommerzkultur wird unabänderlich an einem juvenilen, propren Menschenbild gearbeitet, wird Jungsein produziert und propagiert nicht als aufsässige Gegenhaltung zur angepaßten Erwachsenenwelt, sondern als deren hauptgültiges Ideal. Forever young, die schnoddrige Parole, kehrte längst als blitzsauberes Label zurück, als Leistungs- und Verkaufsargument. Und so wie die Ewige Stadt bei ihrem Langzeitbewohner Fellini das Gefühl fürs Altern nicht aufkommen ließ, zeigt unsere virtuelle Realität dem Benutzer ewige Jugend. Nicht mehr mit Hilfe urban erfahrener, auch steingewordener Geschichte, sondern mit einem synthetischen Programm werden die verschiedenen Altersstufen verwischt und übersurft – so lange eben, bis die Natur dann doch das Leben spürbar oder gar auf einen Schlag verändert.

Der Mann nebenan, Jahrgang '52, spielt alle naslang seine Lieblings-Oldies durch unsere gemeinsame Wand ... baby, baby, baby, you are out of ta-heim ..., und sein Mitbewohner, Jahrgang '75, steckt mir's später auf dem Flur – dieser Typ ist ein Looser. Drohen Konflikte in der Nachbarwohnung? Kündigt die junge Generation die Freundschaft wegen ständig dudelnder Platten aus alten Zeiten? Die populäre Musik lieferte eben eine Konstante im Lebensgefühl aller über 50jährigen. Sie wurde erfunden, als ich nicht mal zwanzig war, sie wurde immer gemacht und gemocht, und sie ist noch immer da. Wie die alten Bauten Roms mehr als nur sichtbar sind, so ist diese Musik mehr als nur hörbar. Sie hat uns viel Ballast genommen, sie hat uns entkrampft, entdeutscht und dafür die Welt ins Land gebracht, sie hat es zivilisiert und belebt – nichts davon ist zu bedauern oder rückgängig zu machen. Ihre Melodien, ihre Songs, sind Erinnerung und Gegenwart zugleich.

Natürlich berührt es mich heute seltsam, wenn echte Senioren wie die Rolling Stones in Clips und Stadien beschwerdefrei abrocken, als wüßte keiner, daß hinter der Bühne das Sauerstoffzelt wartet. Zumal meine Erinnerung bis zu einem ihrer ersten Konzerte in Deutschland

zurückreicht, mangels Karte leider nur draußen vor der Tür mitgehört. Weil ein Stone blödsinnigerweise Autogramme aus dem Fenster in die kartenlose, panisch reagierende Menge geworfen hatte, fiel ein Polizeipferd auf meinen Nebenmann und drückte ihn platt in einen großen Beton-Blumentopf. Die Schreie dieses Jungen werd' ich nie vergessen ... ja, ja, Vati, tönt es in meinem geistigen Ohr, erzähl' ruhig noch'n bißchen was vom Krieg.
Nö, tu' ich nicht, kein Stück mehr. Bin kein vollendeter Melancholiker, der sich am langen Tresen der Erinnerung an längst verlorene Dinge klammert. Die Geschichte fiel mir gerade zufällig ein, eine von unzähligen Anekdoten bloß. Wer jene mit Musik unterlegten Aufbrüche und Niedergänge durchlebt hat, der weiß ohnehin, woher die Trauerschatten und woher die Lachfalten stammen. Der weiß mittlerweile auch, zu welcher Sorte Mensch er gehört – ob zu den Weichmütigen, die das Leben mit der Zeit hart machte, oder zu den Hartherzigen, die es langsam weichklopfte. So oder so – er geht auf den langen Marsch in seine Fünfziger. Er weiß noch von den alten Regeln, nach denen nun die besten oder die gesetzten Jahre kommen sollen, und er weiß von den neuen, nach denen er völlig fit Höchstleistungen vollbringen kann oder kurz vor dem Burn-out-Syndrom stehen mag. Wie man dieses Datum überwindet, läßt sich trotz der geballten publizistischen Hilfestellung nicht verallgemeinern. Höchstens ein Hinweis ginge an: Ab jetzt erwischen einen die Erkältungen stets pünktlich dann, wenn alle Leute sagen, das wäre genau die richtige Jahreszeit dafür.

Oder ist die Fünfzig doch bloß eine Zahl, willkürlich, offen und rätselhaft?

Dieser Tage wurde mir die neue GesundheitsCard der Krankenkasse zugeschickt. Nach Ablauf der Gültigkeit möge ich sie bitte in sieben Jahren zur Entsorgung zurückgeben – kein Zweifel, das Leben geht weiter. Auch am Wochenende nach meinem Einstieg in die Fünfziger werde ich wieder Fußball spielen, zur Sicherheit aber drei Ärzte neben mir herlaufen lassen. Ich werde wie gewohnt abends ins Café gehen, unbeeindruckt davon, daß es ein paar Sekunden länger dauert als früher, bis die Tasse, die Zeitung und die gedrehte Zigarette griffbereit sind – alles Millimeterarbeit, für deren Bewältigung unter Umständen sogar die Brille herausgeholt werden könnte. Manchmal werde ich bei einem Konzert oder auch in einer Kneipe stehen, und sei es nur, um mir dort in alter Skepsis die Mundwinkel zu massieren. Ich werde weiterhin versuchen, mit der Liebe und der Freundschaft besser klarzukommen. Daß das Glück an der nächsten Ecke wartet, hab' ich noch nie geglaubt, doch vielleicht wartet eine schöne Begegnung an der übernächsten. In meinen Fünfzigern werde ich mir selbstverständlich nichts mehr vormachen – nein, nein, ich habe keine Illusionen mehr. Aber zu denken, man hätte keine Illusionen mehr, ist schon wieder eine Illusion.

Der Zeitungsnarr

Heute morgen habe ich es selbstverständlich schon getan, genauso wie gestern, vorgestern und an den vorhergegangenen Tagen auch – so weit meine Erinnerung reicht, habe ich es ausnahmslos an jedem Tag gemacht: Zeitung gelesen, und das nicht zu knapp. Die Anhänglichkeit gegenüber diesem alten Medium währt mittlerweile mehr als vier Jahrzehnte – Zentner von bedrucktem Papier müssen so durch meine Hände gegangen, einige Jährchen bei der Lektüre vergangen sein. Das Bedürfnis nach einem ausführlichen, leider am Ende zu keinem anerkannten Abschluß führenden Pressestudium hat niemals nachgelassen – bis heute folgt der ersten Abfütterung zu Hause später die zweite oder dritte Session im Café oder sonstwo. Es handelt sich bei mir vermutlich um einen Zeitungsnarren, einen Zeitungsvielfraß oder Zeitungsfreak – um einen Menschen jedenfalls, der das Zeitunglesen mit stets erneuerter Erwartung als existentielle Konstante braucht.

Ungeachtet ihrer jeweiligen Machart, Orientierung und Güteklasse haben Zeitungen nach wie vor etwas von einem kleinen Kunststück an sich, einem zwar angejahrten und repertoirehaften, doch immer wieder gern gesehenen. Jeden Tag präsentieren sie die alte Nummer eines Chaos-Dompteurs wie eine neue – das hat schon Charme, angesichts der schnelleren Konkurrenz im Nachrichtengeschäft, einer Konkurrenz, die unter hyperbolischem Anpreisungsgeschrei von Jahr zu Jahr bedrohlich anwächst. Immer mehr Interessenten reden von online und Internet – I net, oh nein, verschont will ich sein von diesen sogenannten Auftritten im world-wide-web der norddeutschen, der westdeutschen und der sueddeutschen-punkt-de. Das gleiche gilt für Techniken, die unter Kürzeln wie SMS, UTMS oder WAP ihre digitalen Netze auswerfen, um dann auf Palm, Blackberry oder Handy ihre Mini-Informationen zu funken.

»Skispringen in Oberstdorf entfällt wegen Schneesturm. Neuer Termin steht noch nicht fest.«

Schneller können die daran interessierten Kreise kaum unterrichtet werden – kürzer als die vier Zeilen Display hergeben, auch nicht. Obendrein kommen diese Nachrichten auf den ersten Blick ziemlich billig daher – das Kilobyte Daten für ’nen Cent, aber nur innerhalb einer funkfrequentiell festgelegten »Homezone«, na ja, muß’de zu Haus’ oft drauf kucken, bis die Sache rund wird, muß’de klicken hier und da und dann lesen: »http Doppelpunkt Doppelschrägstrich wehwehweh ... journalize.me.de ... Nachrichten im Überblick! Bau dir deine Zeitung selbst und drucke sie auch. Als PDF-Blatt, einfach und professionell. Fullbanner mit 30 Prozent Einführungsrabatt!«

Dieses leichte Spiel wird in einigen von Heuschrecken unterwanderten Presseverlagen selbst auch schon gespielt: Stelle eine mit Texten, Fotos und Werbung farbig gedruckte Zeitung mit so wenig Redakteuren wie möglich zusammen – logischerweise mit Hilfe des im Internet kostenlos gelieferten Nachrichtenmaterials.

Den wahren Zeitungsliebhaber läßt das bunte, flinke Geflirre in den Netzen völlig kalt. Und entgegen manche Voraussagen erlitten die Print-Zeitungen bisher auch keinen Abbruch durch diese neuen Techniken, die sie ja quasi nebenher und mittels strategisch noch unentschlossen wirkenden Ablegern selbst mitnutzen. Offenbar erfüllt die gedruckte Presse ein Grundbedürfnis, sie liefert ein rein formal tatsächlich notwendiges Produkt. Dabei ist ein wenig in Vergessenheit geraten, daß auch die großen Tageszeitungen und ihre Verlage finanzträchtige Spekulationsobjekte waren und weiterhin sind. In jüngerer Vergangenheit jedoch haben sie unterderhand den groben kapitalistischen Ruch verloren – das Stigma der bloßen Geschäftemacherei schwebt heute über den anderen, neueren Medien.

Auch die Krise, in der sich insbesondere größere Verlage zu befinden meinen, interessiert den Abnehmer ihrer Erzeugnisse ehrlich gesagt wenig. Er vertraut auf das Rieplsche Gesetz, nach dem keines der einmal eingeführten und bewährten Informationsmedien von anderen verdrängt wird. Von der – Achtung Unwort! – Wirtschaftskrise beim Wirtschaften mit Zeitungen erfuhr er schließlich aus völlig normal aussehenden Zeitungen, denen keine Seite oder auffällig viele Buchstaben fehlten. Diese Klagen in eigener Sache bildeten phasenweise fast so etwas wie ein weiteres Ressort, eine tägliche Rubrik: »Neues von der Presse-Krise.« Ausführlichst wurden darin rote Zahlen beschrieben, Spar- und Kompetenzmodelle aufgelistet und die Notwendigkeit struktureller Veränderungen beschworen. Das ist nichts Neues. Solche Probleme gab es in der Branche von Anfang an. Schon der Erfinder der beweglichen Lettern ging ziemlich bald am Stock – im Jahre 1458 wurde die Zahlungsunfähigkeit von Johannes Gutenberg aktenkundig festgestellt. Der erste Unternehmer, der Revolutionär der Drucktechnik, war bankrott. Von weiteren Werken hat ihn das nicht abgehalten. Dafür erklärten ihn die Amerikaner völlig zu Recht zum Mann des gerade vergangenen Jahrtausends. Natürlich ausgewählt und bekannt gemacht durch die Presse, in diesem Fall TIME Magazin. Das heißt, auf die Gegenwart bezogen und blauäugig behauptet: Es gibt keine Zeitungskrise, sondern höchstens eine Anzeigenkrise. Nach wie vor erscheinen die 350 Titel im Land mit stabilen Abnehmerzahlen – das Zeitunglesen, immer noch eine Selbstverständlichkeit!

Für denjenigen, der ohne die Anwesenheit von Fernsehen und anderen elektronischen Geräten aufwuchs, erklärt sich die Bindung an die Zeitung schon biographisch. In den mageren, nur von wenigen Konsumartikeln und noch weniger Unterhaltungsmöglichkeiten beeinträchtigen fünfziger Jahren war sie zumal in der Provinz einer der auffallenderen, interessanteren Gebrauchsgegenstände. Abgesehen davon, daß die eigene Geburt darin angezeigt wurde, gehörte die Zeitung vermutlich zu den ersten Dingen im Leben, die sich mit sichtbarem Erfolg zerreißen ließen – das schuf bleibende Nähe. Im weiteren Verlauf des Nuneinmaldaseins ließ sie sich zum Flieger- und Schiffchenbau verwenden, bald auch zum Geldverdienen durchs Austragen als Neu- und Wiedereinsammeln als Alt-Papier – das machte sie nützlich. Sie wollte und wollte aus der Reichweite eines jungen Schriftinteressierten nicht verschwinden – das machte sie auf Dauer vertrauenswürdig. Überdies hat sich die Presse im äußeren Erscheinungsbild in den letzten Jahrzehnten kaum mehr verändert – das verschaffte ihr eine gewisse Aura, die Aura des Alltäglichen. Bei aller hier bereits anklingenden Begeisterung bleibt jedoch ein kleines Problem: Die Tätigkeit des Zeitunglesens wird schon deshalb schwer zu erklären sein, weil sie so einfach zu verstehen ist.

Is' ja 'ne ganz dolle Eröffnung, ein aufregendes Bekenntnis – Zeitunglesen, klar, eine spannende, geradezu abenteuerliche Beschäftigung. Blattfresser gleich mir werden augenblicklich und vollkommen unironisch zustimmen, Zeitungsmuffel und sonstige Gegner dankend abwinken. Sie haben auch gleich die entsprechenden Bilder im Kopf – etwa jene von Vätern, die sich wegsenken und erst nach Stunden seufzend oder schimpfend wieder hochkommen, von Partnern, die sich schmallippig hinter aufgeschlagenen Seiten verstecken und eines Tages endgültig im Nachrichtengeröll verschüttgehen, von banalen Idyllen mit Pantoffel und Pfeife, die das spießige, mit dieser dezenten Tätigkeit verbundene Spektrum ausmachen. Alltagsironiker denken sicher an irgendeinen verwegen im Sessel klebenden geistigen Hochseilartisten von Mann oder an eine Frau, der ihre raffiniert zusammengesuchten Artikelsammlungen gleich bündelweise aus der großen Handtasche fallen – eine Ausreißkünstlerin, die in ihrem Presse-Pensum schon um Monate zurückliegt. Melancholiegefährdete haben den nächtlich einsam über Gedrucktes gebeugten Kämpfer vor Augen, von außen durch die erleuchteten Caféhaus-Scheiben gesehen, wie ein sanftes Schreckbild von Edward Hopper. Bildungshuber sagen, nein danke, vertane Zeit, Datennetzwerkler meinen, das kriegen wir weltweit besser, genauer und sogar interaktiv auf dem Schirm zu lesen. Militante Naturschützer schlagen dem Zeitungsleser auf die Pfoten: »Du verbrauchst einen halben Baum pro Monat für dich allein!«

Ausschließlich Fernsehensehende glauben, das reiche als informative Grundversorgung, und nehmen eine Zeitung nur dann in die Hand, wenn sie als Entspannungssuchende »mal nichts tun« oder zum Anstreichen einen Malerhut brauchen. Soziale Utopisten wissen, ihre Anliegen kommen in der bürgerlichen Presse nicht ganz so groß raus, und sehen sich dazu verhöhnt von der bekannten Foto- oder Bild-Metapher, die Abgeordnete beim gemütlichen Zeitungsblättern im Parlament zeigt, wenn diese Volksvertreter gewähltermaßen das Wichtigste tun. Vor mehr als siebzig Jahren schrieb einer von ihnen in sein Tagebuch: »Was nützt das Zeitungskauen, man wird nur dümmer und blöder dadurch« – nachdem er kurz darauf zum Reichspropagandaminister geworden war, schaffte er konsequenterweise das unnütz viele Zeitungskauen und damit die Pressefreiheit gleich ganz ab. Doch auch von der Gleichschaltung der Publizistik absolut nicht betroffene Zeitgenossen ringen nach wie vor mit der Lektüre. Edelmenschen durchleiden gar die Handkesche Diagnose eines welkenden, blutleeren »Schrumpfherzens« als anatomische Folge des »hirnrissigen Zeitungslesens«, und manch Esoterikerinnenkreis mag der gedruckten Tatsachenwelt grundsätzlich keinen Glauben schenken. Die gesamte versammelte Gegnerschaft würde wahrscheinlich dieser Gedichtzeile des Kollegen Peter Maiwald zustimmen:

»Liest noch Zeitungen, was Bodo? Jaja, sieht man – bist nicht gut drauf, Mann.«

Je nach Bildung und intellektueller Schärfe können sich die Gegner der täglichen Presse-Leidenschaft auf jede Menge Vordenker berufen – auf unnachsichtige Philosophen, Schriftsteller und Sprachtheoretiker. Deren Kritik begann schon 1629, exakt zwanzig Jahre nach dem Erscheinen der ersten deutschen Zeitungen. Das Konversationslexikon »Thesaurus Practicus« des Christoph Besold überliefert dies pressefeindliche Sprüchlein:

«Leichtfertige Männer pflegen sich um neue Sachen zu

kümmern. Ernste Männer pflegen sich um ihre eigenen Angelegenheiten zu bemühen.«

Begehrt und geschmäht zugleich waren jene »neuen Zeitungen« von Anfang an. Die Deutschen, hieß es, seien von einer Zeitungssucht befallen ..., obwohl diese Nachrichten selten etwas zu enthalten pflegten, was in einer Christenbrust wahre Freude und wahres Ergötzen wekken könnte. Dieser Besold führt die unendlich lange Reihe der Verächter an, jüngere Verdammungen von Benjamin, Adorno/Horkheimer bis zu den reißwolfhaften »Einzelheiten (zur) Bewußtseins-Industrie« Enzensbergers kennt noch heute jeder aufgeklärte Abonnent. Er kann sich auch an die guten Gründe des sprachlichen und realen Störfeuers erinnern, das Ostern 1968 gegen den Springerverlag und andere eröffnet wurde. Die politischen und ethischen Vorwürfe ähnelten sich stets im Kern: Desinformation, Manipulation, Prostitution im Dienst und Auftrag der Mächtigen und Herrschenden, zuungunsten der Masse Mensch. In Krisen- oder Kriegszeiten setzte die Fingierung der Nachrichten jeweils in ihren massivsten Formen ein – eine Jahrhunderttatsache und – siehe Balkan oder Mittlerer Osten – noch längst nicht überwunden. In den Fragen der Nachrichtenpolitik scheint noch immer zuzutreffen, was Heinrich von Kleist bereits im Jahr 1809 in seinem »Lehrbuch der französischen Journalistik« zur Aufklärung beitrug. Er nennt »Die zwei obersten Grundsätze« des Metiers:

»§ 5 – Was das Volk nicht weiß, macht das Volk nicht heiß.

§ 6 – Was man dem Volk dreimal sagt, hält das Volk für wahr. (...)

Ist es z. B. eine gänzliche Niederlage des Feindes, wobei derselbe Kanonen, Bagage und Munition verloren hat und in die Moräste gesprengt worden ist; so sage man dies, und setze das Punktum dahinter. Ist es ein bloßes Gefecht, wobei nicht viel herausgekommen ist, so setze man im *Moniteur* eine, im *Journal de l'Empire* drei Nullen an jede Zahl und schicke die Blätter mit Kurieren in alle Welt.«

Diese von einem Preußen in Paris gewonnenen Erkenntnisse über Funktion und Arbeitsteilung der Journaille sind ernster gemeint, als der satirische Unterton vermuten läßt. Damit umriß Kleist erstaunlicherweise bereits vor zweihundert Jahren auch das heutige im elektronischen Bereich geltende »duale System« aus öffentlich-rechtlichen und kommerziellen Anbietern. In seinem Paragraph neun erklärt er, wie's geht: »Dasjenige Blatt, welches niemals lügt, aber hin und wieder verschweigt, was wahr ist, heiße der *Moniteur* und erscheine in offizieller Form; das andere, welches die Wahrheit sagt, aber zuweilen hinzutut, was erstunken und erlogen ist, heiße *Journal de l'Empire*, oder auch *Journal de Paris*, und erscheine in Form einer bloßen Privatunternehmung.«

Kleist scheiterte mit seiner eigenen, der Wahrheit verpflichteten *Berliner Zeitung* binnen eines Jahres an der Zensur; Goethe meckerte über die sich dort durchlavierenden deutschen Blätter, wo er konnte; Schiller wetterte über jedes Wochenblatt, das »heut um ein Heft gewonnen hat«/: »Wie sie knallen die Peitschen! / Hilf Himmel! Deutsche Journale / Wagen an Wagen! / Wieviel Staub und wie wenig Gepäck!«

Baudelaire wollte sofort Selbstmord begehen, als er zum erstenmal im Café *alle* Gäste hinter großflächig aufgeschlagenen Zeitungen lesend gesehen hatte; er dachte, das sei das Ende der Literatur. Diese und noch darüber hinausgehende Sorgen hegte der erste professionelle Einzelkämpfer gegen das von ihm so genannte »Weltübel der

Presse«, das sich im 19. Jahrhundert zur bedeutenden öffentlichen Angelegenheit entwickelt hatte. Wäre es nach ihm, dem frühen überzeugungs- und lautstarken Kritiker, gegangen, dürfte es diese »Ornamentierung des Geistes«, die Verquickung von Journalistik und Geld, ja die gesamte Presse, »diese publizistisch verkleidete Kriminalität«, überhaupt nicht mehr geben. Niemand vor oder nach Karl Kraus attackierte das Medium so heftig, nachhaltig und produktiv. Bis heute müßte einem davon jedes Zeitungsstündchen verleidet sein.

»Freundlicher Leser, der du noch immer die Zeitung für ein von geheimnisvoller Macht Erschaffenes, aus mythischem Munde Kündendes, beim Morgenkaffee plötzlich Daliegendes hältst, der du vom Offenbarungsschauer dich angeweht und der Ewigkeit näher fühlst ... werde mißtrauisch, und einer von Druckerschwärze fast schon zerfressenen Kultur winkt die Errettung. Lasse den Zeitungsmenschen als Nachrichtenbringer und kommerziellen Vermittler sich ausleben, aber peitsche ihm den frechen Wahn aus, daß er berufen sei, geistigen Werten Sanktion zu erteilen. Nimm das gedruckte Wort nicht ehrfürchtig für bare Münze! Denn deine Heiligen haben zuvor für das gedruckte Wort bare Münze genommen.«

Aber auch die böseste Kritik und Häme konnte nichts bewirken – ungeachtet der extremen Urteile, der vernünftigen Verrisse dieser Leidenschaft lese ich noch immer Zeitungen. Bin ich etwa ein leichtfertiger Mann, von alter Sucht befallen? Ein Wiederkäuer, unbelehrbar und in dümmliches Vertrauen verfallen? Möglicherweise reicht das Hören und Sehen der Nachrichten nicht aus, gibt es neue Gründe für die Lektüre durch die Enttäuschung oder gar das Versagen der neueren Medien. Vielleicht

muß ich im haptischen Reflex die Botschaft auch anfassen können und brauche den gesamten Vorgang mehr fürs Gemüt als für den Denkerkopf – bezeichnenderweise am besten mit einem »Leib- und Magenblatt«. Bereits die erste das Zeitunglesen verteidigende Rede enthielt eine bleibende Wahrheit, von Professor Christian Weise vor rund dreihundert Jahren so formuliert: »Bei der rastlosen Arbeit, Neuigkeiten zu erhalten, dürfte es genügen, mitten in den Dornen der Täuschungen doch noch die eine oder andere Rose zu pflücken.« Jawohl, genau das passiert tagtäglich – ich pflücke Papier-Rosen. Auch mir genügt es, die eine oder andere sauber aus dem Blatt zu schneiden – hoffentlich mit einer mitunter »höheren Naivität«. Da gilt ein nebenher gepflücktes Gedicht selbstredend als ein Stück Natur, zumal es sich um das frisch erblühte Wortwerk eines mir sympathischen Zeitgenossen handelt. Der Dichter Johannes Kühn nannte es »Zeitung am Kaffeetisch«, und es geht so:
»Riesenschmetterling in meiner Hand, / meine Zeitung, / damit fliege ich weit. / In Gegenden auch, / welche häßlich sind / von Kriegsleichen / und zum Schornstein, / von dem der Putzer fiel, / und das Blut wischte Ruß von den Kleidern. /
Riesenschmetterling in der Hand, / meine Zeitung, / damit fliege ich weit. / Zum Hochzeitsbett / einer Königin, / wir haben sie noch in Europa, / und in einen Saal komme ich, / wo man Titel verteilt. / Viel, viel weiter als Australien / fliege ich am Kaffeetisch, / Riesenschmetterling in der Hand, / meine Zeitung.«
Mit wenigen Worten wird gesagt, welch enorme Bewegung in dieser morgentlichen Beschäftigung steckt. Auch dann noch, wenn man das Gedicht um seine Achse dreht und einmal unterstellt, dieser Zeitungsleser komme tat-

sächlich in Australien – oder eventuell und viel, viel weiter eben – in Ägypten an. Von so einem Reisenden berichtet Friedrich Torberg in einer Anekdote. Dieser Mann, ein Prager Zeitungs-Chefredakteur, hatte sich soeben auf dem Deck eines Dampfers häuslich eingerichtet, wo er zum erstenmal im Leben eine Nilfahrt absolvieren wollte. Nach einem kurzen Rundblick über den Fluß und seine Ufer zog er sein geliebtes »Prager Tageblatt« aus der Jakkentasche und versenkte sich in dessen Seiten. »Ach was, hatte er zuvor gemurmelt, hier komme ich irgendwann schon wieder einmal her.«

Ob auf dem Küchenstuhl oder einem Deckstuhl hockend – einen leidenschaftlichen Leser zieht nichts so sehr an wie sein Tagblatt. Nil hin, Nil her, ob aufwärts oder abwärts – die von ihm bevorzugte Landschaft ist die Presselandschaft. Eine unabänderliche Gewohnheit, ein nostalgischer Enthusiasmus, selbst für Käse-Blätter, hält ihn über Jahrzehnte im grenzenlosen, täglichen Dauereinsatz. Diese Vielfliegerei, die ihm die Zufriedenheit ins Frühstücks-Gesicht malt, ist bei den Zurückbleibenden allerdings nicht sehr beliebt. Solch ein Leser muß mit der Gegenwehr von der anderen Seite des Tisches rechnen und anständig abgesichert sein – am besten mit Hilfe weiterer Denker und verläßlicher Ratgeber, am allerbesten mit Franz Kafka. Zeitung geht durchaus in Ordnung, meinte der nämlich und legte laut Tagebucheintrag vom 24. August 1911 eine weitreichende Unterscheidung fest. Er beobachtet ein Paar im Lokal, der Mann blättert in einer Illustrierten, die Frau wendet sich um eine Winzigkeit vom Tisch ab, fein gesehen und final notiert. »Wenn man ihm doch die Überzeugung beibringen könnte, daß man neben seiner Frau im Kaffeehaus höchstens die Zeitung, aber niemals eine Zeitschrift lesen darf.« Richtig: die Schrift, selbst die in der gedruckten Presse, ist noch immer sakral, Bildergucken in Illustrierten dagegen obskur. Bei der adverbialen, allzu empfindsamen Einschränkung des »höchstens« will ich einmal nachsichtig sein. Das ist eben Kafka.

Mittlerweile haben wir Sonntag, und zum Glück haben wir auch die publizistische Siebentagewoche. Um den Sonntags-Schmetterling in meine Hand zu bekommen, muß ich allerdings das Haus verlassen. Da dieses teilweise in Ankara liegt, spielt die Uhrzeit des Einkaufs keine Rolle – sonntags rutscht die Presseschau öfter mal terminlich nach hinten, läßt sich dafür jedoch noch unbedenklicher als sonst ausdehnen. Spätnachmittags suche ich ein Lädchen auf, in dessen Hinterzimmer eine türkische Großfamilie zu leben scheint, jedesmal löst sich ein anderes Kind aus dem Clan und bedient mich voller Ernst. Verlief die Samstagnacht dilettantisch-experimentell, führt der Weg erst spätabends zu einem Geheimtip, einem circa 21-Stunden-Shop mit leicht verschwörerischer Dealer-Atmosphäre – den Lesestoff schieben mir zwei türkische Jungs rüber, die, von lauernden Kumpels umgeben, sehr nach Straßengang aussehen, aber wohl nicht mal Ladenschlußgesetzesbrecher sind. Unterwegs kann ich noch meine Gemütsverfassung abklopfen und mich – auch für den Fall, daß am Vortag bei der rastlosen Neuigkeitsarbeit geschludert wurde – befragen, ob mir heute eher gebremst rechtskonservative Töne oder die nur unwesentlich flotteren linksliberalen Texte zur Prüfung genehm wären. Manchmal bin ich mir in der Frage wirklich nicht ganz sicher. Beides käme aus dem fernen Frankfurt, die feststehende Nummer eins wird dagegen nur wenige hundert

Meter von mir entfernt zusammengebosselt, weil mein Haus teilweise auch in Schöneberg liegt. Die Samstagsblätter sind natürlich ein Fall für sich, die Kultur, die Kunst macht schöne Augen, luftig gedruckt und seitenbreit gefächert, einfach verführerisch – die Wochenendbeilagen sind die Rotlichtbezirke des Geistes. Angesichts der harten Arbeit ernsthafter Bildungsanstrengung bleiben sie bei aller Liebe doch niedere Minne nur und ew'ger Vorgeschmack.

Vermutlich bringen die Wochenend-Leser der Presse eine erhöhte Aufmerksamkeit entgegen, womöglich gar eine Art vorauseilender Zufriedenheit. Sie wissen, jetzt gibt's ein paar Extras – sie können die Schrecken entfernter malträtierter Provinzen einmal wirklich genau ausloten, sie dürfen seitenweise Buchrezensionen wie Bonbons lutschen und in der Phantasie tatsächlich ein Stückchen vorausfliegen ins kleine Walsertal oder auf die Malediven, und das, ohne gleich die Landschaft exakt vor sich zu sehen wie im TV-Bericht. Und wer all das lieber zu zweit täte, kann sich aus dem Kontakthof der Bekanntschaftsanzeigen versuchsweise einen passenden Partner herfabulieren, nur an Sonntagen. Auch der rückwirkende Genuß ist möglich – wie im Sport, der sich am Wochenende ballt und dessen Ergebnisse, Berichte, Rück- und Vorschauen unbedingt der präzisen Nachbereitung bedürfen, der nochmaligen Versenkung ins aktive Geschehen im Zeitlupentempo. Die Ereignisse sind zwar von der Mattscheibe her bestens bekannt, aber die elektronischen Medien und ihre Sport-Loddels vergessen immer irgendwelche Kleinigkeiten. Und über Nacht sieht vieles ohnehin ganz anders aus.

Wenn ich in der Frühe kopfkalt und schlafblöde ins Helle stürze, brauche ich ein Aufwärmtraining, ein erstes

Gehirnjogging – um Läuterung bemüht, eingedenk auch eines philosophischen Befunds von Georg Wilhelm Friedrich Hegel: »Das Zeitunglesen ist das Morgengebet des modernen Menschen.« Trotz der leise mitschwingenden Ironie kommt Hegel meinem Verständnis an keiner Stelle näher als an dieser: Die kontrafaktische Früh-Lektüre nimmt mir die Angst vor Vereinsamung und bringt Sicherheit. Denn meine Gedanken sind eher Morgengewäsch, die Gefühle traumverhangen, das Aufstehmännchen insgesamt etwas klapprig und im kleinen chaotisiert – der Zustand verlangt nach einem Korrektiv, nach Vergewisserung. Eine Zeitung bringt mich wieder heran an die Kolonne, in Kontakt mit der Außenwelt, indem sie das viel größere Chaos in scheinbar gebändigte Form, in einen Hauch von Zusammenhang ordnet. Und daß sie diesen aussichtslosen Versuch nur ein Mal innerhalb von 24 Stunden unternimmt, ist ein schöner Zug, ein erholsames, langsames Timing, das für einen klaren, natürlichen Schnitt sorgt, den von einem Tag zum anderen. Mir kommt der für einen Nachrichtenüberbringer nur scheinbar anachronistische Rhythmus sehr entgegen, zumal der Zeitpunkt und das Tempo der Neuigkeits-Einarbeitung mir überlassen bleiben. Die elektronischen Sender dagegen locken die Kundschaft mit muezzinhaftem Anspruch auf die Minute genau an die Geräte – der Text ihrer vertonten Kurzfilm-Viertelstunde entspricht kaum dem einer Zeitungsseite. Doch ich will hier keine voreiligen Vergleiche oder Theorien basteln, nur fürs erste andeuteln, daß Fernsehen, und sei es nur das bei Millionen Menschen beliebte Tagesschau-Gucken, einem kollektiven Ritus, einem Gemeindedienst gleichkommt, daß das Zeitunglesen aber ein höchst individuelles Ritual ist, da bleibt der einzelne unter sich.

Und zu diesem Zweck bekommt er einen realen Gegenstand in die Hand, etwas Stoffliches, das einiges wiegt und sich wie ein Naturerzeugnis anfühlt, das auch gebraucht nicht unbedingt verbraucht ist. Die Abnehmer elektronischer Medien – doch eine Art Vergleich – hat Günther Anders einmal die »Eigentümer des Hungers« genannt, weil sie ein Produkt erhalten oder konsumieren, das sich im Moment seiner Herstellung bereits selbst vernichtet. Daß dies bei der Zeitung nicht der Fall ist, wissen Artikel-Sammler und Jahrgangs-Stapler am besten. Sie hat bei aller Herstellungstechnik noch immer etwas von Handarbeit an sich, getippt und auf Laster gekippt, paketweise ver- und entknotet, geschleppt und betatscht – ein Ding aus dem materiellen Kreislauf, vielseitig benutzbar. Eine der ersten Stories, von mir als staunender Bub aus dem Sportteil gefischt und über fünfzig Jahre im Gedächtnis behalten, war der Bericht über einen französischen Fußballtorwart, der seine Tricks gegen die Winterkälte erklärte – er legte sich ein Hemd aus Zeitungen auf den nackten Körper, streifte einen Pullover darüber, die eingeschlossene Luft wirkte isolierend und wärmte ihn im Spiel. Eine der letzten, erst kürzlich zugelieferten Geschichten ließ mich dagegen erschaudern. Die »Front-Zeitung«, das offizielle Organ der Wehrmacht mit zumindest zeitweilig weiträumiger Verbreitung, hatte den Soldaten in Stalingrad am Ende den redaktionellen Tip gegeben, sich doch das ausgelesene Exemplar als Frostschutz um den Bauch zu wickeln.

Seltsam genug, daß auch nach dreihundert Jahren die gedruckten Nachrichten nicht nur in der Christenbrust selten wahre Freude erwecken. Der listige Georgio Manganelli schlägt deshalb vor, erst in später Nacht zu den dann quasi schon ungültigen Tageszeitungen zu greifen, um sich nicht allzu früh die schöpferische Laune zu verderben. Wer fliegt schon gern morgens in Gegenden, die häßlich sind. Aber jeder liest anders, jeder liest mit seinem persönlichen Rüstzeug, mit dem ihm eigenen Immunsystem auch. Kaum einer geht dauernd scharf zwischen die Zeilen. Pausenlos werden Programme präsentiert, hängen Vorschläge und Gegenvorschläge wie klebrige Fliegenfänger im Blätterwald, schaukeln Fehltritte und bizarre Geständnisse wie bunte Soffitten auf der Nachrichtenbühne. Wer nimmt den von allen Ideologien verlassenen Leser zwischendurch mal an die Hand? Vielleicht ein Dichter, dessen Verse mit dem Titel »Tageszeitung« in einer ebensolchen unter der Rubrik »Das neue Gedicht« vorgestellt werden:

»Die Angst im Wort hat eine schöne Stimme.
Der Jammer packt mit Kunst das hohe C.
Der Leser blättert. Es tut nichts mehr weh.
Die schlechten Zeiten sagen: Es gab schlimme.«

Der Kollege Peter Maiwald rät dem einsam Lesenden, einfach weiterzublättern: »Was bleibt dir übrig?« Denn trotz aller beschönigenden Phraseologie gilt die Zeitung weiterhin als Fortschreiber, Verdeutlicher und Sammler der laufenden Prozesse, schwarz auf weiß, und ungetrost im Hause zu ertragen. Mit ihrer Vorauswahl, den festgelegten Ressorts, dem nicht unmittelbar an Kosten gebundenen, freigestellten Lesetempo entspricht sie einem einmal gefundenen Maß der menschlichen Aufnahmebereitschaft – jedenfalls für durchschnittlich begabte und begeisterungsfähige Leute wie unsereins.

Genieße ich demnach mit dieser alltäglichen Beschäftigung ein freiheitliches Privileg? Außerhalb des Saales, wo man Titel verteilt, außerhalb auch von der netzwerkelnden, ministeriell unterstützten »Nationalen Initiative Printmedien« würde das vermutlich niemand ausdrücklich feststellen. Dabei ist es nur wenig mehr als fünfzig Jahre her, daß die staatlichen Machthaber hierzulande erst das Zeitungsmachen und dann sogar die Presse-Lektüre zum arischen Vorrecht erklärten. Die Tagebücher von Victor Klemperer erinnern noch einmal daran – er war ein deutscher Jude, lebte in Dresden, von 1938 an durfte er Bibliotheken und Straßenbahnen nicht mehr benutzen. Und er durfte fortan auch keine deutschen Tageszeitungen mehr lesen.

Aus den Jahren des Nazi-Regimes erreichen die Nachgeborenen fast täglich neue Nachrichten, als wäre das Dritte Reich eines unserer Nachbarländer – eine beängstigend späte publizistische Nachbearbeitung bisher unveröffentlichter Vorfälle, unaufgedeckter Querverbindungen und jahrzehntelang übersehener Details. Der Trampelpfad durch den Dschungel der vorderen Seiten verlangt ohnehin von Tag zu Tag Geduld vom Presse-Flaneur, seine Empörungsenergien sind stets kurz vorm Versiegen – scharenweise dicke Hunde und neue Säue, die ums globale Weltdorf sausen. Er ringt abwechselnd mit der politischen Korrektheit und mit der unpolitischen Unkorrektheit, er chargiert in der ungemütlichen Doppelrolle als stets rückzugsbereites Individuum einerseits und als handlungswilliges Mitglied der Gesellschaft andererseits – ein permanenter Knatsch im Kopf, ein auswegloses Verheddertsein in Vorsätze und ihre Gegensätze. Zeitweilig gerät seine Morgen-Lektüre zum Kampf-Lesen, weil er gegen die Vorstellung ankämpfen muß, so manches Ereignis könnte doch auch ganz anders, und zwar besser verlaufen. Wie Argus, der hundertäugige Riese, wacht und überwacht er das vor ihm angerichtete Papier-Häufchen, schneidet, schnibbelt, kommentiert daran herum, sieht und interpretiert noch in der kürzesten Meldung die allergrößte Bedeutung. Peter Rühmkorf war auch so ein Kampf-Leser, der in den Tagebuchnotizen seines TABU reichlich Lektüre-Dampf abläßt: »Zeitungen ausgerissen – große Diaspora – um Fassung gebetet (...), wie jeden Morgen, den der gute alte Herrgottschnitzer werden läßt, mit der Waz und der Taz und der Faz auf dem Markt. Und dann gleich wie aus der Spritzpistole geschossen: Die Wahrheit – nichts, nichts, da muß doch noch was ganz Entscheidendes ...«

Ja, das Entscheidende, das unauffindbar Entscheidende, nach dem die Argusaugen unablässig weitersuchen. Wenn der Kampf-Leser jedoch zu lange durch die sauberen Satzbauten streifen würde, wenn er all die mäandernden Nachrichtenströme weiterverfolgte, ereilte ihn möglicherweise das berüchtigte »weiße Rauschen«, wo er in der Fülle nicht einzuordnender Informationen gar keine Klarheit mehr fände. Er braucht jetzt etwas Entspannendes, er braucht jetzt unbedingt ein Artikelchen, das er von A bis Z bereits kennt, sozusagen ein Marken-Artikelchen, das reinflutscht wie nichts. Das weiß die Zeitung – ihr geht's übrigens finanziell besser, als sie sagt, die Mannschaft stimmt, die Technik ist vom Feinsten, sie könnte den Rauch auf Räucherschinken drucken. Sie hat jedenfalls 'ne Menge gut abgehangener Geschichten in petto – alles ungeklärte Sachen –, und diese Dauerbrenner bringt sie gewissenhaft verstreut auf den Tisch. Der Leser kommt langsam in Flohmarktlaune und verlegt sich eine Weile aufs Stöbern. Ziemlich zielsicher gerät er in den Strudel der Redundanzen und damit in die Nähe der berühmtesten Zeitungsleserin der Weltliteratur: »Die Irre von Chaillot« im gleichnamigen Drama von Jean Giraudoux liest jeden Morgen wieder dieselbe Zeitung, den »Gaulois« vom 7. Oktober 1896. Am Ende der seit Jahren immergleichen Lektüre findet sie jedesmal dieselbe Todesanzeige eines gewissen Leonide Leblanc und stößt den immergleichen Seufzer aus: »Wenn ich davon lese, gibt es mir einen Stich.«

Was das bloße Material betrifft, griff die Greisin ihrer Zeit sogar voraus – durch die moderne Recyclingtechnik kehrt heute tatsächlich dasselbe Zeitungspapier bis zu drei, vier Mal in unsere Hände zurück. Dennoch sollte keiner allzusehr in ein und dasselbe Blatt vernarrt sein – auf die Dauer kann so eine Vorliebe zum persönlichen Kennzeichen werden. Zumindest einem bekannten Lesehelden der jüngeren Geschichte ist das zum Verhängnis geworden: dem als Terrorist gesuchten Mitglied der »Bewegung 2. Juni« Ralf Pohle. Über Jahre fahndete das Bundeskriminalamt erfolglos nach ihm. Irgendwann erfuhren die Häscher, der Gesuchte befinde sich in Griechenland, genauer in Athen, und schon lange wußten sie, daß er ohne eine ganz bestimmte süddeutsche Zeitung nicht leben konnte. Es dauerte nur ein paar Wochen, bis ... na ja, eine üble Vorstellung ... bis Pohle sich vor einem Athener Zeitungs-Kiosk mit seinem gerade glücklich erstandenen Leib- und Magenblatt in der gefesselten Hand im Staub wälzte.

In meiner Küche geht es mitunter ruhiger zu – das Nachrichtengeschäft floriert nicht an jedem Tag im erwünschten Ausmaß. Heute morgen, ein Donnerstag und nicht von vornherein als schwach einzustufen, finde ich kaum Nahrhaftes in meinem an sich brauchbaren Warmlaufblatt. Nur maue Wiedervorlage-Artikel wie »Müllkippe Meer«, »Töchter sind in Indien unerwünscht«, einen bald abgebrochenen Bericht unter der wenig gelungenen Überschrift »Neue Hürden für den Lauschangriff« und eine Meldung »Verpackungsordnung ist Müll«, auffällig durch die abfällige Titelgebung, eine in jüngster Zeit häufig verwendete Bearbeitungsmethode, mit der eine ironische Distanz zum Inhalt und zugleich ein Einverständnis zwischen Medium und Nutzer geschaffen werden soll. Für Momente vergreife ich mich sogar am Wirtschaftsteil, gereizt durch vorbildlich verdichtete Kopfzeilen wie »Im US-Weizen ist der Wurm drin«, »Auch Silber hat seinen Glanz verloren« und »Nordfleisch speckt ab«. Die Länder und Leute, die unter meiner besonderen Beobachtung stehen, zeigen sich heute nicht – außer Afghanistan in unverändert bedauerlicher Lage und ganz kurz Griechenland, das wieder mal in einem für die Freunde Hellas' unangenehmen »Tunnel ohne Ausgang« zu stecken meint. Ein Kardinal springt ein, auch er dargestellt unter despektierlicher Überschrift, »Zwölf Enten im Bischofsteich«. Aus seiner entenumschwommenen Villa legt er mir – etwas überraschend – eine klerikale Info-Spur quer durchs Blatt. Ein paar Seiten danach droht nämlich die klamme, wohl mit dem Klingelbeutel gepuderte Gemeinde der Gedächtniskirche, die Heizung und ihr magisches Blaulicht für immer abzustellen. Und schlußendlich teilt ein wegen 700 Gramm Koks in der Tasche frisch eingebuchteter Gutmenschen-Popsänger seinen vom Himmel eingegebenen Besserungs-Vorschlag mit – er will zur Buße sofort eine 30 Jahre jüngere Frau heiraten, kirchlich natürlich. Aus der Masse der Weltprominenz werden noch zwei Auserwählte kurz ins Blatt gehoben: David Beckham ging zum Friseur, Sub-Commandante Marcos ins Internet. Das muß ich wohl oder übel alles für zutreffend halten, denn das wichtigste Ziel ist den Kardinals-Worten zufolge, »daß wir den vollen Glauben annehmen«. Der in einer typischen »Seite-drei-Story« porträtierte Kirchenmann sagt dann noch den Satz, der mir für einen Zeitungssatz unglaubliche vier bis fünf Stunden im Kopf hängenbleibt: »Dieser Gott schmeckt nach mehr.«

Das müßte fürs erste reichen, die Seiten wie immer komplett gefüllt – schon den frühen Leseforscher Georg Christoph Lichtenberg verwunderte es, daß jeden Tag gerade so viel passiert, daß es am nächsten exakt die Zeitung füllt. Doch nicht die Summe der einzelnen Vorfälle, die Lektüre selbst ist das Ereignis, das begleitende, mitunter meditative Rundum-Gefühl bei diesem ältlichen Vergnügen scheint dem Leser wichtig zu sein. Im Unterschied zum gewöhnlichen Abonnenten indes kauft der wahre Zeitungsliebhaber seine Tagesration lieber von Hand – drei, vier Abos im Briefkasten würden ihm die Freude bald als Last erscheinen lassen. Er braucht die kleinen Lädchen, braucht eine Person oder einen Verbindungsmann, dem er gern ein Blatt abnimmt und bei Bedarf Zigaretten. Der Zeitungsnarr, weltweit gewitzt und lokal benebelt zugleich, hat einen Hang zum Sozialromantiker, der das ständig angedrohte Verschwinden der Wirklichkeit nicht gerade vor der eigenen Haustür erleben möchte. Er mag die Läden an der Ecke, ihre Atmosphäre, das knappe Gespräch, wobei er aus zehn bis zwölf Augenwinkeln das irre Presseangebot und auch ein paar andere Objekte der Begierde kurz abschwenken kann. Er saugt blitzschnell einige Titelseiten ab, schluckt trocken angesichts der Fotos von Frauen ohne ausreichende Kleidung, checkt noch den Gebrauchswert der aktuellen Boulevardsprüche – er beguckt alles wie ein Feinschmecker an der Theke, der dann doch nur ein, zwei Salätchen kauft und für den Augenblick dem Rest entsagt. Es ist beileibe nicht der schlechteste Moment des Tages. Diese Zeitungslädchen gehören zu den unverzichtbaren Überbleibseln der Kiezqualität, die eine durchweg helle Welt der Shops und Passagen so nicht bietet – sie haben in der Regel eine gemütlich-schaurige Grundwärme und oftmals einen ganz eigenen, hohen Unterhaltungswert.

Ohne meinen ersten Zeitungshändler in dieser Gegend hätte ich nie so genau erfahren, wo ich überhaupt wohne. Er hatte die Details, wußte Bescheid über Mieten und Macken jedes Hauses, über Bewohner und Besitzer. Er hielt die Nachbarschaft fest im informativen Griff – ein Ex-Kranführer, einen Tick zu vital fürs kleine Papiergeschäft. Die Leute brachten ihm ihre Geschichten hin und holten sich andere dafür ab. Diebstähle und undurchsichtige Affären unterhalb der Lokalreportergrenze klärte er innerhalb von Tagen auf – gut, die Straße war kurz. Sie, das Viertel, den halben Bezirk krempelten wir palavernd wie Stadtbaudirektoren so lange um, bis wir selbst auf Nimmerwiedersehen kilometerweit auseinandersaniert wurden. Der gute Draht zum Zeitungsmann an der Ecke bringt eine Menge – es muß nicht gleich drehbuchreif sein. Der nächste, auch ein Original, 57 Jahre am Platz und nun von dreihundertprozentiger Mieterhöhung verjagt, erzählte mir, er habe in seinem Laden schon alles erlebt: vom angeschossenen Gangster, der sich in seinem Blut über die Boulevardblätter auf dem Tresen warf, bis zur hochschwangeren Kundin, die er nur mit Mühe vom Gebären am Zeitungstisch abhalten und eben noch rechtzeitig in sein Büro schaffen konnte. Ein guter Händler –

quasi ein Branchengesetz – sollte ein Händchen für seine Leute und viel Einfühlungsvermögen haben; ebenso von Vorteil sind boulevardesque Instinkte. Er muß rundum interessiert und persönlich interessant sein – sonst wird aus seiner Zeitungsbude ein Copyshop.

Mindestens einmal am Tag stehe ich vor den an Ladenfronten ausgehängten Titelseiten oder Werbereitern und lese sie wie ein Chinese die Wandzeitung. Daß Deutschland noch Rang zehn in der Nationenwertung der fleißigsten Zeitungskäufer hält, verdankt sich auch meiner im Radius einer Laufmeile verteilten, wöchentlich zwanzig Euro werten Gunst. Die großen Presseketten bekommen nichts davon, obwohl sie das Vorkosten seltener Blattsorten ermöglichen würden. Auch die allzu miefigen Buden, in denen offen gesoffen und gekocht wird, betrete ich eher selten. Die Auswahl ist eh groß genug – unten im mit Pornoblättern behängten U-Bahn-Kabuff hockt eine jungtürkische Muslimin, fast gänzlich von schwarzen Schleiern eingehüllt, während ein Landsmann von ihr an der übernächsten Ecke die tägliche Pressedosis im weißen Ärztekittel zuteilt. Manchmal besuche ich den Exoten der Gegend, einen bezopften Mittvierziger, der sich in einem Apfelsinenkisten-Design fest eingerichtet hat und damit ein Gefühl für die alte Mobilität seines Gewerbes zeigt. Seine brasilianische Freundin zuckelt an guten Tagen für ein paar Tanztakte an der Illustriertenwand entlang, ohne Musik, aber viel schöner als auf einer Datenautobahn. Im Hinterzimmer bietet der Mann obendrein für endgültig zerlesene Hirnis am Abend wiederaufbauende Yoga-Kurse an. Favorit ist – naheliegenderweise – der junge Ismail, sieht sehr südländisch aus, der Kontakt-König meiner Straße, ein everybody's darling mit mittelmeerischer

Ruhe. Mich hält er allerdings für dynamischer, als ich bin – kaum drin, zack, schiebt er mir mit Weltstadt-Tempo das Päckchen hin.

Wenn ich nicht schon einen leidigen Traumberuf hätte, könnte mich dieser Job durchaus reizen. Alleiniger Herr über Berge von kostenloser Lektüre zu sein! Ein entfernter Kollege, der Bestseller-Autor Jean Rouaud, verbrachte immerhin Jahre in seinem Pariser Zeitungskiosk und arbeitete dort an seinen Romanen. Auch in den großen Sälen, in denen auf Cuba die Havannas gerollt werden, gäbe es eine schöne, meine Neigung mit einem gewissen Nutzen verbindende Tätigkeit. Dort sitzt hoch auf einer Kanzel ein Mann und unterhält die unten mit Tabak pusselnden Frauen: Er liest ihnen den ganzen Tag über das Neueste aus den Zeitungen vor. Das könne niemals langweilig werden, sondern bringe immer Interessantes und Wissenswertes, meinte Rouaud und kündigte später an, daß er eventuell irgendwann in seinen alten Kiosk zurückkehren werde. Da verwundert nicht, was Joachim Fest in seiner Biographie vom Malergenie Horst Janssen berichtet. Janssen würde nämlich auch gern an genau dieser Quelle sitzen, das heißt in seinem speziellen Fall, lieber liegen, was er in einer bildhaften Äußerung ausmalt: »Meine Vision von Glück, Ruhe, Gemütlichkeit: Ich liege an einem stürmischen Tag im Zeitungskiosk auf dem Jungfernstieg, ein Kanonenofen bullert, draußen ist schon Dunkelheit, und man hört das Hasten und Hüsteln der vielen Leute, die in vorweihnachtlicher Hektik unterwegs sind ...«

Janssen liegt völlig richtig mit seiner rückwärtsgewandten Glücksvision – aus dem Kiosk der Erinnerungen kann uns keiner vertreiben. Mein erster Zeitungsladen hieß Papier-Mathis. Für zwei Groschen kaufte ich bei ihm mit zwölf oder dreizehn für die Busfahrt zur Oberschule das Kreisstadtblatt und fühlte mich so gut wie erwachsen. Als frühreifer Jungbürger glaubte ich an gewisse Rechte. Seltsamerweise war ich jedoch der einzige Sextaner oder Untertertianer, der während des Unterrichts seine eigene Zeitung las, höflich, ohne störendes Geraschel unter der Bank. Das ging so lange gut, bis mich die Klasse zum Anchorman der Morgennachrichten machte, der kräftig herumblättern mußte. Wie hat der HSV gespielt, wollten einige wissen, was gibt's heute im Roxy-Kino, wollten andere hören, oder kleine Stories wie »Asbach-Erbe überlebt 80 Meter-Sturz«, die unter großem Gelächter prompt kommentiert wurden: »und darauf einen Dujardin!« Die Folgen für das offensichtlich strafwürdige Vergnügen des Zeitunglesens trafen allerdings mich allein: drei dicke Tadel im Klassenbuch mit Benachrichtigung an die Eltern.

Von Anfang an wollte ich die Zeitung als Vehikel benutzen, um in die Welt zu kommen; heut kenn' ich die Welt ein wenig und brauche die Blätter, um mir selbst für Momente zu entkommen – eine trickreiche Dialektik, mit der sich auch andere Süchte wie übertriebener Alkoholgenuß oder übermäßiges Arbeiten begründen ließen. Am Anfang meines Interesses, in den frühen 1960er Jahren, war die Presse noch kein bißchen entzaubert – *Le figaro* oder die *Times* wurden Mode-Modellen als suggestives Requisit in die Manteltasche gesteckt und weckten die Sehnsucht nach einer feinen, fernen Welt. Heute sind die Modelle unter uns, haben die ferne Welt per Draht im Ohr und die neuesten Schmetterlinge vor Augen – walkman, discman, watchman, mit aufklappbaren, farbigen Displays und Funktionen für dit und dat. Manche empfangen nebenbei die aktuellen Schlagzeilen der Deutschen Presse-Agentur.

Wer zur Info-Elite gehören will, muß nicht länger an der heimischen Steckdose hängen – ein Pieps, und der fünfzeilige, brandheiße News-Stummel plaudert in der Tasche: »Skispringen in Oberstdorf entfällt wieder wegen Schneesturm. Neuer Termin steht noch nicht fest.«
Media mobilis, klar doch, vom einst waschmaschinengroßen, ratternden dpa-Ticker zum leisen Ticken in der Hand des Endverbrauchers – Quickmelder und Mini-Schoß-Rechner zeigen's ihm überall mit Affengeschwindigkeit. Die Nachricht wird zur scheinbar persönlichen Benachrichtigung, was manchen auch persönlich stärken mag. Ob dabei die Schnelligkeit des Datenflusses überhaupt nötig ist, bleibt für Leute ohne Aktiendepots/Portfolio die Frage. Eine der schönsten Zeitungsanekdoten zu dem Thema berichtet, wie der später gerühmte Feuilletonist Victor Aubertin beim *Berliner Tageblatt* reagierte, als Amundsen den Südpol entdeckte. Die gesamte Hauptstadtpresse brachte das sofort als große Sensation, doch der diensthabende Spätredakteur Aubertin ließ das Ereignis ganz klein unter »Vermischtes« verschwinden. Daß es den Südpol gebe, erklärte er am Morgen der entsetzten Redaktion, wisse man längst, und daß er eines Tages auch erreicht werden würde, habe sich jeder schon immer denken können.

Natürlich sperre ich mich nicht gegen moderne Kommunikationsmittel – ich schiebe ihre Nutzung bloß ein wenig hinaus. Meine unter den Arm geklemmten, einige Stunden alte Schlagzeilen nehme ich durchaus auch mobil auf, in der S-Bahn, am See, im gartenbauamtsgepflegten grünlichen Bereich. Der Zeitungsnarr ist keine Sofa-Knolle. Er mag in den Sommermonaten die pleine-air-Lesung draußen auf Bänken und Wiesen besonders gern – die Winde weniger, aber die leichten Lüfte, den Blick auf die Wellen des Wassers, ein dolles Wolkengebirge zwischendurch, große Erscheinungen. Und dann wird wieder ein kleines Artikelchen in die Birne gestopft.

Gegen das Auswärts-Lesen läßt sich wenig einwenden, selbst wenn das heimische Kampf-Lesen intensiver abläuft. Aufs Allerbeste geht bekanntlich die Lektüre mit Kaffee und Tabak zusammen, und das auch an einem nicht zu unterschätzenden Ort der Schriftkultur, dem Caféhaus. Für jede Jahreszeit, Stunde und Stimmung steht ein anderes zur Wahl, die publizistische Grundausstattung vorausgesetzt. Zeitungscafés entstanden aus ökonomischen Gründen – um diese besetzte Bildungslücke noch mal zu schließen –, wegen der zu teuren Abos zogen sie einst als Lesestuben die Massen an. In der Hinsicht setzen die oft mager möblierten Szene-Cafés eine Tradition fort. Schlichte Räume für den einfachen Presse-Flaneur – keine Messing-Marmor-Orgien oder strenges Styling wie in der City, preiswert und nichts für Fotografen opulenter Kaffeehaus-Bildbände; obwohl ich, ehrlich gesagt, den meterhohen Gazettenberg im Wiener »Hawelka« gerne einmal wiedersähe. Die meisten Szene-Cafés entstammen den guten alten siebziger, achtziger Jahren und sind insofern nicht nostalgisch, weil hier täglich neue Zeitungen ausliegen. Sie bieten den richtigen Platz für ein öffentliches und aufgeschlossenes Erlebnis-Lesen. Hier findet sich urbane Geselligkeit, auch gegen den Zeitgeist gewendeter Protest – in einem hängt ein Schild überm Tresen, »Laptops müssen draußen bleiben«. In dieser gelassenen Freizeit-Welt, im endlosen Tuckern der Popmusik läßt es sich sehr gut in Zeitungen schauen, in denen wie eh und je in erster Linie die Arbeit selbst zu Wort kommt.

Der Nachmittagsleser kann sich an Schwierigeres heranmachen, an Fundstücke auch. Er kann den hundertsten Architektur-Riemen, den mindestens tausendsten Krebs-Report durchackern und hoffen, daß wenigstens eine verständliche Kleinigkeit hängenbleibt. Für den nächsten Small talk wäre das vielleicht nützlich. Aber das Individuum kann das mediale Angebot nur wahrnehmen und weiß dummerweise nie genau, was der Wahrheit entspricht und was nicht. Zum Glück enthält das Tagesangebot einen Artikel zur Gretchenfrage: »Was ist Kommunikation?« Eine prinzipiell mögliche Verständigung, sagt Habermas, und Luhmann meint, sie sei jenes auftauchende und wieder verschwindende Ereignis, das die Gesellschaft produziert und reproduziert. Das klingt teilweise erfreulich – aber stimmt es? Es folgen, quergelesen, jede Menge Beispiele gestörter Kommunikation, auch die Befürchtigung, sie könne nach gelungener Verständigung »einschlafen«. Und dann? Welchen Rat setzt die Philosophie gegen das drohende Nickerchen? Nur wer Fehler korrigiert, kommuniziert wirklich, lautet das vorläufige Resümee. Aber wer hat schon die Chance auf Korrekturen des Vorgegebenen. Der Zeitungsnarr bedauert einmal mehr seine Passivität – nicht ein einziges korrigierendes Leserbriefchen von ihm ... in so vielen Jahren!

Aber ist das ernste Verb »lesen« dieser Tätigkeit überhaupt angemessen? Verlangt das Lesen nicht eine zwingend notwendige, durchgängig bewußte Aufmerksamkeit? Beim Pressefressen wird das Interessante doch bloß angetippt und schnell vergessen, wird das Wissenswerte reingezogen und ohne anderweitige Vertiefung wohl kaum begriffen – und so bleibt das auf die Dauer akkumulierte Zeitungswissen insgesamt von fragwürdiger Qualität. Wenig- und Vielleser gleichermaßen sehen sich bei anwachsendem Material und leider gleichbleibender Zeit gezwungen zu selektieren, wilde Diagonalsprünge über große Komplexe zu machen: Es ist eigentlich ein permanentes Ein- oder Anlesen, ein stichprobenhaftes Hineingucken, ein rasches Überfliegen bis hin zum verzweifelten Gegenanlesen oder spurlos halbbewußten Abspeichern. Welcher Abonnent könnte spontan Zahl, Namen und Status aller bisher bekanntgewordenen GUS-Republiken nennen? Wer liest noch die Minister-Listen der sechzehn nationalen Bundesländer? Und wer wäre nicht müde, bei den Abkürzungen der massenhaft, ja geradezu epidemisch auftretenden internationalen Organisationen die nur einmal verratene Aufdröselung der Buchstabenfolge vorn im Text wieder und wieder aufzusuchen? Täglich gesellen sich neue unbekannte Institutionen, Namen, Orte und Scheußlichkeiten den alten hinzu, wie soeben aus fernen Sümpfen aufgestiegen. Das bringt neuen Handlungs- und Entscheidungsbedarf, strukturelles Lesen bedeutet Verzicht auf Details, mitunter auf die Botschaft selbst. Genügend Fälle, die mir gar nicht liegen, Sachverhalte, die ich vom Moment ihres Auftauchens an mißachte, oder Leute, deren Statements Luft für mich sind – genügend Fälle aber auch, die ich mit grimmiger Genauigkeit verfolge, Fortsetzungsstories mit Personen, die fortan mein fast familiäres Interesse begleitet.

Das Gestörtwerden bei der Lektüre bedeutet wiederum, daß sofort Kommunikation entsteht – so wie im sommerlichen Straßen-Café. »Kannst du ohne Brille überhaupt lesen«, ruft ein zahnloser Streetfighter in mein trockenes Pressegesicht und macht mich für Minuten zur undeutlichen Figur. Eigentlich hätt' ich genug zu tun, eine Doppel-

Beschäftigung – Haken durch Artikel schlagen und einige in ihre Stühle hineingeschlängelte Geschöpfe betrachten. Eine junge Frau löst sich aus ihrer Gruppe – »Hallo, wir kennen uns doch aus Plüschow...« »Ach ja, warte mal, Sibylle, richtig?« Und schon läuft ein kleines Gespräch, das eventuell zu einem auftauchenden und nicht ganz so schnell verschwindenden Ereignis führen könnte. Aber das öffentliche und aufgeschlossene Erlebnis-Lesen hat trotz aller kalkulierten Spontanität auch seine unberechenbaren Seiten. Eine noch nicht definitiv außer Reichweite geratene Ex-Geliebte erscheint und berichtet sogleich von einem Einsatz ihres neuen Vibrators. »O Gott«, sage ich, »ein was?« »Ein Geburtstagsgeschenk«, sagt sie, »du bist doch an dem Abend selbst dabei gewesen.« Ich erinnere mich dunkel an eine als bloßen Scherz aufgefaßte Beschenkungsszene. »Das war kein Witz«, sagt sie, »das war 'ne irre Überraschung.« Was sie mir dann im einzelnen erzählt, perforiert mein Weltbild und senkt die weitere Aufnahme-Bereitschaft für diesen Nachmittag gegen Null.

Die Lieblingsbeschäftigung kann manches Mal zum bloßen Alibi, zur Staffage der Einsamkeit verkommen – dann krieg' ich schnelle Hände, dann werden die Seiten geschlagen, nur Überschriften aufgenommen, gefettete Zeilen, Satzrümpfe aus feinsten Artikeln, schließlich brechen die Worte weg. Nichts hilft mehr, kein Feuilleton, kein Tabellenspiegel, keine halbfeuchte Klatschspalte – nicht mal der kurz aufleuchtende Trost, wenn der verlorene Einzelleser die eigene Meinung im Blatt findet. Die Verbindung ist gestört, ein gequält-widerstrebendes Gefühl blockiert die Arbeit der kleinen grauen Zellen. Die Lektüre entpuppt sich als Notlösung, als ein Laster, das längst abgewöhnt gehört. In diesen zum Glück raren Momenten steigt nur diffuser Bühnennebel auf – dann ahnt selbst der Enthusiast, daß er im Irrkreis einer gesteuerten Kommunikation tappt, die seinem Willen und seinen Vorstellungen so nicht entspricht.

»Denn Ungeduld ist die Verfassung des Zeitungslesers«, schrieb Walter Benjamin bereits in den zwanziger Jahren und meinte »die schwelende Ungeduld des Ausgeschlossenen, der ein Recht zu haben glaubt, selbst mit seinen eigenen Interessen zu Wort zu kommen«. Den utopieträchtigen Gegensatz zwischen dem einzelnen und dem Medium haben die Presse wie ihre elektronischen Nachfolger seither im politischen Sinne nicht auflösen können ... oder wollen. Sie alle dienen bestenfalls – und wie zu Benjamins Zeiten – als Handbuch für die verwirrenden Regeln einer Metropole. Natürlich veränderte sich die Gesellschaft – die Ungeduld ist jedoch bis auf weiteres eine private, die Interessen fanden ihre Vertretungen, allerdings nicht alle.

An streng gelaunten Tagen gehe ich in eine entlegene Stadtbibliothek. Sie verfügt über ein ruhiges, eigens hergerichtetes Lesezimmer mit komplettem Presse-Sortiment, ein auch zum gelegentlichen Abgrasen spröder Bistums- und Bezirksblätter geeigneter Ort. Noch begründe ich intern dieses Billig-Lesen mit der dort garantierten und zwischendurch unbedingt nötigen Rauch-Pause. Im herben, behördlichen Raum herrscht eine gewisse Deckung der Szenerie und Klientel mit bestimmten, beklemmenden Zeitungsinhalten. Die schlicht gekleideten und nicht durchweg mit Frischwäsche versorgten Besucher geben sich viel Mühe beim Entziffern der Sinnzusammenhänge in den Texten, eine seltsame Schar mit festen Gewohnheiten und Vorlieben – ein Schwarzafrikaner greift stets mit

großer Neugier nach einer der letzten sozialistischen Zeitungen tief unten im Ständer. Vielleicht denken dann manche hier an den Genossen Lenin und sein Diktat: »Die Presse ist ein kollektiver Propagandist, Agitator und Organisator«, vielleicht halten es andere bei dieser Idee eher mit dem Genossen Heiner Müller und dessen drastischer Ablehnung in seinem frühen DDR-Stück »Der Lohndrücker«: »Das (ist die) Zeitung (...), auf die mein Hintern abonniert ist.«
Doch mehr als ihr reichlich mattes Sitzfleisch bringen die Billig-Leser einstweilen nicht auf. Der Raum ist ein Büro für Bürolose, die Verweildauer entsprechend lang – schließlich muß alles Lesbare noch immer durchs Raster von 26 Buchstaben, um verstanden zu werden. Wenn ein neuer Kollege erscheint, schauen alle kurz auf, ohne das verordnete Schweigen je zu unterbrechen. Eines Tages sollte sich das eine oder andere Gespräch ergeben.

Ist dies beharrliche Festhalten nicht doch übertrieben oder gar antiquiert? Der Zustand der Welt geht gerade in einen anderen, unbekannten über, den der virtuellen Wirklichkeiten. Das System des gedruckten Wortes steht auf der Schwelle zwischen zwei Zeitaltern. Denn während ich die Morgenzeitung vier Treppen hochtrage und mich langsam an sie heranmache, ist sie bereits in ihre Einzelteile aufgelöst über die Datenbahnen in dafür offenere Heime geflitzt. So wie sich dort in zunehmender Zahl das Bild ihrer Seiten auf den vernetzten Schirmen aufbaut, so leitet sie tendenziell ihr Verschwinden als realer Gegenstand ein. Schritt für Schritt, Stufe um Stufe wird das innerhalb der nächsten zwei, drei Jahrzehnte geschehen – danach werden die Kommunikationstechniken sogar übers Computerzeitalter hinaus sein. Dann gibt es Informationen überall und weltweit, zu jedem Zeitpunkt und ohne großen Aufwand an Geräten und Software. In- und Output werden dann von jedem einzelnen per Gedanken gesteuert, sagt die Medienforscherin Marlene Posner. Sie weiß heute bereits, wie's demnächst kommt, und verrät es standesgemäß gedruckt in einer Wochenendbeilage zu Beginn des neuen Jahrtausends.

»Wer morgens aufwacht und bewußt an seine Zeitung denkt, dem erscheint sie bereits an die Zimmerdecke projiziert. Was wir im 20. Jahrhundert aus den Köpfen heraus in die Technik verlagert haben, kehrt im 21. Jahrhundert in die Köpfe zurück. Das verlangt Disziplin im ursprünglichen Wortsinn... Wer aber immer noch die Illusion der Sinnlichkeit braucht, für den gibt es die Steuerung per Sprache, Gestik und Bewegung.«

Was diese mehr als nur ahnbare Entwicklung betrifft, hängt der Zeitungsnarr jetzt schon ein paar Schritte hinterher. Er will weiter ganz undiszipliniert durch seine drei, vier Blätter tingeln, in der Küche, im Café, auf der Wiese und manchmal leider sogar im Bett, in extra aufgehobenen Resten. Er bedient sich auch der anderen medialen Kulturtechniken, aber Net-News oder Alpha-Blogger braucht er weniger als selten und will auf keinen Fall ganz nach CyberCity umziehen. In seinen Augen haben im Schatten der elektronischen Kanäle die guten alten Zeitungen eher noch an Charme gewonnen. Sie pushen ihre Nutzer nicht von Kick zu Kick, von einem Sinnenreiz zum nächsten. Sie geben, bei aller Kritik, reichlich Lesearbeit, bleiben sachlich, schriftlich eben. Sie verschonen ihn vor flattrigem Werbepomp und Sex-Appeal und kippen einen nicht mit politischen Gesichtern zu, die er nicht dauernd sehen will. Sie erzählen ausführlich von Sport und Kultur, so daß er bestens unterrichtet zu Hause bleiben kann. Und anders als der permanente Bilder- und Datenstrom lassen sie die Zeit, zu denken und nachzudenken. Zeitungen gehören einfach zum heimatlichen Mobiliar, auch in den Metropolen – sie liegen in den Grundsteinen.

So oder so – das Zeitungsstündchen ist vorbei. Ich bin wieder auf der Reihe, habe mich mal wieder schlau gemacht und versucht, den Sinn in diesem einen Tag zu entdecken. Das meiste wurde schließlich hingenommen, einiges hat mich ziemlich mitgenommen – ohne mich jedoch in der Tiefe zu berühren. Die Anstöße dafür kommen anderswoher. Ob mir auf diese mitlesende Weise die Ereignisse völlig klarwerden, ob so ein akzeptables Bewußtsein über die selbst durchlebte Epoche entsteht, bleibt fraglich – das Gefühl der wohlorientierten Überlegenheit geht mir jedenfalls ab. Fest steht nur, daß ich mich auf morgen früh freue, auf die neuen Zeitungen. Es ist ein Sonnabend und damit ein besonders intensiver und unter allen Umständen wahrzunehmender Zeitungstag. Gleich der erste Weg wird hinüber zum Händler an der Ecke führen, wie immer. Ich bin jetzt schon neugierig auf morgen, auf die vielen Nachrichten und Berichte, auf das Interessante und das Wissenswerte, und
/ auf /
»das Wetter«.

Die Schöneberger Fernsehwoche

Sieben Erinnerungen an ein verlassenes Milieu

Montag

Der Spot wurde relativ selten gesendet, und er zeigte auch so gut wie nichts. Seine mittels kurzer Ausschnitte aus Western- oder Sportsendungen variierte Anfangsszene verhieß dem interessierten Betrachter jedesmal Höchstspannung, doch mit dem darin abgefeuerten Pistolen- oder Fußballtorschuß verschwand das Bild in einem sich blitzartig wegsaugenden, winzigen Implosionspunkt auf der Mattscheibe, aus. Für acht, zehn und mehr Sekunden blieb die Bildfläche grau, der Ton stumm – der Apparat wirkte wie weggetreten, ein beklagenswerter Totalausfall, wo doch eben noch optimistische Kürzestfilmchen der Werbung liefen. Dann funktionierte der Ton wieder. Eine Stimme sprach aus dem Dunkel, dieses hier gezeigte, unerfreuliche Nichts käme heraus, wenn alle so dächten wie einige, daher solle das gerade zweifelsfrei benutzte Gerät bitte schleunigst angemeldet werden – Ihre GEZ, die »Gebühreneinzugszentrale« der öffentlich-rechtlichen Anstalten.

Dieser Beitrag des Werbe-Fernsehens machte mich nachdenklicher als die meisten anderen. Offenbar war seine Zielgruppe groß genug für einen TV-Spot – abgesehen von der werbetechnischen Einzigartigkeit, daß die in Frage kommende Kundschaft das zu erstehende Produkt in Form von Fernsehsendungen auch ohne entsprechende Zahlungen bereits anstandslos konsumiert und das womöglich vergessen hat. Rein rechnerisch müßte die GEZ bei einer 95prozentigen Geräte-Versorgung der deutschen Haushalte über ein monatliches Inkasso von weit mehr als einer Millarde verfügen. Tut sie aber nicht. Anstatt sich erkenntlich zu zeigen, stellt sich eine schwer schätzbare Anzahl Teilnehmer stur und guckt einfach so zu, als Schwarzseher. Verbergen sich hinter dieser Dunkelziffer schlichte Notfälle oder notorisch schludrige Geizkrägen? Oder handelt es sich, analog zum ähnlich großen Stamm der Nichtwähler, um den anarchistischen Block eines mehrheitlich gebührenzahlungswilligen Volkes? Auch der Bundesrat kabbelte sich gelegentlich wegen dieses Kleinstdeliktes, weil einige Länder mit lautem Pfeifen auf den Datenschutz per Gesetz die Namen der ja mit 95prozentiger Sicherheit gerätebesitzenden Einwohner direkt an die GEZ weiterleiten. Das nennt sich Meldedatenabgleich. Im Gegenzug werden die Eintreiber ihren Fuß vielleicht nicht mehr in die Wohnungstüren klemmen und nicht länger mit überzogenen Strafen drohen. Angeblich fragen sie nur freundlich nach einer eventuellen, freilich stark anzuratenden Bereitschaft, ein Gerät anmelden zu wollen.

Laut nichtrepräsentativer Zufalls-Umfrage in meinem bezirklichen Bekanntenkreis wollen die meisten der bekennenden TV-Nassauer dem Rat nach wie vor nicht Folge leisten – die jüngeren so wenig wie die älteren, die seit Ende der sechziger Jahre schon mehrere Fernseher kaputtgeguckt haben. In der Zeit entstand, historisch gesehen, die halbwegs begründete Verweigerung der Zahlungspflicht. Kluge 68er haben sich damals ja fürchterlich übers Fernsehen aufgeregt – repressives Herrschaftsinstrument, Kolonialsierung des Bewußtseins undsoweiter. Die lang gepflegte Verachtung (in einem Wort: Glotze) verlor sich zwar mit den Jahren, aber ein Verhaltensrest zeigt sich womöglich bis heute im leichtherzigen Verzicht auf den Beitrag zur Gebührenkollekte. Die Berliner, die ihn leisten, belaufen sich auf geschätzte achtzehn Prozent inklusive Dunkelziffer, die Hauptstadt liegt in der Hinsicht mit Abstand vorn.

Das Verhältnis der Kundschaft der elektronischen Medien ist traditionell und aktuell erst recht ein gespaltenes, der Sehnerv des Endverbrauchers bleibt vom unveränderten Sender/Empfänger-Schema einseitig belastet. Harten Medienphilosophien zufolge liefern diese Sender überdies pausenlos Produkte, die sich im Augenblick ihres Erscheinens in der Welt sogleich selbst vernichten und spurlos verlöschen – eine ziemlich einmalige Eigenschaft für ein Konsumgut. Demnach könnte die Zahlungsverweigerung eine populäre Form der Kritik sein, ein stummer Protest gegen zahllose, in jeder Hinsicht unbefriedigende und vielfach gar völlig unnütze Programme. Ein unversehens aufkommender Hunger nach Bildern und Klängen, die Hoffnung auf deren mögliche, augenblicklich verbesserte Qualität treiben jedoch selbst kritische Zahlungsverweigerer immer wieder vor die Mattscheibe – so gesehen ist die Fernsehschnorrerei natürlich ungerecht und rangiert irgendwo zwischen geistigem Diebstahl und billigem Heftchenklau im Kaufhaus. Denn auch die schwarz durchs immer verzweigtere Kanalsystem schippernden Gondolieri ankern am Ende an festen, gleichwohl gebührenpflichtigen Sendeplätzen.

Möglicherweise aber sterben das preiswerte und das kostenlose Mitgucken demnächst ganz aus, weil es auf diese konventionelle Art gar nix Gutes mehr zu sehen gibt. Die gelegentlichen Großangriffe von Politikern und Investoren auf die von den Werbetreibenden überdies zunehmend ignorierte ARD lassen sich wie jedes Serial dutzendfach wiederholen, ein Vorspiel nur angesichts der sich vor aller Augen formierenden Mega-Kommunikations-Konzerne. In den Genuß von deren abgucksicheren digitalen Sendetechniken werden nur noch Zahlemann und Söhne kommen – dann geht jeder wohlgelungene Pistolen- oder Torschuß einzeln à conto. Und für den Empfang einer frei und schwarz nicht mehr zu sehenden kompletten Fußball-WM braucht's die vorherige Aufnahme eines Kleinkredits bei der Großbank, die sich im Pay-Tivi – wie es so schön heißt – engagiert.

Das ist die eigentliche, dunkle Botschaft des GEZ-Spots im bunten Werbeblock. Dieser nur angedeutete Blackout auf der öffentlich-rechtlichen Mattscheibe schockiert mich stets aufs neue und spricht mir mahnend ins Gewissen. Auch ich bin nämlich, ehrlich gesagt, mit den Rundfunkgebühren im Rückstand, in erheblichem Rückstand sogar.

Die Fernsehsender übertragen bewegte Bilder mittels Funktechnik, die Fernsehzuschauer funken einfach dazwischen – genau, das Tätigkeitswort dafür heißt z-a-p-p-e-n und ist längst eingedeutscht. Der Zapper, meinte dazu die alte Etepetete-Tante FAZ, könne eben ein Programm nicht durchhalten, sich nicht auf die Inhalte einlassen und sei unverschämt gegenüber den TV-Schaffenden. Ungeachtet dieser versuchten Bevormundung verlebt manch skeptisch-verspielter Kanalhüpfer weiterhin seine ganz persönlich verantworteten Schaltabende. Dann geht er als einsamer Seher mit flinken Fingern und unruhigem Auge auf die Suche nach der versprochenen Programmvielfalt, was nicht heißen will, daß Sie sich jetzt schon aus diesem Text herauszappen sollten, auf eine der vielen anderen reichhaltigen Seiten. Es wird noch interessant, ehrlich, informativ und unterhaltsam, vielleicht sogar gemein. Bleiben Sie dran.

Die Frankfurter verallgemeinernde Kulturkritik schiebt neuere, für sie verheerende Sitten mit Vorliebe den Amis in die Schuhe – zappen sei »Fast-food-TV«, eine »amerikanische Krankheit« also. Aber wie kam der Erreger in die deutschen Stuben? Mit der Fernbedienung noch nicht – sie wurde vor mehr als fünfzig Jahren erfunden und diente hierzulande lange brav fürs Umschalten, und zwar fürs minutenpünktliche, das Aufstehen sowie den kurzen Weg zum Gerät ersparende Umschalten vom Ersten aufs Zweite oder Dritte. Mit der Verkabelung erst kam dieser Krankheitserreger, mit dem Beginn des eher irreführend so genannten Privatfernsehens. Die dadurch entstandene wundersame Kanalvermehrung brachte zunächst magere Programme und dicke Werbeblöcke, bald auch Sport,

Porno und gebrüllte Talkshows. Die sicht- und spürbare Verlotterung des Mediums verringerte seither den Respekt der Teilnehmer im Umgang mit ihm. Der viele Flitter lieferte das erste paradox ineinander verschränkte Doppelmotiv fürs Zappen: beständige Neugier und ständige Flucht. Aus dem geduldigen, öffentlich-rechtlichen Zuschauer von ehedem wurde ein zappliger Konsument, dem seither die kleine Knopfleiste als der wichtigste Teil am TV-Set gilt: Er bleibt nicht mehr von A bis Z auf Sendung, er collagiert sich was, zapft alles an, macht nichts zu Ende.

Das Kanalspringen ist nicht mehr nur Mode, sondern eine die Fernsehzeit optimierende Methode. Mit ihr läßt sich die aufgedrängte Programmstruktur unterlaufen, die Bilderflut aus dokumentarischen und fiktiven Wirklichkeiten, aus Schleim und Crime, aus Belehrung und Blödsinn nach Gusto kanalisieren. Das taten und tun die Präzisionszapper nach Uhrzeit und Vorlieben, die Teleflaneure dagegen auf optischer Zufallstour und die TV-Gourmets eher beim ständigen Abschmecken bestimmter Sequenzen – allesamt sind sie unberechenbare Hin- und Wegseher in der großen Zuschauer-Wanderbewegung. Zahllose Studien und intensive Selbstversuche des Verfassers belegen, wie fix der Tippfinger fällt: bereits nach wenigen banalen, für Milieuerkennung und Vorhersehbarkeit des Ganzen ausreichenden Szenen, nach zwei, drei indiskutablen Dialogsätzen oder dem Auftauchen unliebsamer Master-Sprechköpfe – wobei rätselhaft bleibt, warum die deutsche Öffentlichkeit es zuläßt, daß sich zwei hochgradige Unsympathen als Moderatoren der wichtigsten Talkshows seit vielen, vielen Jahren festquasseln dürfen, einer davon sogar täglich. Angesichts überfordernder emotionaler Beanspruchung geht der Daumen ebenso schnell runter wie bei unterfordernder geistiger. Ja, schon der Anblick einer spießigen Studiodekoration (wieder mal auf Bayern III) kann den Schaltimpuls auslösen, beschleunigt noch durch den murmelnden Betroffenheitsklang gesenkter Diskussionsstimmen. Der Zapper ist das flüchtige, nur Witterung aufnehmende Medientier, der Schrecken quotengieriger Programm-Macher. Oft genug lauert Verachtung in seinem Blick und Flacker in der Pfote.

Was bedeutet dieser Begriff eigentlich? Im Langenscheidt steht er nicht, aber in *Websters Taschenwörterbuch des American Slang*. To zap: 1. jemanden erschießen; 2. jemanden endgültig besiegen. In sprachlichen Umlauf gebracht wurde er einst von der Unterwelt, von *teenage street-gangs* und von den Streitkräften. Erstmals soll das Wörtchen 1942 in einer Sprechblase des legendären Comics »Buck Rogers & Flash Gordon« aufgetaucht sein – als die lautmalerische Beschreibung des Mündungsfeuers aus ihren Raumfahrer-Pistolen: zap, zap, zap.

Heute reicht der daheim hockende, unbekannte Couch-Pistolero mit dem kleinen Finger endlich auch bis hoch ins All und kann Programme und Prominente abschießen – jeder Satellit hat seinen Killersatelliten. Endgültig besiegen will er sie mit seiner Fernbedienung aber nicht, jedenfalls nicht alle. Dann würde es ja zappenduster auf seinem schönen Schirm.

Fernsehen ist eigentlich einfach, das Gerät läuft, und man schaut hin – allerdings mit stark schwankender Aufmerksamkeit. Vor allem nach sogenannten Großereignissen wie olympisch-weltmeisterlichen Wochen fällt es dem sensiblen, sportgeneigten Zuschauer schwer, wieder in die alltägliche TV-Normalität zurückzufinden. Fast zwei herrliche Monate lang kommt ein Sommer der geraden Jahreszahl in Echtzeit mit Sport, Spiel und Spannung angereichert daher – das ruiniert den gewöhnlichen, halbwegs genußvollen Wechsel-Rhythmus zwischen Standard-Programmen und Lieblingssendungen. Derart überfüttert und obendrein von den Medien im nachhinein über den in Wahrheit üblen Charakter des Profi-Sports aufgeklärt, wird die Flimmertapete für 'ne Weile mit schludrigen, unathletischen Augen angeguckt.

Dann nähere ich mich mit diesem post-championaten, ernüchterten Nebenhergucken womöglich dem Normalverhalten weiter Nutzerkreise an – also weg vom gezielten Fernsehen, hin zu zufällig erhaschten Bildfolgen. Vielleicht sind die meisten unter uns längst eine Art Stegreif-Zuschauer, die sich mal hier bedienen und mal dort ein Stückchen in ruhiger Routine mitmachen. Auch die TV-Anstalten vermuten, daß jeweils ein Drittel der von der GfK (Gesellschaft für Konsumforschung!) datenmäßig exakt ermittelten Teilnehmer einer Sendung in Wirklichkeit gar nicht zuguckt und statt dessen für längere Zeit das blaustichige Zimmer oder gar sein Haus samt aller laufenden Geräte verläßt. Das Entscheidende bleibt, daß sich sechs Millionen, 22,9 Prozent Marktanteil, melden lassen, die die Sache angeschaut haben, auch in Abwesenheit

oder schlafend. Hinsichtlich der Programmgestaltung ließe sich daher den Verantwortlichen einiges unterstellen – strenggenommen braucht das Fernsehen nur die quotemachenden Einschaltfinger, die bei vollem Bewußtsein teilnehmende Person nicht. Bei so einem obszönen Gedanken krieg' ich natürlich sofort die Krise. Warum dann überhaupt noch Fernsehen? Wahrscheinlich deshalb, weil der Mensch froh ist, wenn sein Wahrnehmungsapparat irgendwie beschäftigt ist. Weil er unheimlich gern irgendetwas hören und sehen will – am liebsten in der alten Kavaliershaltung, genießend und schweigend.
Nach Ende der realen Ereignisse fehlen die 50-Stunden-Live-Sporttage im Programm. Für diejenigen, die das Optimum an Übertragungswegen kennen, ist der Kasten inzwischen noch voller geworden – die digitalen Systeme wurden erweitert und schwirren zusätzlich im Angebot herum. »Kanäle wachsen nach wie einem Baum die Angsttriebe«, schreibt Adolf Muschg über die nicht endende Senderzunahme und deutet dies als Zeichen der gründlichen Erschöpfung des Mediums. Und die Zuschauer? Werden pausenlos ausgeforscht. In meinem undeutlichen Bekanntenkreis käme nicht viel dabei heraus – jedenfalls kenne ich kaum noch jemanden, der klassisch guckt, um 20 Uhr mit Bier und Brezeln zur *prime time*. Jene um die 30 sehen wenig und fast mitleidig in kleinen Glotzen, manch Abstinenter heuchelt sein So-gut-wie-nie und kennt sich dann doch überraschend gut aus bei den propagierten Slogans. Die *forty-somethings* verfolgen Außenseiterisches, »Ausgerechnet Alaska«, und warten auf ihr Highlight um elf, den Schmidtwitz, oder die elfte Wiederholung eines alten Schwarzweißfilms. Die Telemuffel – eine Wortschöpfung, die ex negativo an die guten alten Zeiten erinnert – bauen sich ihre unabhängigen Kinos ins

Wohnzimmer bzw. wohnen im Kinozimmer. Schmal alimentierte Fernsehraum-Insassen suchen ständig Kultiviertes wie das längst verstummte »Baden-Badener Gespräch« und parken für'n paar Jahre auf Arte. Um die Beantwortung der Grundfrage des TV-Konsums – »Hab' ich nun etwas davon, oder stiehlt man mir nur Lebenszeit?« – wird im stillen permanent gerungen.
Wohin auch immer das Auge gefallen sein mag – ein weiterer zwiespältiger Sommer mit erregendem Ereignis-TV und den nur schludrigen Blickes genießbaren Wiederholungs-Konserven ist erst einmal vorbei. Magazinmacher, Schönredner und frische Seriengesichter kehren aus dem Urlaub zurück, und wir Zuschauer gehen wieder über zur gewohnten, gleitenden Fernsehzeit. Wir können wieder stocknormal und stieräugig dabei sein. Die Kommandozentrale der Kultur ist unser Fernsehen ohnehin nicht, und wir sind auch nicht die Untertanen des Medienverbundes und seiner allmächtigen Kräfte.

Obwohl mir die Geschichte einer italienischen, mich oft im Skiurlaub berherbergenden Pensionswirtin noch immer zu denken gibt – sie hat ihr gesamtes Leben in den Dolomiten verbracht, über achtzig Jahre am selben Ort, im selben Haus. Als noch kleines Mädchen sei ihr genau hier etwas Wunderbares passiert: An einem herrlich schönen Sonntagmorgen sei aus den Bergen »die Stimme Gottes« erklungen, vom Himmel herunter habe der Allmächtige laut und deutlich zu ihr gesprochen. Bei dem, was sie gehört hatte, handelte es sich jedoch nicht um das heilige Organ des Herrn – es waren die Worte aus dem ersten Radio des Ortes, das sein Besitzer, der Dorfwirt, an jenem Morgen ausprobierte und mit voll aufgedrehter Lautstärke durchs Alpental schallen ließ.

Donnerstag

Anfang der fünfziger Jahre ging ich werktags zur Schule und sonntags zur Kirche, Ende der fünfziger Jahre ging ich noch immer zur Schule und tauschte Fotos auf der Toilette. Auf einem meiner Lieblingsbilder stand eine Heizsonne, daneben hockte eine unbekleidete Frau – dieser »Halbakt mit großer Heizsonne« hat mein pubertäres Bewußtsein stark geprägt. Mit ihrer Ereignisarmut zu Beginn, mit ihrer verlogenen Moral und dem zauberhaften Wirtschaftswunder zucken diese rätselhaften fünfziger Jahre bis heute durch die kollektiven Erinnerungs-Sensorien – als Ausstellungsthema und in Dokumentationen, als Stückewelle im Theater und im Fernsehen mit den Originalen und auch den Remakes einiger Spielfilme, von einem Sender hochtrabend als »german classics« präsentiert. Einer der nachgemachten Filme heißt »Das Mädchen Rosemarie« – eine die Gesellschaft jener Epoche bloßstellende Geschichte aus Frankfurt am Main.

Denn dieses Mädchen Rosemarie war eine ganz besondere Frau. Sie hieß Rosemarie Nitribitt, ein Name wie Sprengstoff, sagten gewisse Männer, und diese Männer waren ganz besondere Herren. Die Nitribitt hatte es aus der Unterlage heraus rasch geschafft, zur Branchenführerin im schwierigen Fach Edelhure aufzusteigen. Auf dem Weg nach oben halfen ihr die Führer anderer Branchen – Stahl, Draht, Rüstungsgüter – und auch ministerielle Bonner Spitzenkräfte. Die Oberschicht an Rhein-Main muß damals so dünn gewesen sein, daß die Bosse kompletter Industrie-Kartelle auf der Nitribitt-Pritsche landeten. Wie – so fragten sich nicht nur wir Schüler – machte eine Anfangzwanzigerin das, vom Fürsorgeheim ins Luxusappartement samt 190er Mercedes SL zu kommen? Das Edle an der Hure war, daß sie glaubhafte Beziehungen zu den Herren großer Firmen herstellen konnte und naheliegenderweise zu deren lernwilligem weiblichen Pendant, schließlich selbst zur Unternehmerin wurde. Mal hart, mal sentimental, opferbereit und fleißig und unterm Strich sachlich wie ihre Kunden ging sie zu Werke, an die – in ihrem Fall – Herstellung des schönen Scheins beim Beischlaf. Ein kleines, heimwerkerartiges Produktionsprogramm, sagten gewisse Männer, aber krisenfest. Vierzig Jahre später interessierte den Filmunternehmer Bernd Eichinger dieses Programm so stark, daß er sich erstmals persönlich auf den Regiestuhl setzte.

Mit ihrem unbedingten Aufstiegswillen gehört auch Frau Nitribitt zum Mythos der fünfziger Jahre. Und der läßt sich vielfältig deuten; Fakten und Verklärungen überlagern sich – Erich Kuby und Rolf Thiele taten das Ihre mit einem sozialkritischen Buch und seiner Verfilmung. Als wir Schüler schon einiges besser wußten, wurde Nadja Tiller als »böses Mädchen« Rosemarie berühmt. Vierzig Jahre später sagte sich der hollywoodgeprüfte Eichinger: In jeder Edelhure schlägt ein edles Herz, und inszenierte die Geschichte als träniges Meldodram einer gegen die Klassenschranken anliebenden Frau – der erste Mann, der im Cut kam, war der tiefste Einschnitt, ein Stahlfabrikant aus Essen.

Die echte Rosemarie jedoch hatte weder den Teufel im Leib noch ein Poesiealbum unterm Kopfkissen, sondern ihr exakt geführtes Kontobuch, den zeittypischen Nachweis von Tüchtigkeit in der von ihr entdeckten Marktlücke Lust und Glanz. Die Wirtschaftsbosse und Politspitzen hatten nämlich als erste erkannt, daß sie mit der den Deutschen ganz allgemein verordneten Fleiß- und Arbeitstherapie nicht wirklich richtig lagen – Nazizeit und Folgetrauma ließen sich nach ihrem Dafürhalten bei Rosi und Schampus besser verwinden. Als die bevorzugte Lebedame allerdings geradezu stasimäßig ihr Schlafzimmer verwanzte, um mit den im Bett herausgekitztelten Industriegeheimnissen ihren eigenen Umsatz zu steigern, fanden die gerade so wundersam kriegserholten Westdeutschen wieder eine Leiche im Keller, die schönste der damaligen Jahre und bis heute ungesühnt.

Solche mit neuerem Wissen nach alten Filmen hergestellten Remakes könnten zwei Zuschauergenerationen verklammern – die ältere erinnernd, die jüngere hinführend, die allerjüngste gar einführend, auch mit Hilfe eines 2004 aus dem Stoff gewonnenen Musicals. Kernsätze zum deutschen Nachkriegswesen gäbe es genügend, halbvergessene Gegenstände und Sitten auch. Jeden Morgen wurde damals noch das Kalenderblatt abgerissen, jeder Chef sagte, das Arbeitsklima, das bin ich, und neue Autos mußten erst mal behutsam »eingefahren« werden – in den fünfziger Jahren schien das Leben überschaubar, die Welt in Ordnung und begreifbar zu sein.

Nicht ganz. Mein Lieblingsbild »Halbakt mit großer Heizsonne« hatte ich geklaut – aus dem Morgenmantel meines Onkels. Ein perfekter, weil absolut entdeckungssicherer Diebstahl, der gute Mann konnte innnerhalb der Familie ja keine Verhöre über den Verbleib seiner Nacktfotos anstellen. Erst durch den Fall Nitribitt brach die Moral jener Jahre für alle erkennbar auf. Das Mädchen Rosemarie war wohl doch zu weit gegangen.

Das Fernsehen sorgt täglich für jede Menge Lesestoff. Die Tips und Infos, die Vorschau, die Nachschau, Kritik, Klatsch und Kolumnen werden immer ausführlicher. Eine perfekt organisierte, kostenlose PR-Maschinerie tingelt heute durch die Seiten der Printmedien – obwohl die seriösesten unter ihnen sich bis weit in die achtziger Jahre jeden Programmhinweis verkniffen hatten. Wer aus zeitlichen oder ästhetisch-hygienischen Gründen nicht fernsehgukken will, aber dennoch wissen möchte, was dort im einzelnen geboten wird, kann mit der genauen und mitunter auch wiederholten Lektüre von bis zu fünfzig komplett ausgedruckten Tagesprogrammen ohne weiteres eine ganze Stunde verbringen – eine womöglich ausreichend informierende, aufgrund der Seh-Enthaltung sogar zeitsparende Stunde. Doch diese geballte Publizität genügt den meisten Sendern offenbar nicht. Insbesondere in sommerlich-ereignisreichen Sportwochen verbreiten sie zunehmend gedruckte Botschaften als zusätzliche Eigenwerbung, dazu gibt es Großplakate oder kleine Flyer. Vor dem vom Sender dringend erwünschten Einschalten kommt immer häufiger das Schalten – von Anzeigen in Zeitungen und Zeitschriften.

Gar nicht einfach, für so flirrende, leicht verderbliche und sich chamäleonartig dauernd verändernde Produkte wie Fernsehprogramme anderenorts zu werben – erschwert noch durch die kaum korrigierbare Last des längst festgesendeten Images einer Anstalt. Auf dem eigenen Kanal blasen die Sender ohnehin ihr Quoten-Halali mit ständig hereinplatzenden Vorschau-Spots und viel gutem Zureden (... dieser anheimelnde Unterton: heute abend in

Ihrem Ersten …). Oder, wie die entsensibilisierten Privaten es tun, mit einem störenden, in den Abspann eines vielleicht emotional noch wirksamen Films laut hineingequatschten Hinweis auf die folgende Action-Klamotte. Diese Trailer sind zu schnell, um schön zu sein – Eselsohren bloß in der unendlichen Fernsehgeschichte.

Bei den gedruckten Anzeigen müssen die Sender auf ihre Hauptstärke, das bewegte Bild, verzichten und ihr werbendes Gesicht mit nur ein, zwei Fotos und Begleitsätzen herzeigen. Ein kleiner und daher ironiefähiger Sender witzelte angesichts anderswo laufender euro-olympischer Dauersendungen einmal: »Lauter Sport bei Vox« und bot ein Autorennen bei Diepholz. Zwangsläufig auf Mord statt Sport beharrte Pro 7 und zeigte possierlich kleingemachte Tischfußball-Motive, um »als offizielle Europameisterschafts-Alternative« seine Regal-Filme durch den Athletensommer zu drücken. Der zwischenzeitlich selbsternannte Großfußballsender Nr. 1 fühlte sich in solchen Zeiten scheel angeguckt und plumpste ins Quotennichts, begehrte aber per inseriertem Slogan alles: »Sat 1 – die beste Zeit des Tages«, was nicht nur semantisch gewagt war. Für die gleiche Zeit versprach n-tv Nützlicheres und malte Dollarzeichen in diverse Anzeigen: »Zinsrechnen für Fortgeschrittene«, denn »Wissen ist Geld«, nun gut, aber nicht jedes Wissen. Ein Musiksender hat etwas erfunden, das anderswo längst wieder abgeschafft ist, und annonciert sein »Musikalisches Quintett«, ja doch, klasse assoziiert, Reich-Ranickis alter Buchladen plus Schuberts Forellen, »Fünf Moderatoren präsentieren vier CDs«. Das ist Verkaufe pur, das ist ehrlich.

Denn ordentliche Medien möchten schon glaubwürdig sein. Hier rangieren die sogenannten »Privaten« nach wie vor ein wenig im Ungewissen und steuern hartnäckig dagegen an – mit Anzeigen. »Wir bringen die Story hinter der Nachricht« versprach Pro 7/focus tv ganzseitig und forderte auf, endlich »um(zu)schalten auf Fakten« zum Magazin nach München – wir erinnern uns an eine Hundert-Mille-Klage des Chefs der Fakten-Fatzken gegen eine Berliner Stadtillu wg. Beleidigung. Im nächsten Hochglanzblatt fiel mir das Standbild einer jungen Frau im engsitzenden Kostüm auf, ein Farbinserat für »exklusiv – die Reportage« von RTL 2, dazu die große Schlagzeile: »Wir bringen die Story hinter der Nachricht«. Ja, wer bringt's denn nu? Erstere, aparte Frau auf dem Paßfoto oder die zweite, aparte Frau auf dem Ganzkörper-Kostümbild? Vielleicht wurden beide Sender von derselben plietschen Agentur reingelegt, die »exklusiv« gleich zweimal denselben Slogan hinfocussierte? Konnte auch nicht sein, denn im Text hieß es: »Die Reportage sieht alles, zeigt alles« – für 'ne fünfstellige Summe pro Anzeige darf sie jedenfalls alles behaupten.

Wer Glaubwürdigkeit besitzt und ohne Not zum Anzeigenschalter drängt, kann sich für sein Geld wenigstens lächerlich machen. »Wir haben junge Leute gefragt, was sie von unserem Programm halten«, berichteten ARD/ZDF einmal in der überregionalen Presse. Ganzseitig guckte ein kaum zehnjähriger Bub nachdenklich aus den Zeitungen. »Ich finde es toll, daß die Öffentlich-Rechtlichen dem Medienmogul Rupert Murdoch die Fernsehrechte für die olympischen Spiele vor der Nase weggeschnappt haben, und das, obwohl er sehr viel mehr dafür zahlen wollte.« Hat er offenbar gesagt, der Kleine, der die Cleverneß der ARD/ZDF-Jungs erkannte – Hochleistungs-Wegschnappen, Olympia live bis 2008 in der ersten Reihe. Als PR-Kampagne war das hochrealistisch aus dem Leben gegriffen: Die acht- bis zehnjährigen Kids auf dem Spielplatz unter meinem Fenster diskutierten schon seit längerem über Frequenzen, Reichweiten und Bestandsgarantien – Fernsehrechte und Medien-Mogule sind für sie alltägliche Begriffe. Die Buben unter meinem Fenster freuten sich natürlich auch über die angekündigte öffentlich-rechtliche TV-Zukunft mit »Dreamteams und Damentennis«.

Bei den hartäugigen Medienroutiniers sieht die Sache anders aus – die meisten der eigens beworbenen Programme bleiben jemandem wie mir ziemlich schnuppe. Die reklamefreudigen Fernsehsender mag ein hier weitergereichtes Wort von Jean Paul trösten: »Ach, wie viel tausend Zierrath geht verloren, auf den nie ein Mensch ein Auge wirft.« Dagegen läßt sich auch mit noch so teuren Anzeigen wenig machen.

Am Westufer summt die Großstadt, am Ostufer ruht die Landschaft, überm Fluß hängt türkis das »Blaue Wunder«, die pfeilerlose, alte Elbbrücke. Manchmal ist sie sonntags im TV zu sehen und jederzeit auf Holzplanken zu begehen – von Dresden halbgrau nach Dresden ganzgrün. Um mein Blickfeld gen Osten zu erweitern, stand ich am Fuß der Loschwitzer Höhen, wo Villen und Wiesen liegen, eine Hotelruine und Gärten auch – ein schönes, poetisches Plätzchen, down by the river. Für einen Tatort-Kommissar gäbe es in der Tat keinen besseren Ort, um über Morde, Frauenhandel und andere kriminelle Energieausbrüche nachzudenken. Der hier immer wieder in der Gartenkneipe von Frau und Sohn, seinem Kraftzentrum, vor sich hintüftelnde Kriminale heißt ganz absichtslos Bruno Ehrlicher und ist ein guter Mann – alle seine bisherigen Fälle hat er gelöst. Als einziger Fünf-Neue-Länder-Polizist schaffte er es, in die gloriose Riege der Tatort-Kommissare aufgenommen zu werden.

Seitdem die Bundesrepublik zu einem gesamtdeutschen Tatort vereinigt wurde, hat sich der Mitteldeutsche Rundfunk, der »Anker der Ostidentität« (*Die Zeit*), recht anständig an dieser bis dahin westdeutschesten aller Fernsehserien beteiligt. Ihre Idee entspricht ja auf perfekte Weise der Grundidee der ARD, indem möglichst jede Länderanstalt mit eigenen Folgen dazu beitragen möge. Der Erfolg war und ist doppelt begründet: Die Mordaufklärung vollzieht sich auf regional wechselnden Schauplätzen, die bloße Kriminalstory gewinnt zusätzlichen Reiz durch lokale Charaktere, Dialekte und landsmannschaftliche Besonderheiten. Weil sie ein pluralistisches, ethno-mentales

Gesamtbild aller Provinzen skizziert, wurde die Serie mit Hunderten von Folgen zum Fernsehklassiker im Filmformat. Ungeachtet der karnickelhaften Vermehrung gegenwärtiger Krimi-Konkurrenten schätzte das Publikum die Ruhrpott-Kommissare, die schwäbelnden Schwaben-Detektive und rotweinseligen Spürnasen beim überschaubaren Nachforschen – nur der Osten fehlte lange Jahre.

Daß 1991 im Beitrittsgebiet ausgerechnet die sächsische Landesmetropole zur Tatort-Stadt avancierte, war nicht ohne Pikanterie: Das Kürzel der früher in dieser Gegend gar nicht empfangbaren ARD wurde so übersetzt: »Außerhalb Raum Dresden«. Innerhalb des Raums herrschte damals zudem, wie überall, der Schein einer lammfrommrealsozialistischen Korrektheit. Hier im Elbtal lag eine Zone, in der offiziell nichts verbrochen wurde, nicht mal virtuell im (West-)Fernsehen – die primitive Übertragung unausgelebter Mordgelüste auf die Mattscheibenkiller, die Identifikation wahlweise mit Jägern oder Gejagten als stärkster Antrieb des TV-Publikums waren für die Dresdner lange Zeit kein Thema. Nach der Wende wurden jedoch vor ihren Augen ganz neue, linke Dinger gedreht: Auto- und Waffenschiebereien, krumme Geschäfte am Bau, Revierkämpfe im frisch abgesteckten Rotlichtbezirk. Eine Folge lang brütete das Team zusammen mit dem polnischen Fernsehen über einem Tierschmugglerring, eine folgerichtige Osterweiterung. Die typische Nachwende-Kriminalität traf die Bevölkerung im einst wegen des mangelnden Westfernsehempfangs sogenannten »Tal der Ahnungslosen« weitgehend unvorbereitet, da kann das Fernsehen helfen, versteht sich.

Der Sachse Ehrlicher, dargestellt von Peter Sodann, geriet quasi untrainiert ins Fadenkreuz der Serie – und paßte sofort ins bundesdeutsche Tatort-Team wie der Sachse Ballack in die Nationalelf, ehrlich. Vom Charakter her erinnert er an den unzweifelhaft ersten Fernsehkommissar Erik Ode und dessen spröde, wortkarg-weise Art, angesichts fieser Typen und Sachen mit unterdrücktem Abscheu zu reagieren. Ehrlicher ist kein Klein- oder Spießbürger mit Ambivalenzen gegenüber dem Verbrechen, er vertritt die gute alte plebejische Volksmoral, ein Mann mit Herz, ein langsamer Fälle-Bastler, der jedoch gelegentlich im Wutanfall aufbrausen kann wie ein Arbeitervater beim Familienkrach. Im Kollegenvergleich wirkt er weniger abgestumpft und glaubwürdiger als am Tatort singend mit Zeuginnen flirtende Ermittler oder die Münchner Gutmenschen-Bullen mit der feinen Erkennungsmarke und sonstwie hochgegockelte Polizisten-Darsteller. Ja, Ehrlicher ist ganz anders, ein Ostler eben, und zwar einer von dem Typ, der sich für den Rest des Lebens vom alten Staat erholen muß und den Botschaften des neuen Staats noch nicht so recht traut. Er gibt einen angenehm skeptischen Staatsdiener ab – behördliches Auftrumpfen, jetzige und früher Autoritäten sowieso und auch die von manchen Kollegen lustvoll ausagierte Schnüffel-Pflicht gehen ihm spürbar gegen den Strich. Er macht den Job, weil er gemacht werden muß. Und das macht ihn sympathisch.

In dem Zusammenhang habe ich dann doch noch etwas Neues gelernt: In den Karten der alten DDR-Atlanten waren die sozialistischen Länder rot eingefärbt, die kapitalistischen blau. Das verstand jedes Kind, klar. Heute ist die Farbe des Kapitalismus in all ihren Schattierungen flächendeckend Trumpf, mit reichlich eingestreuten »blauen

Wundern«. Auch daher bereitet die soziale und innere Einheit den Deutschen nach allgemeinem Verständnis hier und da Probleme – bis hin zum unterschiedlichen Fernsehverhalten. Ein überzeugender Kommissar wie Ehrlicher, ein uneitel agierender Schauspieler wie Peter Sodann hilft von Dresden aus mit, zumindest die TV-Einheit der Republik ein Stück voranzubringen. Jedenfalls für alle »Tatort«-Freunde.

In diesen Tagen grüßt ein kommerzieller Sender auf einer werbenden Billig-Postkarte: »Glückliche Singles: Weihnachten mit dem Fernseher«. Das Glück kenn' ich gut, seit langem – seit ich Ende der siebziger Jahre die erste Weihnacht als Neu-Berliner allein verbrachte. Meine Freundin war übers Fest zu ihren Eltern nach »Westdeutschland« gefahren, wie immer, nach Hamburg. Was also tun, wohin, und mit wem? Nichts zu machen, nichts und niemand bot sich an. Als ich, solo im Berliner Zimmer, bereits dachte, nun schlägt dir der heilige Abend-Geist seine Pranken ins Gemüt, entdeckte ich in der Stadtillustrierten das TV-Programm Ost – ein französischer Krimi, eine erotische Komödie mit Walter Matthau, gebongt, gerettet, prima. Das war der Beginn einer jahrelangen Weihnachts-Freundschaft zwischen mir und dem Fernsehen der DDR.

Sechs Sender, doppelt so viele wie in der BRD, schwirrten damals durch die Berliner Luft – ideal für die weihnachtliche Liegezeit. Doch als bloßer Westnutzer wäre ich Heiligabend hoffnungslos in Wehmut versackt, obwohl längst ohne Glauben an den Weihnachtsmann – als Vierjähriger hatte ich die fleischigen Arme unserer Gemüsefrau unter der rotweißen Kutte erkannt. Jenseits aller Desillusionierungen wollten die ach-so-seligen, so gnadenreichen Programme von ARD/ZDF die frühkindlichen Gefühle noch einmal wiederherstellen, wollten mit Sendungen wie »Wenn die anderen feiern«, »Der Stern von Bethlehem« und voll ausgesungenen Christmetten helfen: »Dort der Stall, hier der Dom.« Bei der Programmgestaltung dieses speziellen Tages lagen die Leute in Adlershof und ich in Schöneberg schon eher auf gleicher Wellenlänge. Nicht daß wir als Weihnachtsmuffel oder gar -hasser besonders gut zusammenpaßten und am liebsten mit Zoten und Bierdosen umhergeworfen hätten, aber die skeptische Grundhaltung gegenüber dem größten Christenfest einte uns über alle Mauern hinweg. Sicher wollten sie weniger mich als die eigene Bevölkerung geburtenziffersteigernd kuschelnd am Gerät halten und zeigten zunächst »Das Böse unter der Sonne«, um bald einen ketzerischen, ja geradezu subversiven Drall ins Programm zu bringen.

Auch im Jahre des Herrn 1982 saß ich zum Fest mit großen Augen allein zu Haus' – meine neue Freundin war, wie gewohnt, zu ihren Eltern nach »Westdeutschland« gefahren, nach Dortmund. Und was gab's im Fernsehen? Das DDR-TV blies zum Frontalangriff auf alle Rühr-Programme und präsentierte am Heiligabend um 23 Uhr »Wilde Betten«, aufgewühlt von leibhaftigen Römerinnen und Pariserinnen. Das war schon doll, baby doll sogar – und ein medienhistorischer Tabubrecher, die erste Ausstrahlung eines Original-Soft-Pornos im deutschen Fernsehen. Zeigen wir den Leuten doch mal, mochte sich der verantwortliche Kulturgenosse Hager gedacht haben, was wir vom SED-Führungskader uns im sympathischen Halbkreis daheim in Wandlitz so angucken – den Geschmack der Herrschenden zu popularisieren sei schließlich ein marxistisches Gebot. Vielleicht hatte sogar der Onkel Erich die festliche Betten-Kassette aus seiner Privatsammlung dem Sender kurz mal ausgeliehen – und das ganz umsonst, ein starkes Stück Bahnhofskino für alle. Aus dessen Zwielicht hoben die Adlershofer Fernsehfunker so manchen Schatz auf den Schirm – Sylvia »Emmanuelle« Kristel wurde zum Lieblings-Christkind Heiliger Abende, als »Lady Chatterley«, als »Eine getreue Frau«

von Roger Vadim, dem weltweit lange führenden Fellteppich-Erotiker. In den frühen achtziger Jahren stand die Sende-Strategie in jedem Fall fest: keine DDR-Weihnacht mehr ohne jene westlichen Sexfilme, die im Westfernsehen zu der Zeit überhaupt nicht gezeigt werden durften. Aber nicht nur für solche Importe griff man tief in den Devisensack. Das stets pralle Weihnachtsprogramm verführte auch Westberliner und grenznahe Zuschauer – mit Dokumentationen, Klassikern und neuesten Spielfilmen wie »Die Spaziergängerin von Sanssouci« oder »Gandhi«, die bei ihrer Ausstrahlung von drüben hüben nur in den Kinos liefen. Die noch ausschließlich öffentlich-rechtlichen Sender des Westens sollten mit allen Mitteln überboten werden. So kehrte sich wenigstens dies eine Mal im Jahr die sonstige TV-Blickrichtung um – wo möglich, schauten viele beim Osten rein.

Das reichte bekanntlich nicht für eine staatliche Bestandsgarantie für den Deutschen Fernsehfunk. Andere besitzen nun die Lizenzen – doch glücklich, lieber Postkarten-Ab-Sender, ist der Single nie vorm Fernseher, schon gar nicht mit Action-Filmen wie »Auf brennendem Eis« und »Tödliche Nähe«. Um so dankbarer denke ich zurück an die festlichen Stunden als Mitgucker beim DDR-TV – es hat damals vieles vorweggenommen, was nun überall läuft. An den verschwundenen Sender und sein nur an Weihnachten sichtbares Talent zum lustvollen Arrangement, an seine neckisch-altmodische Unmoral werde ich mich trotz aller Bedenken und einer gewissen Reife wieder einmal erinnern – an Heiligabend, allein zu Haus'. Denn eben gerade hat mir meine jetzige Freundin erzählt, sie würde über die Feiertage nach Niedersachsen fahren, wie immer, zu ihren Eltern nach Hannover.

Werbezettels Traum

Auch heute morgen war mein Briefkasten wieder gut gefüllt – mit einem kleinen Stapel ernsthafter Druckerzeugnisse, der fetten Beute eines einzigen Tages. Die grauen Blechkästchen werden zunehmend voller, obwohl allerorten das Ende des papiernen Zeitalters behauptet wird. Bei der Mehrzahl dessen, was darin liegt, handelt es sich allerdings nicht um Privatpost im engeren Sinn, obwohl eindeutig ich der Adressat bin. Über die Jahre ist es zur Gewohnheit geworden, immer weniger, eher gelegentlich eingestreute Briefe, dafür um so mehr Wurfsendungen der verschiedensten Art zu erhalten. Trotz einer oft erstaunlichen Menge bereitet die Leerung des Briefkastens einem prinzipiell offenen, dabei selbst schreibfaulen Empfänger einen kurzen Moment der Enttäuschung – denn letztlich kriegt wohl jeder von uns zu wenig richtige, persönliche Post.

Der kleine Frust, die zunächst leerlaufende Neugier, kann jedoch bis zu einem gewissen Grad von den unverbindlich eingeworfenen Zusendungen aufgefangen werden. Da sie täglich hereinflattern, gehören sie eben zu meiner täglichen Morgenlektüre. Sie sind absolut interessant, ergiebig, informativ, und sie bemühen sich gestalterisch mehr oder weniger geglückt um Kenntnisnahme. Sie haben jederzeit Saison, sie kennen kein Nachlassen, ein ferngesteuerter, beharrlicher Strom, der sich ständig wie von selbst erneuert – insbesondere ab der Wochenmitte zieht die Lieferung von Postwürfen, kostenlosen Anzeigenblättern, Beilagen und Werbezetteln zahlenmäßig mächtig an.

Um es von vornherein klarzustellen – die zahllosen Absender und Urheber dieser Schriften können beruhigt sein, falls sie sich Sorgen um deren Echo machen. Ihre aufwendige und bestimmt gut bezahlte Arbeit geschieht nicht umsonst – mir, einem zugegebenermaßen zurückhaltenden Endverbraucher der jeweiligen Angebote, ist jedes Blatt willkommen, das da kommt. Im Gegensatz zu den Hausgenossen stopfe ich nichts in den vorausschauend unter den Briefkästen aufgestellten Eimer, der die tägliche Werbeflut auf direktem Wege in die Mülltonnen kanalisieren soll. Dieses Zeug, die leidenschaftlich verschmähte Junk-Mail und anderen Mist, nehme ich mit, ich freß' es, ich opfere mich, pathetisch ausgedrückt. Dieser Papierkram, der anscheinend als Abfall auf die Welt kommt und von dem nahezu jeder im Brustton der Überzeugung sagt, den Scheiß schmeiß' ich doch sofort weg – dieser schillernde, überall hin- und reingeworfene Auswurf der Konsumgesellschaft erfreut sich meiner an- und ausdauernden Aufmerksamkeit. Und um das peinliche Geständnis gleich komplett zu machen – diesen bunten Müll hebe ich sogar seit einigen Jahren auf, einen Riesenhaufen inzwischen. Ja, ich bin im Besitz einer ziemlich einmaligen Loseblatt-Sammlung solcher Druckschriften, rund 1800 Einzelstücke mit vielen, vielen Seiten, zusammengenommen ein Volumen von Arno-Schmidtschen Ausmaßen, dick wie das dickste Buch der Welt, Werbezettels Traum.

Das, was über Nacht, unbestellt wie Träume, dazukam, hat fast die Stärke eines weiteren ganzen Kapitels – zwei Müllbriefe, drei Beilagen, ein Anzeigenblatt mit zusätzlich eingelegten Prospekten und ein ködernd-kostenloses Finanz-Magazin mit dem sich privat und besorgt gebenden Brief eines Herrn aus meiner unmittelbaren Nachbarschaft, wie er dazu schreibt, als würde allein diese wohnliche Nähe Vertrauen in Gelddingen rechtfertigen. Um nicht schon vormittags in der ausführlichen Lektüre zu versacken, wird das Material zunächst nur überflogen, in einer bloß punktuellen Schnell-Rezension. Ich bin natürlich immer froh, wenn sich bei der ersten Durchsicht ein gewisser Thrill ergibt. Der Auftakt, die sanfte Mode-Beilage eines Kaufhauses, erfüllt diese Hoffnung nicht unbedingt, obwohl eine darin liegende Mini-Beilage neue Damenunterwäsche zeigt, äußerst gewagte, hinterbackenfreie Höschen nebst ihren glühend jungen Trägerinnen auf Hochglanz-Papier, eine zu früh kommende Auffrischung des eigenen Bildervorrats mit entsprechend hoher Melancholie-Gefahr – schnell weg damit. Die kostenlose, sonst glatte Dreifuffzig werte Zeitschrift *Der Vermögensberater* läßt sich womöglich im indirekten Zusammenhang mit dem Wäsche-Prospekt sehen, trifft mit mir zur Zeit aber genausowenig den Richtigen. »Früher an später denken« sagt sie und zeigt »Freiräume für die Vorsorge«, fotoillustriert anhand eines Paares beim Strandspaziergang. Nein danke, bei mir läuft's genau andersherum – ich denke später an früher.

Aber dann doch noch der gewünschte erste Thrill: Die Trüffel des Tages stehen im auffaltbaren DIN-A-2-großen Poster eines Discounters – das wöchentlich erscheinende *Lidl-Blatt* weckt bei mir mit seinen überraschend vielfältigen, teilweise sehr weit hergeholten und in aller Ausführlichkeit gemachten Angeboten immer Erwartungen. Neben Anrufbeantwortern, Regenschirmen, CDs und mindestens zwei Dutzend interessanten Artikeln lese ich das Wort Unterbettkommode und stutze. Was könnte das sein? Eine Unterbettkommode? Im kleinen Bild nur ungenau erkennbar, wird sie beschrieben als praktische

Ablage, unter das Bett, in oder auf den Schrank zu stellen. Genauer: großer, robuster Reißverschluß, stabiler Metallrahmen und transparentes Oberteil, einen Meter lang, einen halben breit, Höhe 16 Zentimeter. Ich gucke das Bildchen an und verstehe langsam – ein leicht versteiftes Plastik-Teil zum Aufbewahren von ein paar Habseligkeiten. Eine etwas flach geratene Kommode – ja, zum Unters-Bett-Schieben oder, je nach Laune, per Fußtritt dahin zu befördern – na klar – eine Kommode für Abgerissene und Ausgerissene, für beengt und bedrängt und eventuell vorübergehend schranklos Hausende, fürs Leben aus dem Koffer. Eine Unterbettkommode für zweineunundneunzig, Kartons sind teurer.

Die Beschreibung des eher symbolischen Möbels ist die rührendste Stelle im heutigen Romankapitel – ein Hauch von Mitgefühl kommt auf. Das nächste Produkt, direkt unter der Plastik-Kommode und nicht recht dazu passend, sorgt für einen heiteren Ausklang der Lektüre. Die Firma tronic bietet mit ihrem Schuhpolierautomaten ein weiteres Ordnungsinstrument an, vielleicht in diesem Zusammenhang einen Tick zu luxuriös, jedenfalls mit bequemer Einschaltung per Knopfdruck. Für zwei echte Lammfell-Bezüge (waschbar), eine schwarze, eine rote Bürste und einen auch hier als robust bezeichneten, geräuscharmen Elektro-Motor müssen 29,90 abgedrückt werden. Das ist doch ein durchdachtes Angebot, für den Anfang. Wer auch immer es will, möge seine vor Schmutz, Staub und Motten geschützte Kleidung aus der Unterbettkommode nehmen, sich maschinell mit 1730 Umdrehungen in der Minute die Schuhe blitzblank polieren und dann im Bewußtsein der formal erreichten Bestform aus dem Haus gehen. Vielleicht mal wieder in die kleine

Kneipe nebenan oder auf Jobsuche oder ante pedes überallhin.

Jeden Morgen wiederholt sich die gleiche Prozedur – durcharbeiten der Neuzugänge, Kurzkritik draufnotieren, dann ablegen zu den anderen. Je nach Materiallage geht eine Viertel- oder halbe Stunde dabei drauf, geschludert wird nicht. Daß da auch Unerfreuliches hereinflattert, versteht sich. Vor allem die Faltblätter einiger großer Möbelhäuser wirken wegen ihrer cinemascope-haften Typographie jedesmal wie ein Schlag ins Gesicht. Bei ihrer Durchsicht sinkt der Glaube an die menschliche Kreativität augenblicklich gegen null, die Hoffnung, auch nur ein gefälliges Detail zu entdecken, ebenso. Die offensichtlich auf das Erreichen der Goldenen Hochzeit zielenden ehelichen Traumschlafzimmer aus massiver Eiche, das Wohnen in aufgepeppten, kompakten Möbeln, ja das Zusammenleben schlechthin werden schlagartig zur zweifelhaften Angelegenheit, einfach entmutigend diese als *sehr konservativ* titulierten Stilproben, Bild für Bild. Da nützt auch ein den altmodischen Ehebettenbau stützender und das Alleinleben moralisch abwertender Ratschlag wenig: *Was ist das Gegenteil von Single?* Antwort: *Der Team-Player.* Nach so einer Holz-, Glas- und Polsterorgie gewinnt die Lidlsche Plastik-Unterbettkommode einen geradezu bohemehaft verlockenden Wert.

Warum schaue ich mir das überhaupt an? Gäbe es nichts Besseres zu tun? Hab' ich mir mit dieser Werbezettel-Sammlung den ersten Senioren-Tick zugezogen?
Nein, das machst du schon lange, sagt meine führende Aushilfsgeliebte, ich lach' doch schon seit Jahren drüber, wenn du deine Schlafzimmerprospekte anguckst.

Sie ist nicht die einzige, die mit diesen Dingern nichts anfangen kann. Mein Sportsfreund und Ofenheizer Burghard sagt, diese Prospekte brennen nicht mal richtig, die kokeln nur. Andere schütteln bei der Erwähnung meines Faibles den Kopf oder grienen mich bestenfalls mitleidig an.

Lacht nur, sage ich dann – aber wißt ihr, woher ihr solche Sachen wie ein beheizbares Venenkissen in Keilform kriegt? Oder 'nen anständigen Waffenschrank für fünf Knarren? Eine elektrische Kartenmischmaschine für den heimischen Skatabend? Und wo man hingehen muß, wenn man einen neuen Vulkan-Koffer kaufen will?

Wieso einen Vulkan-Koffer?

Na ja, bei Bedarf, als Geschenk für ein Kind – bau dir einen Vulkan und bring ihn selbst zum Ausbruch, für 29,90.

Von so naturverbundenen Angeboten haben sie keine Ahnung; auch nicht von den Pfeffer- und Salzmühlen mit batteriebetriebenem Spot zur Ausleuchtung der Streufläche fürs genaue Dosieren. Beim Kochen im gemütlichen Halbdunkel oder fürs präzise Nachwürzen beim Kerzenlicht-Dinner ist so ein kleiner Küchenhelfer doch genau das Richtige. Über all diese nützlichen Dinge wissen die anderen nichts, ich aber weiß Bescheid – ist alles in meinen Unterlagen. Sie sind sehr komplex. Eigentlich sollte sich jeder ein bißchen vorbereiten für den Fall der Fälle, in dem er tatsächlich einmal schnell und direkt am Konsum teilnehmen will.

Die fliegenden Zettel und die aus den Zeitungen herausfallenden Beilagen werden in ihrem Informationswert von vornherein unterschätzt. Dabei findet in ihrem millionenfachen achtlosen Wegwerfen womöglich nur der allgemeine Zorn auf Werbung seine verfehlte Geste. Zettels Alptraum – das kleinste, das schwächste Glied in der mächtigen Medienkette muß dafür büßen, was die unzähligen TV-Spots, Hochglanz-Anzeigen und die in allen leuchtenden Formen aufgeblasenen Versprechungen im Oberstübchen der Betrachter anrichten. Ein stummer, meist verdrängter Zorn auf die allgegenwärtigen, reißerischen Duftmarken der Kommerzgesellschaft ist verständlicher denn je – Grund genug, die große Werbung mal für mindestens eine Blocklänge völlig humorlos zu betrachten.

Die Werbung im elektronischen Bild und Ton, im Mega-Poster und Hochglanz kann nur als so gut wie unwahr angesehen werden. Sie geht in der Regel nicht mal als die Schwundstufe von Wahrheit durch – als bloße Information also. Auf Schritt und Tritt, mit nahezu jedem städtischen Blick aufgenommen, sinken ihre Zeichen und Signale ins Bewußtsein des Endverbrauchers wie Schadstoffe in seine Lunge. Die meisten haben sich über die Jahre damit abgefunden und glauben, unter dem Einfluß der Werbung wegzutauchen und immun zu sein. Das Perfide ist, daß unter ungünstigen Umständen trotz des Schutzfilters bei der Wahrnehmung ein einziger Spot diesen Glauben erschüttern und – je nach Stimmungslage – für eine halbe Minute ein unangenehmes Wechselbad der Gefühle auslösen kann. In larmoyanten Momenten kann mich jedenfalls ein, sagen wir, die idealisierte Darstellung von Freundschaft feiernder Kurzfilm mit Rockmusik und bierliebenden, zukunftsfrohen jungen Männern kurzfristig in Depressionen stürzen. Und wenn ich mir in einer porösen Viertelstunde gar einen gesamten Werbeblock zu den Themen Gesundheit, Familie, Fortbewegung oder Geldverkehr ernsthaft anschaue, bedrücken mich die grandiosen Glücks-Verheißungen und garantierten Happy-Ends mehr, als sie mich unterhal-

ten. Nach diesen ikonographischen Krachern kommt mir nicht nur mein, sondern jegliches mir bekannte Einzel-Leben irgendwie verfehlt vor.
Die große Werbung hat in meinen Augen eigentlich nur eines geschafft – ein lebensbegleitendes Feindbild zu bleiben. Unter dem Deckmantel von Bilderzauber und verquaster Poesie macht sie vielen etwas vor und für einige sogar etwas her – sie gehört mit im hier unmittelbar zutreffenden Wortsinn zum ... Showbusineß. Dabei beutet sie das Paradoxon aus, daß man Glück zwar nicht kaufen, aber verkaufen kann. So idealisiert sie, was, wen und wie sie will, entstellt die wirkliche Welt bis zur Kenntlichkeit als ein Magazin der Waren, zeigt Gefühle als bloßen Vorwand, als Vorspiel nur, für ein einziges Ziel, für den Konsum. Sie ist ein großer, fortgesetzter Bluff, rücksichtslos, dreist und so nachsichtig belächelt, daß sie damit auch noch durchkommt. Bestenfalls ist sie ein notwendiges Übel und schlimmstenfalls auf die Dauer demütigend.
Diese permanente Werbung ist einfach ein Ärgernis, sagt mein Sportsfreund Burghard.
Genau – das ist doch, was ich meine.
Zum Beispiel dieser Spot, in dem im Zeitraffer der 20., 30., 40. unter Freunden gefeiert wird, aber dann beim 65. Geburtstag sitzt der eine allein in dunkler Mansarde und ißt alten Käse, und der andere feiert immer noch fröhlich weiter – tja, er hatte die richtige Altersvorsorge bei seiner deutschen Bank getroffen.
Ja, der Spot war gemein.
Hundsgemein für so manche über 50jährige.
Und wir sind ja über 50 – nicht immer, aber immer öfter.
Oder dieser Werbewestern, in dem ein Mann auf der Veranda zur Flasche greift, die jedesmal kurz vorm Eingie-

ßen von unsichtbaren Heckenschützen zerschossen wird, bis er den Whiskey Soundso nimmt, da bleibt das Glas heil – die richtige Wahl eben.
Und ausgestrahlt während der Balkan- und Irakkriege, schon brutal.
Solche Spots machen mich richtig wütend.
Aber auf die vielen kleinen Werbezettel trifft das alles gar nicht zu.
Sie dienen dem ursprünglichen Prinzip der Reklame, der Bekanntmachung. Und das in der Regel dezent, nüchtern-trocken, ohne überschießendes Pathos, ohne Schwindel. Sie sind, neben vielem anderen, schlicht und präzise wie dieses gerade hereingekommene Faltblatt eines Maßkonfektionärs, das mich wieder ein bißchen beruhigt. »Unsere 37jährige Erfahrung in der Maßanfertigung wird auch Sie überzeugen«, steht da, gefolgt von seitenlangen Tabellen, Stoffsorten, Zahlen, sehr genau. Ich brauche zwar zur Zeit keinen Dormeuil-Maßanzug, auch keinen Original Reda Italia, wie immer der aussehen mag. Aber das Blatt eines allein durch die Erwähnung seiner exakt 37jährigen Erfahrung glaubwürdigen Schneidermeisters liest sich ganz schön.

Der Hinweis des Maßkonfektionärs aus der City fand sich nur ein einziges Mal im Briefkasten. Der Grund liegt vermutlich nicht nur im seltenen Bedarf für so einen Anzug, sondern auch an meinem Einzugs-Gebiet – in diesem durchmischten Wohnbezirk hält sich das Aufkommen an Maßkonfektion vorläufig noch in Maßen. In meiner lokal beschränkten Loseblatt-Sammlung dominieren dementsprechend die großen Vertriebsorganisationen des Banalen, der Billigketten, der Discounter. Ihre Werbezettel erscheinen zu verläßlichen, festen Terminen, wöchentlich,

14täglich oder auch – und dann im größeren Format – einmal im Monat. Manche Firmen bringen ihre Blätter nur saisonal heraus, andere in nicht ganz klarem periodischen Rhythmus, noch andere mehr oder weniger spontan, so daß sie einen Überraschungseffekt auf ihrer Seite haben. Ganz oben auf der Leseliste rangieren zweifellos die Verbrauchermärkte. Diese Meinung vertritt auch der Publizist Henryk M. Broder, der stets mit dem schönsten Augurenlächeln soziokulturelle Trends feststellt. In einem vielbachteten Interview nach dem Leitmedium seiner Wahl für das kommende Jahr befragt, sagte er: ganz klar, die Werbezettel von *Lidl* und *plus*. Ich würde – mit Abstrichen – noch *penny* und *aldi,* die Altmeister der Branche, hinzurechnen, lese aber auch, wenn erreichbar, die Publikationen von *minimal* oder *extra*. Abstriche mache ich unter anderem deshalb, weil sich die Interessenten selbst in eine Filiale bemühen müssen, um an die nur dort als Wandzeitung aufgehängten Informationen heranzukommen. Das geht noch in Ordnung, doch die regelmäßige Wurfsendung ist besser – erst dadurch entsteht eine gewisse Leser-Blatt-Bindung.

So hat das Monatsheftchen von *Woolworth* für mich aus mehreren Gründen seinen Reiz. Er liegt weniger im Warenangebot als vielmehr in einer doppelten Erinnerung. Zum einen hege ich eine leichte Nostalgie für den Wühlwert-Kauf beim einstigen Giganten des Kleinartikels, zum anderen hat mich Mister Frank Winfield Woolworth einmal schwer beeindruckt – bei der Besichtigung seiner Zentrale in New York, eines beim Bau im Jahr 1913 sensationellen, heute verschwindend kleinen Wolkenkratzers am Broadway. Wir bekamen alle ein kleines Bildblatt in die Hand, und darauf stand auf den Cent genau der Preis seiner *cathedral of commerce*, gefolgt von einem letzten, unvergeßlichen Satz: Am Tage der Übergabe des Gebäudes bezahlte er alles *in cash*.

Das Einarbeiten in die Materie braucht seine Zeit. Neben den festen Standard-Infos flattern jede Menge Eintagsfliegen herein – alles kommt auf den Tisch, auffälligerweise mit Ausnahme von Handzetteln über frische Lebensmittel. Etwas ungläubig studiere ich die Wurfsendung des Autoherstellers *Jaguar*, exorbitante Preise, und nur einen Augenblick, also eine fünfhundertsel Sekunde, den nächsten Titel »Ich will italienisch genießen«. Beides zusammen kommt mir so früh am Morgen doch irgendwie aus der Luft gegriffen vor. Aktuell nachvollziehbare Anspielungen sind sowieso verhältnismäßig selten. »Das Sparpaket«, schreibt ein Möbelhaus im wieder mal rechten Moment und macht dann das übliche Spiel mit den Preisnachlässen. »Weiße Westen braucht das Land«, forderte einmal das Werbeblatt eines Mediamarktes in den schmutzigsten Wochen führender Christdemokraten, die sich von einer »sauberen Finanzierung ohne Skandal« einfach nicht genug Rendite versprachen. In den Dauerknatsch um die Rentenfinanzierung wirft ein Grundvermögens-Berater seine »10 guten Gründe« ein: »Warum Sie jetzt an eine eigene Immobilie in Berlin denken sollten!« – »Damit der Traum vom Ruhestand nicht irgendwann zerplatzt«. Okay, die übliche deutsche Vermögenskasuistik, denke ich und werde schon von der nächsten Überschrift aufgeschreckt: »Wissen Sie, was Sie wissen müssen?«, ein gemeiner Überfall. Dahinter steckt ein Zeitschriften-Service, ein Wiederholungstäter. Er läßt seinen immer gleichen Werbeangriff bereits zum dritten Mal im Quartal auf mich los – nun ja, die von ihm aufgeworfene Frage kann man nicht oft genug stellen. Ich weiß jedenfalls, daß schwere Lektüre wartet – wie der alle drei Monate kommende, 100seitige *Koupon-Katalog* mit vollständig überflüssigen und ohnehin anderweitig erreichbaren Angeboten, gefolgt vom Erfolgsschinken jedes Herbstes, dem rechtzeitig vor der Buchmesse erscheinenden *IKEA-Katalog* mit seiner zigfachen Millionenauflage. Danach weiß ich wieder mehr.

Wieder weniger weiß ich, als das mir bis dato unbekannte Wurfblatt *Handy News* vom laufenden Monat durchgelesen ist. Die Verwirrung nimmt kein Ende – ich lag doch kürzlich beim Anschaffungspreis schon unter null, bei 01 Cent, dann sogar weit unter null. Also mal zettelmäßig nachrechnen: Sie zahlen 49, bekommen dafür 99 Euro Startguthaben, oder Sie zahlen 49 und sparen 160, der Anschluß 24,95 mal 12 macht bei einmaligem Kauf-Einsatz 149 plus, bei 83 Gramm Gewicht, vier Stunden Sprechzeit, nur raus mit der Sprache, die neuen Telefonzellen werden sowieso demnächst wieder abgerissen. Oder doch lieber gleich ein 180-Minuten-Dual-Band-Handy statt 299 reduziert auf 99, ja gut, oder noch besser, ein Trial-Band ab 249, und Sie sparen bis zu 449, bei 5 Cent pro zehn Sekunden, das heißt 29 für die Minute, das wär' vielleicht der fehlende Penny in der Gesamt-Milchmädchenrechnung, aber nur in den Tarifen *Telly*, *Telly Plus*, *ProTel* und obendrauf noch 333 *SMS-Nachrichten* kostenlos von Januar bis März. Dreihundertdreiunddreißig SMS? Dann doch eher das Mega-Kommunikations-Paket, *mehr als geschenkt*, steht da auf gaga-deutsch, Set 115 und Set 116, talk-lidl in schlecker-talk, für lau von einem in den anderen Laden hin- und hersprechen geht nicht, denn wer günstig sprechen will, spricht aldi zwischen mehreren Karten, wobei Lidl wahrscheinlich auch bei

Taktung aus der Homezone sechzigsechzig mithört, ansonsten alles gesenkt sekundengenau Prepaid buchbar komplett 25 Prozent günstiger inklusive Startguthaben bei den Optionen City und Weekend im Tarif Zehnsation und für null komplett in Prada black? – Auf einer Party am vergangenen Wochenende lernte ich eine fernsprechwillige Frau kennen, die mir klassisch ihre Telefonnummer hinnotierte und nach sensiblem Zögern fragte, die Handy-Nummer auch noch, oder? Nein danke, sagte ich, Festnetz reicht.

Gegen Abend, vor oder nach dem kleinen Einkaufsgang, schaue ich stets ein zweites Mal in den Briefkasten – wegen der spätnachmittags reinkommenden Wurfsendungen. Wer für verreiste Nachbarn den Postkasten leert, sollte, nebenbei gesagt, vorher klarstellen, ob mit oder ohne Werbung. Für die täglichen Besorgungen mag das nicht so wichtig sein – die laufen ja zettelunabhängig. Fürs Nötigste gehe ich in ein paar nahe Läden in meinem ganz persönlichen Bermuda-Dreieck, wo seit mehr als 25 Jahren meine Blicke, Hoffnungen und auch die meisten Einnahmen verschwinden. Gerade das sichert, denke ich, eine gewisse Kontrolle über das Gebiet. Und doch werde ich im Eingang einer Einkaufspassage unversehens aufgeschreckt – der dort arbeitende Bettler sitzt in seinem Rollstuhl, in leichter Tarnhaltung zur Seite weggeneigt und telefoniert mit einem extrem aufglühenden Klapp-Handy. Der ältere Mann, die Blechbüchse im Schoß, ein halstuchgeschmücktes Hündchen nebst Kofferradio im Arm, steht seit Jahren an derselben Stelle und ist mir zumindest kommunikationstechnisch ab jetzt einen Schritt voraus. Womöglich ist er auch im Internet vertreten, mit eigener Homepage: www.beggarsopera.de.

Es ist weder bloße Unterhaltung noch irgendeine kleinteilige Tüftelei, was ich da mache – es geht um einen möglichst umfassenden Überblick über das regionale Gesamtangebot, ein Sisyphus-Job, klar, denn viele Dinge wiederholen sich von Blatt zu Blatt, wobei ich mich schon frage, wohin mit den hier angezeigten und offenbar unbegrenzt vorrätigen Irrsinnsmengen von Haushaltswaren und sonstigen Gebrauchsgütern – hochgerechnet könnten sie das Jahres-Kontingent für einen übervölkerten Halbkontinent sein. Ich frage mich auch, ob angesichts der in Elektronik- und Baumärkten erhältlichen Massen an Bewegungsmeldern und Überwachungskameras überhaupt noch ein Mucks in der Stadt unbeobachtet bleibt. Und schließlich, für einen einzelnen Mann unbeantwortbar: Tragen die hiesigen Frauen in großer Zahl diese unglaublich sparsam geschneiderten Dessous, die mir fast täglich im Bilde vorgestellt werden, oder gehen all die Strings und Strapse in den Export Richtung Osten oder in die arabischen Länder? Selbst der Lidl-Zettel schäkert ein bißchen mit meiner Triebnatur. Wenn ich lese *Damen-push-up-BH mit herausnehmbaren pads*, bin ich sogar sprachlich überfordert. Ein *Damen-push-up* zum blitzschnellen Aufstoßen? Ein BH als Anstiftung zur Mogelpackung im Verbrauchermarkt? Und schließlich: Woran wäre zu erkennen, ob eine Kundin diese *pads* aus ihrem BH herausgenommen hat oder lieber nicht? Da liegt ein Quentchen Sadismus in der Luft.

Dazu tauchen ständig neue Produkte auf, mir jedenfalls neu. Auf einen für den Privathaushalt gemachten *Hamburger-Maker* mit nur vier Minuten Mach-Zeit wär' ich vielleicht nach längerem Nachdenken noch gekommen, auch auf die Wassereffekt-Säulen und abnehmbaren

Stuhlbezüge mit *Klettverschluß* oder die in eins kombinierte Diät-Schrägstrich-Briefwaage. Die Körperfettanalyse-Waagen und Sitzheizungen mit Massagefunktion, die Frischluft-Ionisatoren, dazu ein paar Sternenvorhänge und Schwimmkerzen sind in manch jungem Heim vorstellbar, Akupunkturtherapie ohne Nadeln und ein kleines EKG-Gerät zur Kontrolle der Herztätigkeit eher in einem älteren. Das mobile Sauerstoff-Gerät für'n Hunderter kann dagegen seinen 95 Prozent reinen Sauerstoff überall hinzuschießen, falls es damit mal knapp werden sollte.

Nicht nur dieser Energie-Kick war mir völlig neu, sondern auch die ein wenig nach halbwegs überstandenem Schiffbruch aussehenden, bleichgrünen Seegras-Sammel-Container, sehr praktisch für eine kleine Appartement-Schatzinsel durch die Einzelkörbe zum Herausnehmen. Solche Köder stehen im Gesamtprogramm, das mir eine 24teilige Geschäftspassage aus einem fernen Stadtteil gelegentlich ins Haus wirft. Einmal dabei, habe ich in einer Art Schnitzeljagd auch die Spur der Unterbettkommode auf den Zetteln weiterverfolgt, zunächst ihren Preisverfall im Baumarkt auf unter zwei Euro, und dann ihre viermal so teure Wiedergeburt im Zeichen einer bunten Lidl-Plastik mit vier Rollen, einem Extra-Duftfach und dem neuen, attraktiven Namen: *Unterbett-Box.*

Der Werbezettel ist ein äußerst dauerhaftes Kommunikationsmittel: Selbst in der Gegenwart der elektronischen Hochgeschwindigkeits-Information vermeldet das älteste öffentliche Medium anderweitig schwieriger zu erhaltende Neuigkeiten. Die Bild-Flugschrift, das Eindruckblatt, der Zettel haben seit Anfang des 15. Jahrhunderts zuallerst theologische Heilstatsachen, Volksballaden und

Amtliches verkündet, »an alles Volk«, wie die Preußenkönige obendrüber schrieben; sie verschmolzen Sensationelles und Religiöses, mit Titeln wie diesem, der einem heutigen Mediennutzer so fremd nicht vorkommen kann: »Zwei Henker meißeln der heiligen Apollonia die Zähne aus«, das Ganze in Bild und Text. Reißerische Werbe-Postwürfe der jetzigen Zahnärzteschaft gibt es bislang nicht, die Kirche dagegen ist noch heute unverdrossen beim Blattwurf dabei: Einmal im Monat kommen in magerster Druckqualität die Nachrichten einer Gemeinde aus meinem Viertel. Doch theologische und universitätsinterne Schriften lasteten die Hersteller, die sogenannten Briefmaler, in der Vergangenheit nicht lange aus, so daß sie alsbald erste kommerzielle Flugblätter druckten. Um 1800 ergossen sich wahre Fluten davon, und eigentlich wollte bereits der fröhliche Aufklärer Jean Paul Werbezettels Traum als ein letztes, komisches Werk verfassen. Unter dem Titel »Papierdrachen« hatte er vor, die von ihm zusammengetragenen Original-Stücke als Collage zu veröffentlichen, als eine Sammlung, wie er schrieb, von »Papieren aller Art, Herrenpapiere und Kartaunerpapiere, Trauerpapiere mit vergoldetem Schnitte ..., Flugschriften und Einlösescheine, Hirtenbriefe und gnädige Handschreiben ..., Komödienzettel, Küchenzettel und Arzneizettelchen gar nicht einmal mitgezählt«.

Dieses Material enthielte, wie Jean Paul seinerzeit meinte, genügend Realien und politischen Sprengstoff. Es wurde nichts draus. Die Zensur verhinderte den »Papierdrachen«, ein quasi vor-dadaistisches Werk. Ein ähnliches Motiv brachte Hans-Magnus Enzensberger vermutlich dazu, den Neckermann-Katalog von 1960 einer bösartigen literarischen Rezension zu unterziehen, was auch ihm gleichermaßen Ruhm wie Ärger eintrug. Doch wer die Wünsche, die bar bezahlten Beschlüsse, das alltägliche Leben der damaligen Zeitgenossen wirklich kennenlernen wollte, der sollte seinem dringenden Rat zufolge zu allererst diesen Katalog lesen – »ein Ethnologe aus dem Jahr 3000«, so Enzensberger wörtlich, »könnte daraus genauere und fruchtbarere Schlüsse auf unsere Zustände ziehen als aus unserer ganzen erzählenden Literatur«.

Der Ethnologe des Jahres 3000 wird hart arbeiten müssen, um aus dem tausend Jahre zuvor wild mäandernden Strom der Angebote nicht die falschen Schlüsse zu ziehen. Eine Loseblatt-Sammlung wie meine zu Grunde gelegt, könnte er sonst annehmen, daß die meisten Wohnungen von heute mittleren Warenlagern glichen und daß mittendrin der Mensch 2000 ff. mit drei Fernbedienungen in der Hand vor seiner Heimelektronik hockte und höchstens mal ins Nebenzimmer in seine finnische Sauna ging. Er könnte auch annehmen, daß der Strom nunmehr an der Tankstelle oder im Fotogeschäft gekauft wurde, natürlich Markenstrom, wie die Filialkette Wegert kurz vor ihrem Verschwinden per Zettel annoncierte. Und er könnte einem ganz krassen Mißverständnis aufsitzen, wenn er davon ausginge, daß die Aktien, Wertpapiere und Shareholder Values zu Beginn des dritten Jahrtausends wirklich bei den Massen angekommen gewesen wären, weil die Billig-Discounter um die Ecke massenhaft CDs und Software zu dem Thema angeboten haben. Natürlich auch Bücher wie »Der große Aktienführer«, für 5 Euro 98 herausgekommen im Hause Lidl, dem genuinen Versorger der unteren Einkommensklassen, oder, wie Harald Schmidt-Schnauze es zu nennen beliebt, dem führenden Multikulti-Treff im Lande.

Tatsächlich handelt es sich bei etlichen Postwürfen um Lehrmaterial. Wer sie aufmerksam und andauernd studiert, entwickelt sich nach und nach zum besseren Gebrauchsartikel-Enzyklopädisten als diejenigen, die die Warenwelt real durchstreifen. Die Werbezettel haben zweifellos einen Allgemeinbildungs-Effekt.
Was ist ein Luffa-Schwamm?
Meine dessousabholde Holde schüttelt ihr wundervoll langes, braunes Haar – Luffa, Luffa, koane Ahnung.
Das sind diese gelblichen Flauschdinger, die aussehen wie aufgeweichte Brocken aus Tropfsteinhöhlen oder wie Naturschwamm aus tiefster Südsee.
Ach die, die mit den großen Luftlöchern.
Oder was, zum Beispiel, wäre ein Caban?
Wieder wird das Haupthaar geschüttelt.
Meine schwere, schwarze Winterjacke, die dicke Joppe nach Seemannsart, die du immer anziehen willst, das ist ein Caban.
Guck' an, sagt sie – aber was, bitte schön, ist Fuzzy?
Die Holde liest das große, gelbe Waschmaschinen-Blatt und schlägt zurück – Fuzzy-Mengenautomatik, Fuzzy-Control, alles Fuzzy beim Waschen?
Da müßte ich mich, ehrlich gesagt, noch mal schlau machen.

Ohne das bebilderte Postwurf-Heftchen des *Naturkaufhauses* wäre mir niemals bewußt geworden, einen veritablen Caban zu meiner Garderobe zu zählen. Selbstverständlich habe ich anhand von Konkurrenz-Blättern überprüft, daß es sich auch wirklich um die zutreffende Bezeichnung dieses Kleidungsstücks handelt – zu leicht sitzt man da wohlklingenden Erfindungen einzelner Handelsketten auf. Beispielsweise war ich gar nicht sicher, ob die »Freewall«, eine edelmöblig frei im Raum stehende Wand, als eigenständiges, neudeutsches Wort durchgeht. Dasselbe galt im Fall des sogenannten »Etui-Kleids«, einer bildhaft sofort einleuchtend praktikablen Textilie, womöglich Lehrstoff für höhere Modestudentinnen, doch mir eher zurückgezogen Lebenden zur Zeit der Wurfblatterwähnung kein Begriff. Ebensowenig wurde mir klar, ob ein schlichtes Holztablett, das an vier Seiten einen kleinen Hochrand hat, tatsächlich heute noch »Kolonial-Tablett« genannt werden dürfte. Auch die angebotene »Ampelpflanze« kam weder in der schulischen »Schmeils Pflanzenkunde« noch in späteren Büchern vor. Sie gedeiht im aldi-Biotop, wo mit sprachlicher Überheblichkeit laufend firmeneigene Neologismen, ja ganze Wortstämme für den Kundenstamm gebildet werden. Unter anderem auch, millionenfach gedruckt und so ins allgemeine Weltbild gehievt, die »Moorwärmflasche« sowie die imperativ daherkommenden »Trendpantoletten«, bei denen die Werbebehauptung einfachheitshalber gleich in den Namen des Gegenstands hineingenommen wurde. Dagegen verdankt die Ampelpflanze, ein Synonym für alles mögliche Grünzeugs, ihren Namen dem Albrechtschen Ampeltopf, das heißt der Technik ihrer dekorativen Hängung.

Ganz sicher, was die Bildungsfrage angeht, stimmen dagegen die Zitate der Weltliteratur, die ein Modehaus in seiner Wurfsendung diversen Kleidern mit aufs Foto druckt. Darin werden die zu jedem Anzug passenden Scherze von Oscar Wilde ein weiteres Mal verbraten oder unsinkbare Hermann-Hesse-Zeilen als Anreiz auf ein neu zu erstehendes Kostüm gemalt: »... und jedem Anfang wohnt ein Zauber inne«. Den Anfang aller Verzauberung jedoch erlebte unsere Spezies bekanntlich im Paradies, woraus

vertreibungs- und strafbedingt folgt, daß es als hemmungslos naiv gebrauchter Werbebegriff bis heute nicht totzukriegen ist. Doch allzuoft wird es leider auch falsch verwendet, wie im Faltblatt einer Handelsfirma namens *Möbel-Oase*, dem »Paradies der kleinen Preise«. Im Paradies gab es bekanntlich alles zum Nulltarif.
Apropos kleine Preise. Manchmal wundert's mich schon, daß die Werbezettel nur in einer Sprache verfaßt werden – wo laut Bevölkerungsstatistik in meinem Bezirk doch 48 Prozent Ausländer nicht nur wohnen, sondern auch häufig die entsprechenden Niedrigpreisläden der Nachbarschaft aufsuchen und komplette Warenpaletten herausstemmen. Womöglich ist die Einsprachigkeit pädagogische Absicht: In dem Fall gestalteten die Verfasser ihre Artikel-Revuen mit großen Fotos und fetten Textzeilen als Übungshefte zum Erlernen von Deutsch und Denglisch gleich dazu. Vielleicht sehen sie darin eine praktische Methode, mit der ihre aus fremden Ländern stammende Kundschaft neben sonstigen Bemühungen den Wortschatz entscheidend erweitern und ergänzen kann. Das geschähe dann zwar unter einem sanften Zwang, aber auch mit einer gewissen Aussicht auf pekuniäre Belohnung, wie sie der clevere Slogan von *plus* – «prima leben und sparen« – scheinbar leicht verständlich ausdrückt. Mit seiner geradezu irrwitzigen Dialektik vernebelt dieser kurze Halbsatz einen uralten Widerspruch und spielt auf nahezu strafwürdige Weise mit den geheimen Träumen und Ängsten eines ziemlich gemischten Publikums, dessen Denkvermögen durch solche Parolen nur bedingt angeregt wird.

Vor einem möglichen Kauf können sich ohnehin noch Hürden auftun. So manche sprachliche Kompliziertheit stellt schon an Einheimische gewisse Anforderungen, an von fern Zugewanderte erst recht. Wie schwer muß es zum Beispiel sein, einen deutschen Begriff wie »Trittschalldämmplatte« richtig zu übersetzen? Eventuell ins, sagen wir, Serbokroatische? Oder auch, naheliegenderweise, ins Türkische? Statt einer griffigen, klaren Produktbezeichnung könnte dabei leicht ein ganzer Absatz entstehen. Die Wortfindungen auf den Zetteln und Infoblättern sind nämlich ein Kapitel für sich. Bandwurmartige Schöpfungen wie das »Handgelenk-Blutdruckmessgerät« vereinigen gleich sechs Substantive, und keins ist eigentlich zuviel. Das »Multimedia-Subwoofer-Satellitensystem« braucht nur fünfeinhalb, dafür ziemlich deftige, passend zu einem ebenfalls inserierten »Intergalaktischen Millenniums-Schlußverkauf«. Ein zögerndes Nachdenken bewirken vermutlich auch einfache Dinge wie das »Wärmewellenheizgerät«, die »Auspreßpistole mit Zahnstange«, das »Mikrofaser-Borstentuch« und die »Viskoelastische Halbrolle«. Oder die so jemanden wie mich irritierende »Organza-Mitteltischdecke« – wird damit nur der jeweils mittlere Tisch oder ein einzelner, mittelgroßer gedeckt?

Etliche Bezeichnungen verwirren einen technisch minderbegabten Endverbraucher zunächst durch ihren absurd anmutenden Hang zur Präzision, bis die Sache günstigenfalls durch die Fotos klarer wird. Sie zeigen, während man noch der Überschrift nachsinnt, um was es sich handelt bei einem »Querrolloschrank«, beim »Digitalen In-Ohr-Fieberthermometer« oder bei der doch überraschenden Erfindung eines »Digitalen Handexpanders« für knapp sechs Euro – paßt gut in die Kralle und zählt die Frequenz des Gequetsches mit. Die Genauigkeit ist gerade bei den kleinen Dingen enorm und müßte ein Fressen für Soziolinguisten sein, die sich ja mit dem Zusammenspiel von Sprache und gesellschaftlichem Leben beschäftigen. So läßt sich, langsam, Zug um Zug erschlossen, die Funktion des Produkts »Trittschalldämmplatte« leicht nachvollziehen: Tritt macht Schall, erzeugt von über mir wohnenden Menschen, gedämmt durch eine Platte zwischen uns, die in meiner renovierten Altbauwohnung zu fehlen scheint, denn ich – und das ist das »Gesellschaftliche« – sitze exakt in der Mitte des Begriffs, ohne den zweiten Teil bekommen zu haben. Rätsel bleiben bei der Lektüre der »zettel fiction« indes genug: »Steinwolle, lose« oder, ganz simpel: »Universal-Wanne« und »Tunnelzughose«.

An die hochtrabenden Anleihen aus irgendeinem Fachchinesisch, an die Flucht ins aufpeppende Anglizieren beim Benennen von letztlich banalen Produkten sind alle längst gewöhnt – wie der Name einer Popgruppe schmeichelt sich die Zahnbürste »Plaque Control Oral B« in manch kariösen Kundenrachen. Dennoch transportieren solche Begriffe mitunter zweckmäßiges Wissen, obwohl die Dauermodewelle gerade der denglischen Neologismen auch reichlich krampfhafte Effekthaschereien verrät. Aber in erster Linie versucht die Sprache der Werbezettel durch die möglichst exakten Neubildungen mit der technischen Entwicklung Schritt zu halten. Dabei kommen zahllose Wortungetüme heraus – wie die abstruse »Radiostummschaltung«, die »Trocken-Kopf-Reinigungskassette«, die gesetzlich verlangte, schon komisch klingende »Freisprecheinrichtung« oder auch die »Einhebel-Mischbatterie«, die früher mal als Wasserhahn übern Tresen ging. Wer das alles noch richtig übersetzen will, dem wird ein elektronischer »Sieben-Sprachen-Translator« angeboten. Mit dem preiswerten Gerät könnte er dann mühelos herauskriegen, wie die im selben Laden angebotene »Trittschalldämmplatte« auf englisch, schwedisch oder italienisch heißt. Die polnische, türkische oder russische Sprache, von denen doch viel öfter Brocken in Berliner Verbrauchermärkten zu hören sind, hat der Translator nicht drauf.

Ein Detail an der genauen Beschreibung des »Sieben-Sprachen-Translators« beunruhigt mich – er verfügt nämlich, neben anderen Extras, noch über »zwei Slots für Erweiterungs-ROM-Karten«. Damit gehört der Zettel schon in die Kategorie derer, die ohne besondere Vorkenntnisse nicht restlos zu verstehen sind. Dasselbe gilt für etliche Infos und Kleinprospekte der Elektronik-Märkte, bei Hard- und Software wird's ganz hart. Sie werden von mir besonders intensiv durchforstet, weil ich nach wie vor auf die seit Jahrzehnten versprochenen Preiseinbrüche im Computer-Angebot warte, während mein PC-Werkzeug in Lichtgeschwindigkeit veraltet. Jedes dieser Media-Häuser, bestimmt ein Dutzend, tritt als äußerst aktiver Zettelwerfer auf, und jedes ihrer Blätter geht mit irgendeiner technischen Angabe, gar einem neuen Schritt im Fortschritt über meinen relativ stillstehenden Wissensstand hinaus – okay, vielleicht ein persönliches Manko.

Natürlich weiß ich, daß weite Teile meiner Loseblatt-Sammlung auch in einer Internet-Version spielend leicht zu mir kommen könnten, und zwar viel ausführlicher, mit endlosem Fiepen und Blinken und sonstwas. Aber warum für Werbung auch noch bezahlen? Es geht ohne Modem, Bildschirm und erhöhte Telefonrechnungen. Mir ist es lieber, etwas Überraschendes und von anderen Gedrucktes zum Lesen und ruhigen Begucken in die Hand zu bekommen – eine konstant gebliebene Affinität zu ordentlich bedrucktem Papier, die selbst diese fliegende Zettelsammlung einschließt, dem Internet für Datenverkehrsscheue eben. Schließlich zählt ja überhaupt nicht, worauf die Buchstaben und Daten stehen, sondern was sie bedeuten, oder besser: was sie einem nahelegen. Ein sehr häufiger Prospekt-Typus suggeriert beispielsweise, daß sein Angebot weniger mit den gewohnt harten Preis-Leistungs-Verhältnissen zu tun habe, sondern eher mit einem günstigen Abgreifen umständehalber. Das beworbene Produkt kostet 149 Euro, darunter steht, daß der Kunde im Vergleich zum anderswo gedruckten Originalpreis 218 Euro 20 gespart hat – andere geben die Ersparnis in Prozenthöhen wie 38 oder 47 an. Das wären in etwa die Gewinnmargen der betreffenden, meist seriösen Kaufhausketten. Die Händler geben sich altruistisch und vermitteln das Gefühl, daß sie anderen ihre Ware mehr oder weniger zum Selbstkostenpreis überlassen würden, quasi kumpelhaft, kollegial. Sie schieben sie aus nicht weiter erklärten Gründen einfach rüber, als günstige Gelegenheit, ein Geschäft unter Freunden, unter uns.

Daß Flug- und Bahntickets via Internet und zusätzlicher Kreditkarte billiger zu buchen sind, mag als kleine Ungerechtigkeit gegenüber Unvernetzten noch durchgehen. Daß es jedoch bares Geld geben soll fürs Surfen, daß einer bezahlt wird fürs Reklame-Gucken, ist eine echt revolutionäre Entwicklung, unglaublich. Da zeichnet sich einer neuer Job für hartgesottene Datendandys ab – für eine Stunde Virtuelle-Werbung-Lesen zahlt eine Münchner Firma glatte siebzig Cent netto. Wenn sich der Anfangslohn noch etwas steigern ließe, könnte das ein zukunftsweisender, prinzipiell richtiger Weg sein. Oder ist es nur der Versuch, jemanden wie mich ins IT-Geschäft hineinzuziehen? Hat der Lockruf des Geldes einen Haken?

Etwa einen vor Arbeitsantritt zu leistenden, dies und das ordernden Bestell-Vertrag, Beginn einer langen, kostspieligen Verwertungskette, in der sich am Ende zwangsläufig jeder verheddert? Ja, bestimmt.

Was die eigenen Aktivitäten angeht, empfiehlt sich ohnehin, nichts zu überstürzen. Bei etlichen Angeboten, eine Binsenwahrheit, flackert die Sparflamme nur als Irrlicht im Bestellwesen. Die oft beigefügten Koupons und GoldenCards, die offerierten Gratis-Abos und Mitmachaktionen haben ihre Tücken. Vor allem die Antwortkarten mit einem fettgedruckten »Ja, ich will das XY- oder Z-Paket, in Normal, Gold oder Premium« sollten unbedingt ignoriert werden, wenn einem der bereits erreichte Lieferumfang an Junk-Mail und Info-Post genügt.

Es gibt allerdings Orte, wo die Direktwerbung gar zu direkt rüberkommt, wenn nämlich der Überbringer einem aus der Masse herausgepickten Passanten sein unterschriftsreifes Angebot direkt unter die Nase hält. Auch bei solchen Straßenszenen ist Zurückhaltung geboten. Sonst könnte das passieren, was der Comic-Zeichner Tom im Bild ausdrückt – der leichtfertige Interessent landet direkt auf der Psychiater-Couch, um sein Werbezettel-Trauma loszuwerden.
»Ich bin Mitglied in zwei Auto- und fünf Buchclubs, …, in vier Tierschutzgruppen …, ich habe sieben Kredit- und acht Kundenkarten, sechs Abos, drei Handy- und fünf Internet-Verträge …«
»Sie haben Minderwertigkeits-Komplexe«, sagt der Psychiater.
Das Zettel-Opfer auf der Couch richtet sich ein wenig auf.

»Nö. Ich wohne in einer Fußgängerzone.«
Ich kann mich noch an Zeiten erinnern, als wir praktisch alle in einer Fußgängerzone wohnten, und zwar einigermaßen standhaft. Zwischen den Häusern huschten die Vertreter scharenweise umher und zeigten den Müttern ihre Waren im Original: echte Messer, Seifen, Parfüms und andere Gebrauchsartikel, aus Koffern und Aktentaschen hervorgezaubert. Wenn die Dame des Hauses wieder mal bei einem kleinen Staubsauger oder 'ner netten Illustrierten nicht widerstehen konnte, gab's abends wegen des Leichtsinns laute Auseinandersetzungen. In den fünfziger Jahren des letzten Jahrhunderts analysierten die Ehemänner die Kaufträume ihrer Frauen noch selbst. Und damals entstand ein zunächst ernsthaft, dann ironisch gebrauchtes, geflügeltes Wort, das lange nachlebte: »Wir kaufen nichts an der Tür.«

Und heute? In Fragen des Konsums scheint die Verzichtsbereitschaft der meisten Zeitgenossen auf ein Minimum gesunken – nicht nur die Kargheit der frühen Jahre, auch die kritische Verweigerungsphase im Zuge der 68er-Bewegung sind längst vergessen. Schließlich herrscht mittlerweile das Überangebot einer perfektionierten, entfesselten Produktion, das verkauft, oder wie manche sagen: entsorgt werden muß, auch wenn offensichtlich eine Lücke zum tatsächlichen Umfang der Bedürfnisse besteht. Die Reklame, der hochbezahlte oder, wie manche sagen: überbezahlte Diener des Kommerzes, gibt die unbedingt nötige Hilfestellung. In ihren Spots und Anzeigen zeigt sie Menschen unablässig bei ihrer vermeintlichen Lieblingsbeschäftigung, eben dem Konsum – infolgedessen lassen sich die Einkaufspassagen selbst sonntags mit Massen füllen. Die Reklamespezialisten – manche nennen sie heut' noch: Werbeärsche – sagen: bitte schön, Werbung wirkt, deshalb gehört sie zur Wirklichkeit; sie sei so ins Zeichensystem des Alltags integriert, daß, wer sie ignoriert, gar nicht realitätstüchtig sein könne. Und die in dem Sinne durchwirkte Realität beginnt, wenn nicht bereits im heimischen Medien-Kampfstuhl, spätestens draußen vor der Haustür.

Die Gegend vor meiner Tür zeigt sich längst nicht mehr im altvertrauten Milchkaffeebraun der Fassaden und schlecht verputzten Brandmauern – alles renoviert, geliftet und neugefärbt. Vor zehn, zwölf Jahren stand hier an einer gewöhnlichen Kreuzung lediglich eine ältere Litfaßsäule, mit Kinoprogramm und Kleinplakaten; sie ist verschwunden. Aber es gibt reichlich Ersatz: Rund um die Kreuzung wurden drei niedrigere, dem Betrachter in freundlicher Augenhöhe entgegenkommende Stand-Displays aufs Trottoir gesetzt, in unmittelbarer Nähe zweier neuer Werbe-Wartehäuschen. Ebenfalls seit kurzem aufgestellt sind zwei neuartige, hochragende Säulen, tagsüber glänzend und bei Dunkelheit, wie auch die Displays, noch besser erkennbar, da von innen illuminiert.
Die alte Litfaßsäule aus Beton, mit ihrer dick verkleisterten, oft malerisch zerfetzten Papierschicht hat ihre Führungsrolle offenbar verloren, ein Zeitenwechsel. Ihre stark modifizierten Nachfolger stehen im Edel-Design einer Leichtmetall/Plexiglas-Konstruktion, noch dazu auf einem marmorierten Sockel, da und haben, wie gesagt, eine starke, innere Leuchtkraft. Sie wären auf keinen Fall die richtigen Requisiten für ein lustiges Versteckspiel wie in »Emil und die Detektive«, und selbst ein raffinierter Schieber wie »Der dritte Mann« würde in den heutigen Litfaßsäulen keine Geheimtür mehr für seinen berühmten filmischen Abgang in

die Unterwelt finden. Die Folgemodelle werben auch nicht mehr fürs bunte Vielerlei wie noch die alten Säulen, sondern jeweils nur für einen oder zwei Markenartikel. Eines dieser Dinger thront, als wär's eine Heiligenstatue, sogar auf dem Mittelstreifen einer Hauptstraße, ein subliminales Marken-Doping für Autofahrer, für Fußgänger eine in Ruhe zu registrierende Botschaft. An derselben Kreuzung wird nun auch deutlich, weshalb die jahrzehntelang unrenovierten Brandmauern in jüngerer Zeit schön gemacht wurden – für den Gewinn an Werbefläche. Das geht mit traditioneller Schriftmalerei und selbstdrehenden, dazu angestrahlten Dreifach-Wechsel-Fotoplakaten. Oder, als Höhepunkt für Reklametechnik-Begeisterte, mit einer superhellen Dia-Show-Kanone, die ihre Riesenbilder in sekundenschneller Abfolge an eine geweißte Brandmauerwand schießt. Wenn sich der Reklameaufwand weiter in diesem Expansions-Tempo verdichten sollte, erlebe ich noch den Blade-Runner-Effekt vor der eigenen Haustür.
Bei dem, was sich da an der Kreuzung hinprojiziert, was da leuchtet, rotiert und als haushohes Mega-Poster die Blicke irritiert, ist zweifellos wieder die große Werbung am Werk. Sie will möglichst viele Freiräume, vielleicht gar das gesamte städtische Leben unter ihren Einfluß bringen; sie hat sich nach und nach das Dekorationsrecht für weite Teile der Metropole unter den Nagel gerissen. So präsentiert sie sich allgegenwärtig und umzingelt ihr Publikum mit dem, was die genaue Sprache der Bundesrechtsanwaltsordnung erstaunlich einfach definiert: »Reklame ist allgemeine Anpreisung ohne sachlichen Inhalt.«

Und genau das trifft auf die kleinen Werbezettel eben nicht zu. Zwar preisen auch sie etwas an, schon recht.

Aber sie haben dabei in der Regel einen klaren, sachlichen Inhalt.
Nur ist leider unsere Klingel die strategisch günstigste im Haus, sagt mein Sportsfreund Burghard.
Und das heißt?
Daß mich heute morgen um sieben schon der erste Verteiler aufgeschreckt hat – hier Firma *Schauland*, bitte öffnen. Sehr interessante Prospekte, Gebrauchs-Elektronik. Aber du mußt ja nicht aufmachen.
Sind arme Kerle, sagt mein Sportsfreund, ich lass' sie immer rein – Werbung kann Leben retten.

Was diese Direktverteiler im ihnen oft einzig zugänglichen Job Tag für Tag in die Briefkästen stecken, wird bestimmt nicht nur von mir gebührend beachtet – schließlich richtet es sich, in einer alten Formulierung, *an alle Haushaltungen*. Natürlich denke ich bei der Auswertung der fliegenden Blätter auch an das eine oder andere eigene Bedürfnis – zu offenbaren, woran genau, verhindert die psychische Zensur. In ihrer schlichten, auf pure Nützlichkeit angelegten Machart enthalten sie für jeden etwas, und für jeden etwas anderes. Doch neben ihrer subjektiven und aktuellen Bedeutung sind diese Wurfsendungen insgesamt kulturhistorisch aufschlußreich, ein Kompendium zeitgenössischer Produktion und sonstiger geschäftlicher Bemühungen. Sie liefern die laufenden Ergänzungen, die wichtigen Informationen über den Stand und den Preis der Dinge des alltäglichen Lebens – so als wollten sie das Motto nahelegen: *prima lesen und sparen.*
Hier wird keinem etwas vorgemacht, hier gibt es kaum Zweifel an der Aufrichtigkeit – die Werbezettel sind die ehrliche Haut des Reklamegeschäfts. Sie sind fair, und trotz ihrer Wunderlichkeiten ein möglicher Leitfaden

durchs kommerzielle Labyrinth. Sie liefern sicher keine Bettlektüre, schon wegen des Formats und der Menge. Im allgemeinen Informationshagel sind sie jedoch eine überschaubare, feste Größe – einfach beruhigend zu wissen, was es so alles gibt. Und noch beruhigender ist es, zu wissen, daß ich von all den angebotenen Waren eigentlich gar nichts brauche, oder so gut wie nichts. Aber auf den zufälligen Treffer im Sortiment, auf den gelegentlich zu machenden kleinen Gewinn, warte ich bis heute mit der gleichen Neugier wie jeder andere auch.

... und abends in die Lesung

Das Besondere dieser Veranstaltung erkannte jeder schon zu Beginn – ein volles Haus, ein gerade mehrfach preisgekrönter Schriftsteller und gleich zwei ihm zur Seite sitzende, mit Einführungsreden betraute Herren. Die Erwartungen waren hoch, das neue Werk ummunkelt, der Autor des Abends, ein Mann in den Sechzigern, sah aus wie ein ausnahmsweise sympathisch gebliebener Politiker. Als er einige Minuten sehr langsam gesprochen und gelesen hatte, kam im guten Publikum unruhiges Geflüster auf, auch leises Empörungsgemurmel, dann eine ganze Serie von Entrüstungsseufzern. Die Geschichte traf die gediegenen Gemüter offenbar zu hart – eine meisterhafte Erzählung über einen im Sterbebett wegfaulenden alten Mann, in der auch Körperliches, Geschlechtliches im gnadenlos drastischen Alltagsjargon benannt wurde. Wie mir der Kollege später erzählte, gratulierte ihm am Ende ein Buchhändler zu der tollen Leistung – eine großartige Idee, hatte der Mann gesagt, dieser Kontrast: Sie so elegant dunkel gekleidet, die Seriosität im Auftritt, und dann lesen Sie so schreckliche Sachen! Der bei solchen Mißverständnissen besonders gewitzte Autor, wie stets im grauen Sakko, antwortete dem Buchhändler: Sie haben recht, das ist wirklich eine gute Idee, das mache ich jetzt öfter so.

Wie die meisten Autoren hat auch dieser Schriftsteller sicher nicht vor, seine künftigen Lesungen in passend zum Text ausgewählten, ihn gar noch ironisierenden Kostümierungen abzuhalten. Dennoch spielt die Kleidung für solche Abende eine denkbar wichtige Rolle. Darüber wird viel nachgedacht, Farben, Kombinationen, alte und neuere Kleidungsstücke werden abgestimmt und in letzter Minute noch mal gewechselt, das weiß ich. Jüngere Männer, die dem wackligen Literatur-Geschäft nachgehen, tragen neuerdings hochseriöse Anzüge und Mordskrawatten, alles Markenartikel, von der Schreibergeneration vor ihnen noch heftig verpönt – vorlesende Frauen haben bei den Textilien schon immer etwas mehr getan, um der dauerhaften Beäugung durch die Zuhörerschaft standzuhalten. Zu meiner bisher letzten öffentlichen Lesung fuhr ich in bester Hose plus Lieblingsoberhemd an einem heißen Sonntag von Schöneberg nach Steglitz – sechs, sieben Stationen mit dem Bus, ohne Umsteigen. Die Transportfrage spielt eine ähnlich wichtige Rolle wie die Kleidung – auch sie gehört unbedingt zur Logistik einer Lesung. Das beste Tempo zur Einstimmung auf die Aufgabe bietet, zumal in der eigenen Stadt, der Spaziergang zum Veranstaltungsort – Robert Walser lief zur »Vorlesung« einmal sogar zu Fuß von Biel nach Zürich; es dauerte drei Tage. Mit dem Auto sollte der Autor jedenfalls nicht kommen, zu gewöhnlich, zu geschäftsmäßig sähe das aus; außerdem hab' ich kein Auto. Taxi wäre 'ne Spur zu großspurig, Fahrrad dagegen zu kleinlich, Linienbus eher eine Notlösung. Mit Massenverkehrsmitteln sollte eigentlich keiner zu seiner Lesung angereist kommen, schließlich muß er wenige Augenblicke später ein absolut einmaliger Autor sein.

In Steglitz ging es um die Vorstellung einer Anthologie mit »neuen Liebesgeschichten von heute«, eine unter den vielen stammte von mir, nun ja. Der einzige »Offizielle«, ein Herr vom Kulturamt, erkannte in mir und einer Kollegin die geladenen Autoren, vermutlich deshalb, weil wir nicht zum Stammpublikum gehörten. Den Zweck der Lesung wiederum kannte er nicht und machte sich ohne ein liebes Wort zur Einleitung dünne. Dem Publikum dagegen schienen »neue Liebesgeschichten« am Sonntag gerade recht zu kommen – 20, 25 Interessierte saßen da, der bei solchem Anlaß ortsübliche Besucherdurchschnitt, altersmäßig gemischt, einzelne und einige Paare, alle ganz bestimmt vertraut mit der einen oder anderen Variante des Anthologiethemas. Nach meinem Eindruck allerdings war bei den Paaren mittleren Alters der Veranstaltungsbesuch auf Vorschlag der Frauen erfolgt – diese Männer ließen Gesicht und Ohren doch bald ein wenig hängen. Vielleicht taten sie das immer sonntags, vielleicht befanden sie sich mittendrin in der unangenehmen Variante einer Liebesgeschichte von gestern. Vielleicht entspannten sie sich im Vorgestern und genossen bei geschlossenen Augen das unvergessene Gefühl, von jemandem etwas vorgelesen zu bekommen wie in der Kindheit. Das waren in etwa die Vorstellungen, die mir beim ersten Rundblick in den Sinn kamen – als Autor leicht verärgert, als Mann voller zwiespältigem Mitgefühl.

Meine Mitstreiterin machte den Anfang, was mir genug Zeit für weitere Beobachtungen ließ. Das Publikum, insbesondere ein kleines, gibt auch etwas von sich preis. Es ist für eine Stunde den Blicken der Autoren ausgesetzt, obendrein aus einer obskur herausgehobenen Position, dem Extra-Tischchen vorn, dem angestammten Platz der Lehrer, Richter und Vorsitzenden aller Art. Mindestens ein bebrillter Herr in hinterer Reihe stand bei mir bald im Verdacht der Geheim-Schriftstellerei, und – was nicht ausbleiben durfte – eine junge, blonde Frau mit schönen, klaren Gesichtszügen saß als die verkörperte Idee einer romantischen Muse in der ersten Reihe. Sie hockte bereits aufmerksam hochgereckt ganz vorn auf der Stuhlkante, eine sanft fordernde Versprechung, die durchaus zu einem Versprecher führen könnte, wenn sich beim Vorlesen die Blicke kreuzen sollten. Beruhigender wirkten dagegen drei frischgemachte Damen in der ersten Reihe, hoch in den Sechzigern, ihre sorgenfreien, offenen Mienen sagten mir – erzähl' was du willst, wir verstehen alles. Und so kam es. Das Steglitzer Publikum zeigte an diesem Sonntag ein großes Herz und nahm unsere Geschichten mit Anerkennung auf. Eine halbe Stunde später war ich wieder zu Haus.

Im Rückblick eine ebenso gewöhnliche wie löbliche Lesung – schließlich hatten wir zwei pünktlich vorm Abendessen eine ordentliche Buchstabensuppe serviert, ohne große Diskussion. Eine Kultur-Initiative wollte es so, passenderweise bezahlt aus dem Senats-Topf der »sozialen Künstlerförderung«. Etwas ungewöhnlich allein die frühe Nachmittagsstunde, die Kernzeit für Lesungen liegt wie bei den meisten Kulturterminen gegen 20 Uhr, in etwa. Dann öffnet der Literaturbetrieb seine zahlreichen Säle, Räume und Kämmerchen, dann lockt ein enorm verzweigter Themenpark die interessierten literarischen Streuner. Seit fast zwei Jahrzehnten läßt mich das nicht ganz unbeteiligt, seither habe ich manchmal aktiv und noch viel öfter passiv an den verschiedensten Ereignissen teilgenommen und muß sagen, so viel Lesung wie heute war noch nie. Die Steigerung zumindest der Anzahl überrascht, ein Phänomen in nicht gerade lesewütigen Zeiten, in denen immer wieder mal vom Ende der Literatur die Rede ist. In den Veranstaltungsrubriken der Zeitungen und Stadtillustrierten übertrifft das Angebot »Lesungen« an manchen Tagen die gewiß nicht kurze Auflistung der Theater-Vorstellungen – die entsprechenden Spalten werden zunehmend länger. Das einstige West-Berlin kam mitunter auf sieben oder acht solcher Veranstaltungen, das neue Gesamt-Berlin kommt oftmals auf zwei Dutzend und mehr. Läuft also zusammen, was zusammen hört? Oder findet die Vielzahl des Angebotenen nur auf dem Papier statt? Diejenigen, die ihr Kulturprogramm aus diesen tipgebenden Spalten zusammenbauen, stehen jedenfalls vor einer großen Auswahl, wenn sie nachmittags beschließen sollten: ... und abends geh'n wir in die Lesung.

Im Vergleich zur heutigen Ausweitung hielt sich das abendliche Lesungsangebot im West-Berlin der siebziger, achtziger Jahre naturgemäß in engen Grenzen. Dennoch galt die Halbstadt, teils aus Tradition, teils aufgrund ihres kulturellen Vorzeigecharakters, als die einzige Stadt der Bundesrepublik mit einem deutlich konturierten sogenannten Literatur-Betrieb. Er hatte seine Koordinaten, seine festen Spielstätten und Adressen, seine Akteure und reichlich Interessenten. Man – und dieses unbestimmte Personalpronomen umfaßte eine bestimmbare Menge aus Schreibenden, Künstlerkandidaten und kritischen Wortkunden aller Disziplinen –, man ging öfter abends in die Lesung, man bildete, selbstverständlich unter Ablehnung dieses Begriffs, eine vielköpfige Szene, die Literatur-Szene eben, in der man sich von Mal zu Mal wiedererkannte und sich in vielen Fällen auch persönlich kennenlernte. Man rutschte mit hundert anderen auf den alten Bussitzen im damals schon legendenhaften Buchhändlerkeller herum, schmeckte neue Textproben ab, bei den »Wolfschen« in Friedenau, in der »Autorenbuchhandlung« und an zwei, drei weiteren Orten. Die großen, internationalen Nummern hörte man mit tausend anderen in der Akademie, nur hier konnte man fast jede westdeutsche Autorin, jeden Autor wenigstens einmal lebend sehen, und auf dem Hinweg sah man vielleicht als Dreingabe noch Günter Grass, der mit derselben S-Bahn zur selben Lesung fuhr und sich 'ne schnelle Zigarette drehte – er war der prominente Zeitgenosse, der anno '76 das Selbstdrehen hoffähig machte, ein unvergessenes Verdienst; ich hab' die Technik sofort übernommen. Unvergessen bleibt auch eine andere schöne Sitte dieser Epoche – nach der Anhörung versackte der Literatur-Troß regelmäßig im gastronomischen Bermuda-Dreieck am Savigny-Platz, wo coram Kneipen-publico in kleinen Gruppen weiter am Text gearbeitet wurde.

Auf ambitionierte Neuankömmlinge übte der ungewöhnlich verdichtete Dichter-Betrieb jener Zeit einen ungekannten Reiz aus. Anders als in den westdeutschen Großstädten zeigte das stille Medium Literatur hier allabendlich eine lebendige, öffentliche Seite. Die Atmosphäre bei Lesungen war unverwechselbar, auch aufregend, was wohl kaum einer mit der Literatur selbst verwechselte. Man näherte sich leicht verunsichert und mit deutlich erhöhter Selbstkontrolle, mitunter auch mit diffusem Schaudern, aber voller neugieriger Erwartung im besten naiven Sinn. Man blickte sich um, suchte ein bißchen Halt bei anderen, bereit und bemüht, sich der trockenen Würde des Ereignisses anzupassen. Leichte Verlegenheit und innere Anspannung, nicht nur bei den Vortragenden, waren spürbar – auch die Suggestion, sogleich einem geistvollen Akt, einem freischwebenden intellektuellen Geschehen beizuwohnen, ohne akademische Strenge oder theatralischen Aufwand, nur durch die Worte eines einzelnen erzeugt. Das konnte im Glücksfall passieren, und es passierte auch.

Es mußte nicht unbedingt bei einer bedeutenden Veranstaltung sein – Entdeckungen machten nicht wenige Zuhörer vielleicht eher im Buchhändlerkeller, im gewöhnlichen Programm, immer donnerstags.

Die Gestaltung unterlag noch nicht dem Diktat des Marktes und der Konzerne, die sich gegenwärtig hinter den Kulissen auch des Lesebetriebs bemächtigen. Statt dessen gab es eine klar ausgesprochene Zuneigung größerer Gruppen zur Wortkunst, eine mit dem Medium wie untereinander verbundene Gemeinschaft. Eines Abends war die Akademie bei einer Veranstaltung mit amerikanischen Autoren ausverkauft, doch standen noch massenhaft Leute vor der Tür, nichts zu machen. Allen Ginsberg, die Attraktion des Programms, hörte davon, kam raus, sagte den Ausgesperrten, put your hands on my shoulder, und führte als veritables Zugpferd eine bei den Schultern gefaßte, 200 Menschen lange feixende Schlange an Kassen und Aufpassern vorbei in den Saal. Das war nett, das war klug und sicherte ihm ein sagenhaft überfülltes Haus – und schön war es auch, denn wir kamen alle rein. Diese poetische Polonaise, vielleicht sogar der eine oder andere der Reingeschleppten, gefiel Ginsberg so gut, daß er gleich ein halbes Jahr in Berlin blieb.

Solche bewegenden Höhepunkte gab es zu der Zeit häufiger, auch Lateinamerikaner oder eine »Österreichische Buchwoche« füllten Säle mit tausend und mehr Plätzen. Überraschendes tat sich hin und wieder – man hörte Jacques Derrida im halbzerfallenen »Hotel Esplanade«, einige Lesereihen im »Café Einstein« und nahm für besondere Ereignisse stets aufs neue die Fahrt ins »Literarische Colloquium« nach Wannsee auf sich, ein unerschütterliches Haus mit spezieller, bis zur Gruppe 47 zurückreichender Erfahrung. Ansonsten änderte sich an den oft besuchten Veranstaltungsorten bis Mitte der achtziger Jahre wenig – um den Lesungs-Alltag bemühten sich die immergleichen Buchhandlungen in Charlottenburg und drei, vier weitere in anderen Bezirken.

Diese alltäglichen Veranstaltungen sahen nun etwas anders aus. Hier stellte in der Regel jemand sein, wie eigentlich zu erwarten, »neues Buch« vor, machte eine »Buchpräsentation« oder gar, mit einem dramatisch hochgegriffenen Wort, eine »Buchpremiere«. Auch wenn nur einige Seiten, Auszüge oder Gedichte zur Uraufführung kamen, so war das aus Sicht der Autoren und Verlage zweifellos notwendig. Das Publikum, noch aus freien Stücken erschienen und nicht so medienmäßig angelockt wie heute, saß zwischen kompletten Regalwänden und überbordenden Büchertischen, in der gedankenvollen, sauerstoffarmen Luft. Man schaute auf die nackten Hälse vor sich, wechselte vielleicht ein paar Worte mit der Begleitung, sah für Momente auf den Vorlesenden und hatte im selben Moment bereits die ersten Sätze verpaßt. Gedanken, die mit der Literatur wenig zu tun hatten, drängten sich auf – über Äußerlichkeiten, das Aussehen, die Aussprache. Gefiel einem da und an den folgenden Sätzen etwas nicht, begann möglicherweise ein stiller Kampf um den Sinn des Daseins, speziell um den des Dabeiseins an diesem Abend. Dann glaubte man zu erkennen, daß die- oder derjenige da vorn sich auch nicht so recht wohlfühlte – in der Zwangslage eben, als Person hier und jetzt überzeugen zu müssen und gleichzeitig hinter dem vorgestellten Werk zurückzutreten. So eine Lesung konnte leicht und schnell zur Gratwanderung zwischen Genuß und Verdruß werden, für alle Beteiligten. Und wer aus verschiedenen Gründen diese Art der Buchvorstellung öfter mitmachte, der spürte über die Jahre zunehmend deutlicher, daß er an einem Ritual teilnahm.

Gerade weil die dabei mitziehende Gemeinde ästhetisch-politisch noch halbwegs einig schien, kannte sie bald auch die Kehrseite des ritualisierten Lesebetriebs, die eingeschliffene Routine der abendlichen Wortvorträge. Manchen Literaturfreunden galt der Begriff als ambivalentes Reizwort – gerade bei »Lesungen« fanden sich jede Menge erklärter Lesungshasser ein. Sie wollten eigentlich zu gar keiner Lesung, lasen viel lieber allein im Bett. Sie wollten vor allem nichts von den damals obligaten Diskussionen hören, von dieser peinlichen Fragerei danach. Vielleicht hielten sie's auch mit dem Spruch von Karl Kraus: »Ein Dichter, der liest, ist wie ein Kellner, der ißt.« Für sie war der Besuch jedenfalls ein leidiger Pflichttermin – irgendwer im Bekanntenkreis oder gar der Künstler selbst hatte sie zu diesem Freundschaftsdienst verdonnert. Ehrlich gesagt, es gab schon dröge Momente bei diesen Buchvorstellungen – ganz unabhängig davon, ob einem das Vorgetragene gefiel oder nicht. Womöglich lag's an der traditionellen Form, die ja noch von der überkommenen Vorstellung der besonderen Aura einer »Dichter-Lesung« mitgeprägt ist und als romantischer, nicht unbedingt eingelöster Rest durch den bestuhlten Geschäftsraum geistert. Um diese spröde Situation zu ändern, sollte der angestammte Ort womöglich verlassen, die Sache woanders und anders gestaltet werden.
Das dachte Anfang der achtziger Jahre auch ein Frankfurter Dichter, ein von der Kollegenschaft ernst genommener, beachteter Mann. Seine Bücher erschienen in einem renommierten dortigen Verlag, der Autoren wie Briefmarken sammelte und der sich selbst für eine der ersten

Adressen der deutschen Literatur hielt. Der einen Tick zu forsche Dichter hatte die Idee, seinen neuen Lyrikband nicht in der besten Buchhandlung, sondern in einem der schlechteren Nachtklubs der Stadt zu präsentieren. Und zwar unter Verzicht auf das gewohnte Premierenpublikum und bestellte Freunde, aber unter Teilnahme der gesamten Verlagsspitze sowie der führenden Kräfte der Frankfurter Unterwelt. Der Lyriker wollte sich auf höchstem Niveau, also de-Sade-mäßig, selbst entweihen. Der Verleger war begeistert von der Idee, so ein Etablissement aus gegebenem Anlaß ohne Gewissensnot besuchen zu können, und überhaupt. Abends zur Lesung kreiste die Spiegelkugel, das Rotlicht ummantelte den Dichter, der von der kleinen Bühne herunter rezitierte in einen leider fast leeren Raum. Nur die erste Reihe war besetzt, von den feinen Herren der Verlagsspitze – allein gelassen schauten sie mit nun bedröppelten Gesichtern dem Klang der Gedichte hinterher. Die versprochenen Führungskräfte der Unterwelt, die Gangster und die Nachtpuppen, hatten offenbar doch keine Lust auf moderne Lyrik und gingen anderweitigen Beschäftigungen nach. Auf der Verlegerstirn glänzten bald ein paar seiner berühmten Schweißperlen, aber der Mann bewahrte Stil und komplimentierte den Dichter erst ein Jahr später aus seinem Verlag.

Mittlerweile finden Veranstaltungen eher selten im »Milieu«, doch auch nicht mehr ausschließlich an den angestammten Orten statt – Lesungen sind in alle möglichen gesellschaftlichen Räume vorgedrungen. Seit die Literaturszene West und das einstige Leseland Ost vereinigt wurden, haben sich zumindest in der Hauptstadt die Orte und Termine verdoppelt und verdreifacht. Hier ist das sozialistische Erbe einmal üppig ausgefallen – Brecht-Häuser, Lyrik-Cafés, osteuropäische Kulturinstitute und sogar ein mythostauglicher Stadtteil mit hoher Buchladen- und Dichter-Dichte, Prenzlauer Berg. Da hat sich einiges eingespielt, in mehr als einem Fall auch festgespielt – in einer Kneipe, die sich »Bukowski« nannte, war vorlesemäßig auch nichts anderes drin. Regelmäßige, differenziertere Lesungen gibt es dazu in Schlössern und Parteizentralen dies- und jenseits der einmal geplanten, immer noch nicht wirklich hingemalten Mauerverlaufs-Markierung, in Theatern hüben und drüben, die sich einen kostengünstigen Abend leisten, in verlassenen Brauereien, Bäckereien, Gießereien, wo die Arbeit nur mehr in Texten vorkommt, in einer Klosterruine, in einem ehemaligen Anatomiesaal, bei Paula Panke und in der Hellen Panke, im Botanischen Garten und im Zoologischen Garten auch.

Gesellschaftlich relevante Gruppen halten sich an völlig eigenständige Programme – esoterisch Orientierte lesen im »Zeit-los« nicht aus zerbröselten Lorbeerblättern, sondern aus dem ew'gen Buch »Kosmos und Psyche« von den Grenzen des menschlichen Bewußtseins vor. Organisierte Frauen lassen am liebsten nur Geschlechtsgenossinnen ans Pult; so in »Evas Arche«, im etwas außerhalb gelegenen »Frauenzentrum am Mühlengrund« oder in der völlig herrenfreien Schöneberger »Begine«, obwohl die namengebende, frühfeministische Beginen-Bewegung in Belgien gar nicht so ablehnend im Umgang mit der Prinzenrolle war; im »Prinz Eisenherz«-Laden tragen dagegen nur Männer Männern etwas vor. »Dichter zum Anfassen«, eine lustvolle Parole der siebziger Jahre, gilt heute nur noch begrenzt, Jazz und Lyrik, wie einst von Peter Rühmkorf geboten, scheint aus der Mode, aber ein DJ für hinterher oder ein wenig Klarinettenklang für zwischendurch können durchaus dabeisein, historische Musikinstrumente sowieso. Und im Zoo, genauer gesagt im Aquarium, verschönt eine Lesung nichts so schön wie ein aboriginales Didgeridoo; das dem australischen Geblase hinzugefügte »Märchen vom Beginn der Zeit« mag sich dann irgendwo im feuchten Dunst verlieren.

Am äußeren Rahmen des Vortragsstils wurde reichlich herumexperimentiert, wobei sich diverse Dichtersleute sehr weit vom Ursprung entfernten. Der liegt kulturhistorisch in der Antike – die alten Griechen haben die Lesung natürlich nicht erfunden, sie sind einfach darauf gekommen. Sie hatten ja bereits Bücher, von Sklaven handschriftlich vervielfältigt, und trugen überdies auch komplette epische Werke öffentlich und auswendig im kleinen Kreise vor. In seiner Schrift »Auf welche Art es sein muß, daß ein junger Mensch Dichtungen hört« nannte Plutarch zwei wesentliche Gründe, die für diesen öffentlichen Vortrag sprachen: Zum einen hob er die so mögliche soziale Kontrolle des Lesestoffs hervor und zum anderen die sofort mögliche Diskussion. Die einfach herstellbare Ausgangssituation blieb offenbar seit der Antike im kulturellen Gedächtnis, so daß es in der Mitte des 19. Jahrhunderts wieder öffentliche Lesungen dieser Art gab, seltsamerweise just zu dem Zeitpunkt, an dem die Rezeption ihrer Wortgebilde schwieriger geworden war und oftmals gerade die wertvollsten Gedichte bestimmter Epochen – öffentlich aufgesagt – gar nicht mehr verstanden wurden. Da entstand ein Problem der modernen und in großen Teilen auch der gegenwärtigen Lyrik und ein Ärgernis fürs lauschende Publikum. Dies Ärgernis kennen wir Zeitgenossen gut. Wie oft schon saßen wir ganz Ohr im Sprachnebel eines Gedichts und kapierten nix ... Wie oft schon haben wir beim Zuhören auf das Schöne, nämlich den Prozeß des Verstehens, verzichten müssen und die gute, alte Dichterlesung verflucht ... In Japan wären die Chancen größer gewesen. Da wurde und wird ein Gedicht des Kaisers fünfmal hintereinander vorgelesen, ein Gedicht der Kaiserin dreimal, und das Gedicht eines Bürgerlichen immerhin noch zweimal.

Die Geschichte der deutschen Vortragssitten hat auch ihre bewegenden Momente – schließlich gab und gibt es nirgendwo so viele Dichterlesungen wie hierzulande. Die heute noch übliche Form der Buchvorstellung mit dem nicht ganz von der Hand zu weisenden kommerziellen Hintergedanken existiert ungefähr seit Beginn des Jahrhunderts. Die Gebräuche der Schriftsteller scheinen sich seither nicht verändert zu haben. Wenig überraschend ist die Präzision der Vorbereitung und Durchführung von Auftritten bei Thomas Mann, während Döblin sympathischerweise meist gar nichts Vorbereitetes las, sondern lieber mit den Zuhörern sprach. Vereinfacht gesagt, lassen sich zwei Strategien unterscheiden: jene, die sich seriös zurückhaltend auf die vorzustellende Literatur beschränkt, und jene andere, die ein soziales Ereignis unter der mehr oder minder deutlichen Zuhilfenahme von Literatur herstellen will. Die Vortragsabende im expressionistischen Jahrzehnt, die des Dada und des literarischen Kabaretts hatten das, was man heute Event-Charakter nennt und was jüngst in rauher Weise wiederauflebt. Daß dort nicht selten viel gelacht wurde, ist klar. Daß aber im noch immer genutzten Meistersaal in Kreuzberg nach einer agitatorischen Lesung in Kriegszeiten im Kollektiv geweint wurde, schon weniger – bei den Zeilen des bereits gefallenen

Dichters Franz Held »... Millionen Söhne sind hingemodert, – / Doch des Kaisers gräßliche Sonne lodert« wurden Ohnmächtige hinausgetragen. Von einem anderen, pazifistischen Berliner Lyrik-Abend im Jahre 1916 berichtet die Schauspielerin Tilla Durieux, daß nach dem Anhören anklägerischer Gedichte »der ganze Saal sich wie ein Mann erhob und »Friede! Friede!« schrie« und viele sich auf die Straße stürzten, um sofort etwas zu unternehmen.

Woher ich das alles weiß? Aus stiller Lektüre daheim – aus Nachschlagewerken wie zum Beispiel drei dicken Historien-Bänden der »Marbacher Schriften« des deutschen Literaturarchivs mit dem Titel »Dichter lesen«. 1995 kam der letzte heraus, beendet seine zeugnis- und materialreichen Untersuchungen jedoch mit dem Jahr 1933. Grausliche Berichte und Textstellen gäbe es zwar auch danach genug, meint der Herausgeber, aber vor der fortgeschrittenen Industrialisierung des Vorlesens in der Nachkriegszeit müsse man kapitulieren. Industrialisiertes Vorlesen in den fünfziger, sechziger Jahren? Was wären dann die vielen Lesungen am Ende der neunziger Jahre, im neuen Jahrtausend, in der post-industriellen Zeit? Poesie und Prosa als kulturbetriebliche Dienstleistung? Für eine konservative Elite und gegen die neuen Kommunikationsmedien gerichtet? Offensichtlich wurde daraus eine Sparte, ein Segment im Veranstaltungsbereich, das verschiedene Funktionen hat und Bedürfnisse erfüllt.

»Ja«, sagte der Mann und hob die Stimme, »ich will ...« Ein ausgesprochen guter Anfang dieses JA, die eingeschobene kleine Pause, und dann das »Ich will« – eine kurze, bekräftigende Einleitung schafft die Basis für Verständigung. Der Mann wollte vortragen, aber vorher die Stimme einen Moment frei schwingen lassen, ehe sie sich an den geschliffenen, feststehenden Text halten mußte. Ja, ein guter Anfang, keine Stimmungsmache durch vorbereitete Ironismen oder Döntjes, auch keine selbstverliebte Ehrenrunde, wie so oft. Zu sagen, Entschuldigung, ich kann nicht ohne Brille vorlesen, der Computer hat meine Augen kaputtgemacht, wäre zum Beispiel ein schlechter Anfang. Auch schlecht: die Brille abzunehmen und zu sagen, keine Fotos mehr bitte, wenn ich gleich die Brille wieder aufsetze – als Autorin eines Essaybandes über Fotografie kann ich das wohl verlangen. Ebenfalls ein schlechter Anfang wäre, nach 'nem knappen »Guten Abend« sofort damit anzufangen, wie's im Buche steht.

Angefangen hatte jedenfalls die Herbst-Winter-Lese der Neuerscheinungen, und ich wollte gleich zur Saisoneröffnung einen Philosophie-Schriftsteller im Literaturhaus hören. Als der Senat vor vielen Jahren diese geistige Symbolmarke an den Kudamm setzte, sagte ich: Ein Sarg liegt in der Stadt. Die jungen Kollegen lachten. Heute würde ich das abschwächen – es ist nur die Gruft für genialischen Staub, ein Archiv für die Moden des Murmelns, im großen Saal die Haute Couture, im Kaminzimmer der poetische Grabbeltisch.
Es war eine gute Lesung, nur zu Beginn schwächelte die Stimme ein bißchen, als sei sie belegt von ersten bösen Rezensionen, die die Neuerscheinung vielleicht schon eingefahren hatte. Im leichten Parlando baute der Mann binnen 90 Minuten lange und höchste Gedankengebirgs-Ketten auf – in der vertrauten Atmosphäre eines vorverständigen Publikums, ein paar Zunft-Kollegen, Geistesarbeiter mit nicht weggekürzten Stellen. Wie eingespielt wehte anschließend eine etwas abflachende Diskussions-Böe dahin,

ein kurzes, freundliches Schattenboxen einiger mit dem Text oder gar dem Abendautor selbst vertrauter Zuhörer. Die Oberlehrer vom Dienst, die bei intelligenten Veranstaltungen eigentlich dazugehören, schienen angesichts des perfekt zelebrierten Wissens verstummt. Für Irritation sorgte nur ein Sprachgestörter, nun ja, er stotterte recht heftig, was nach einem derart schwierigen Vortrag seinen Diskussionsbeitrag in vollkommen unverständliche Schwierigkeitshöhen hievte. Ein zweiter Gast stellte eine neun Minuten lange Frage – im Grunde philosophisch korrekt und daher letztlich unbeantwortbar, was jegliches Gespräch zum Erliegen brachte. Während dieser Wortmeldungen hatte ich die leise Vermutung, daß möglicherweise der eine oder andere Seelenarzt diffus Leidende oder noch geringfügig gestörte Rekonvaleszenten aus psychotherapeutischen Gründen zu Lesungen schickt, um sie so wieder an eine größere Gemeinschaft oder auch an die Härte öffentlichen Redens zu gewöhnen.
Andererseits drückten der Stotternde und der Endlosfrager eine Verwirrung aus, die mir nach dem kompakten Vortrag auch nicht ganz fremd war – eine peinliche, frustrierende Erkenntnis. Während der Lesung glaubte ich noch, das meiste verstanden zu haben, um hinterher kaum etwas davon in einen logischen Zusammenhang zu kriegen – verflogen, verrauscht die Worte. So gesehen bliebe die Teilnahme eine sinnlose Sache mit einer einzigen, aber konsequenten Pointe: Das Buch selbst will und muß gelesen werden!

Am nächsten Abend steht ein anderer Kerl mit einem Ziegelstein von Neuerscheinung vor meiner Nase – die Termine häufen sich zum Saisonauftakt. Diesmal führt mich der Spielplan an einen Ort östlich der geplanten Mauerverlaufs-Markierung, und zwar in die Linienstraße. Ein russischer Maler hat hier seine Wohnung zur Galerie umgestaltet und – anders als in der kahlen Strenge staatlicher Lesesäle – einen angenehm intimen Vortragsraum hergerichtet, genannt »Das stille Museum«. Umgeben von abstrakten Farblandschaften sitzt eine halbe Hundertschaft an Publikum eng beieinander, freundlich gelockert vom Premierensekt, bald herzlich auf den Ton des Autors eingestimmt. Er liest hochdeutsch mit leichtem sächsischen Akzent, reines Sächsisch mit leicht hochdeutschem Akzent klänge sicher für Westohren ungewohnter – manche halten das ja für die führende neu-deutsche Underdogsprache. Die Geschichte selbst, später in der Presse als Nachwende-Roman bezeichnet, läßt mit ihrer weiblichen Hauptfigur nicht nur alte DDR-Verhältnisse wiederaufleben, sondern vor allem den damaligen anarchistischen Haß auf sie. Diese Erinnerung verbindet viele Menschen aus dem einstigen Beitrittsgebiet und sorgt für ein – bei westlichen Veranstaltungen so nur selten erlebbares – Gemeinschaftsgefühl, für eine Übereinstimmung zwischen dem Publikum und dem Autor als seinem Sprecher. Auch die neuen Verhältnisse meistert die Heldin mit einer Mischung aus trotzigem Widerstand und vitaler Hingabe – wie auch sonst, bekanntlich folgte nach der 89er Revolution die Züchtigung, ein mitunter durchaus lustvoll durchgezogener Prozeß. Den wiederum kennen die Zuhörer ziemlich genau und lächeln die meiste Zeit zustimmend – das schafft ein paar Grad zusätzliche Nestwärme. Besser kann so ein Abend kaum verlaufen.

Natürlich will ich hier nicht die Mentalitätsunterschiede zwischen Ost und West anhand des Lesungspublikums festmachen, aber ich will auch keins der gängigen Klischees auslassen. Die offensichtliche Differenz ist eine subkutane Krankheit der Hauptstadt – Lesungen, dies kleinste öffentliche Medium, können im Sinne ihrer Überwindung hilfreich und informativ sein. Ich kriege dort jedenfalls immer irgendwelche mir bis dahin unbekannte Details mit. Inzwischen kann ich sogar bei gewissen Anspielungen und DDR-internen Jokes an den richtigen Stellen mitlachen, um nur wenige Sekunden verspätet. Zum Beispiel dann, wenn die Hauptfigur von der mittlerweile zuständigen AOK zum Gesund-Schwimmkurs in eine ehemals ausschließlich Stasi-Offizieren zugängliche Schwimmhalle geschickt wird, dort partout nicht ins auf ewig verdorbene Wasser gehen will und obendrein in der belassenen Einrichtung alt gewordene exotische Grünpflanzen entdeckt, deren Existenz sie über Jahrzehnte in der DDR für unmöglich gehalten hatte. Solche a posteriori gewonnenen Erfahrungen arbeite ich in Lesungen wie dieser sitzend a priori ab, sozusagen als Trockenschwimmkurs, ohne dabeigewesen zu sein. Kompliziert wird es erst, als der Verlagssprecher die Romanheldin persönlich vorstellt – da sitzt sie, tatsächlich, eine rosig-märchenhaft lächelnde Mittfünfzigerin, wie aus einem der Häuser ringsum herbeigeholt. Bisher hatte ich literarische Figuren immer für fiktiv gehalten, aber ostdeutsche Romanhelden sind offenbar real und leben noch, ohne erklärte Neigung zum juristischen Nachspiel. Und da die Heldin anschließend mit Publikum, Autor und Verlagsleuten ausgiebig zusammen feiert, gibt es für mein besseres Verständnis wiederum nur eine Lösung – auch dieses dicke Buch muß unbedingt gelesen werden.

Das war immer schon ein Nachteil von geglückten und interessanten Buchvorstellungen, dieser unvermeidliche Vorsatz, sich die Werke danach zur genauen Lektüre vorzunehmen. Von Woche zu Woche, von Lesung zu Lesung wird die Wunsch-Leseliste dann immer länger – zunehmend schwieriger, an der Büchermauer vorbei unbelastet ins Bett zu klettern. Vom Angebot her hätte ich mir die Sache an diesen veranstaltungsintensiven Abenden etwas leichter machen können. Zum Beispiel Klassiker noch einmal hören: »Alles, was Brecht ist« wäre als Wiederholung sicher nicht sehr anstrengend, oder, eine Nummer kleiner: »Der unbekannte Löns« – mindestens eine Gedenkveranstaltung für Mitglieder des großen Clubs der toten Dichter findet sich täglich im Programm. Es könnte auch im Zuhörersessel ein paarmal um die Welt gehen: »Die Literatur der Roma Rußlands« böte einen Anlaß; und auch, schon länger ein Standardthema: »Allein durch das Reich der Mitte«, oder ein bißchen Prosa in Hindi und Punjabi, klingt bestimmt schön in den Ohren.

Manche Veranstalter laden offen zu altbackener Fröhlichkeit ein, »Ringel-Ringel-Ringelnatz«, schlagen sie revueartig vor, oder drei Tage später noch mal langsamer zum Mitschreiben: »Otto Sander liest Ringelnatz«, in der »Ringelnatz-Buchhandlung« ging's früher ohne den Namengeber. Andere laden eher unfreiwillig zum heiteren Abend: »Magie ist keine Hexerei« wird frei behauptet, oder »Die kleine Meerjungfrau – Andersens Märchen tiefenpsychologisch gedeutet«, von wem wohl, na? – natürlich Eugen Drewermann. Erotisches Geplauder und völlig abgesicherte Liebeslyrik stehen ebenfalls allabendlich irgendwo in den Weichteilen der Stadt auf dem Lesungs-Zettel. Da heißt es: »Stark sein – ohne hart zu werden« – das überleg' ich mir noch – oder, schon klarer: »Das Halsband – Geschichten über SIE und IHN«, und als letzte, nie verkehrte Lockerung: »Einmal die Locken offen tragen«, und zwar ab 20 Uhr. Zur selben Zeit wäre allerdings wieder mal eine junge Frau im Botanischen Garten mit Märchen unterwegs, wieder begleitet von dem jungen Mann mit diesem seltsamen Rohr. Wie bläst man eigentlich ein Digeridoo? Mit dem Gaumen? Oder muß da die Zunge hineingesteckt werden?

Beim nächsten Lesungsraum handelt es sich um eine runtergedunkelte Schöneberger Kneipe mit stierblutroten Wänden und winziger Zimmerbühne, rundum beklebt mit Leopardenfell-Tapete. Das Publikum steht dicht gedrängt, in stiller Aufmerksamkeit, und verspätet erschienen – stelle ich fest, warum: Es ist gerade Pause. Als es danach wieder losgehen soll, ist mit der ruhigen, konzentrierten Atmosphäre auch Schluß – in der Menge beginnt eine wüste Brüllerei, die Leute kommen richtig in Fahrt. Die Bierflaschen in den Fäusten werden mit belustigter, gespielter Verachtung zur Bühne hochgereckt, ein eben als »der Wolfgang« vorgestellte junger Akteur muß sich gleich ein paar fiese Sachen anhören – fuck you, hau ab, du Langweiler. Da er seinen Vortrag noch gar nicht begonnen hat, nimmt er's den Leuten nicht krumm und fängt trotzdem an – leider mit einer lang und breit weggesprudelten Wohnungs-Vermieter-Hauptmieter-Untermieter-Novelle, die ihren Wiedererkennungsbonus so heftig einfordert, daß die Zuhörer auf jede geringste und in der Realität gewiß unangenehme Wendung mit erneuten Schmährufen antworten. Er macht auf die Schnelle 'nen Briefroman aus der Sache und liest seine gesamte Wohnungs-Post vor – ein blonder, langmähniger californian boy, ganz in bunt und kurzen Hosen, der aussieht, als würde er viel lieber in einem Disneyland der Pop-Mythen als in der Kulmer Straße wohnen. Das Publikum, ganz

Dompteur, läßt ihn zum Schein immer wieder mal zwei, drei Sätze ungestört sagen, um dann mit großem Gejohle um so heftiger zuzuschlagen: Verpiß dich, ab ins Wohnklo, verschwinde, der nächste bitte!
Der nächste entsorgt in den »Kreuzberger Balladen eins bis sechs« seinen heimischen Masturbations-Müll, indem er mit eindrucksvollen Baßmodulationen immerfort den Namen »Claudia Schiffer« deklamiert, offensichtlich die Bezugsperson seiner faustischen Phantasien. Witzwille und Balladenernst führen ihn todsicher zur unfreiwilligen Komik, ja in seinem besonders mißglückten Fall zur bloßen und schlappen Tragik – der große, stattliche Mann, der sich hier entblödet, ist um die sechzig und heißt auch Wolfgang. Den beiden Wolfgangs wird, wie auch den folgenden Akteuren, jeweils nach wenigen Minuten der Saft abgedreht, so daß sie noch für Momente hilflos ums Mikrofon herumtapsen – und aus. Bis auf einen: Der stellt sich wie ein nach tridentinischem Ritus predigender Pfarrer mit dem Rücken zum Publikum und nuschelt gegen die Zimmerbühnenwand. Sobald er sich umwendet und sagt: also ..., die Geschichte ist die ..., treibt ihn das sofort anschwellende, animalische Gebrüll wieder zurück in seine Schmollecke.
Jeder ahnt es, auch ohne es selbst erlebt zu haben: Hier handelt es sich um ein Spektakel der dilettierenden Untergruppe Slam Poetry, der vorletzte Schrei des zeitgenössischen Literaturbetriebs. Slam heißt nicht etwa Schlamm, sondern Schlag, auch Knall, im Slang bedeutet Slam unhöfliche oder böse Bemerkung. Aber was im quasselstrippenfreundlichen Amerika als gesprochene Protest-Lyrik in volle Häuser knallt, wandelt sich hier oft genug zur formlosen Belästigung, zum Topfschlagen unglücklicher Kneipenkinder mit kleinem Dachschaden – nur is' nix Sü-

ßes unterm Deckel. Natürlich gibt's gelungenere Abende, in denen diese prollkultige Avantgarde sich in meist Ostberliner Lokalen zusammenkuschelt oder sogar unter großer Medienteilnahme »Deutsche Literaturmeisterschaften« im Prenzelberger Boxring abhält. Doch auch hier plättet die Ironie alles platt – die Jury gibt zwei Noten, eine für den Text und eine für die Show. Das ist alles schon mal dada gewesen, und als es dada war, war einiges von dem, was diese Leute alles fallenließen, auch schon schwach – Scherzkekskrümel nur angesichts des harten Brots der Dichtung. Mit derben Späßen wollen diese semiotischen Heckenschützen und selbsternannten Trash-Piloten der Spaßgesellschaft an den Kragen. Kulturlosigkeit aber ist mit Kulturlosigkeit nicht beizukommen.
Wolfgang der Ältere strich noch geschlagene zwei Wochen nach dem Auftritt um die Slam-Poeten-Kneipe – die Haare wirr, die Lederjacke gravitätisch über die Schultern gehängt, den trotzigen Stolz des Unverstandenen im Gesicht.

Wer bei einer Dichterlesung noch immer an einen dahokkenden Menschen mit einem aufgeschlagenen Buch und einem Glas Wasser denkt, wird jeden Abend über die Erweiterung der Vortragssitten belehrt. Doch egal ob niedlich inszeniert, liederlich unterlaufen oder einfach abgehalten, diese Auftritte verlangen den Akteuren erhebliche Energien ab. Ein banger Moment, nach langer Arbeitseinsamkeit vor einen Haufen Leute zu treten und das Ergebnis in persona vertreten zu müssen. Das kann befreiend sein, das Schwerste, das Schreiben, liegt ja hinter einem – aus vielen, nachvollziehbaren Gründen bleibt es trotzdem eine aufregende Angelegenheit, eine nicht ungefährliche Streßsituation. Und mindestens ein Dichter ist mitten in einer Lesung gestorben, in einer Berliner Buchhandlung vor Publikum, im plötzlichen Herztod über dem Tisch und seinem neuen Werk zusammengebrochen, dem letzten. Zum Glück habe ich das damals in den achtziger Jahren nur in der Zeitung gelesen – der Schriftsteller hieß Kurt Pomplun.

Schwer zu sagen, ob die meisten Schreibenden Lesungen – besonders die eigenen – nicht vielleicht sogar hassen. Die Äußerungen darüber variieren von Autor zu Autor. Etliche halten sich vollkommen oder so gut wie ganz aus dem Betrieb heraus, andere sind so wenig gefragt, daß ihre seltenen Auftritte von vornherein eine schweißtreibende Angelegenheit bedeuten. Manche wiederum bestreiten einen Teil ihres Lebensunterhalts damit, daß sie durch eine mafiotische Zirkulargemeinschaft des Sichgegenseitig-Einladens tingeln und jede Woche irgendwo eine, wie es so schön heißt, Lesung »haben«. Nach Neuerscheinungen kommt kaum jemand um diese Aufgabe herum, ob nun widerwillig oder nicht, schließlich kommt er dafür in die Presse, ohne Kugelschreiber verschenken oder sonstwie auffallen zu müssen. Trotzdem ist die Angst vorm Versagen dann vor allem bei jüngeren Kandidaten grauenhaft groß – ebenso wie die Gefahr, einem Zwang zur Selbstdarstellung zu erliegen.
Lesen ist doch nicht so schwer, sagte ich mir auch, vorm ersten größeren Auftritt, und dann lag ich 'ne halbe Stunde vorher bibbernd auf dem Fußboden, robbte hinter den wegstiebenden Manuskriptseiten her – gelähmt vor Angst, keine Beine mehr, mit Ende 30. Ein Kollege und damaliger Freund verhielt sich vor seinen Lesungen mir gegenüber wie ein Fremder. Sprich mich nicht an, sagte er leichenblaß, ich bin aus mir herausgetreten. Und wie hiel-

ten's die alten Meister? Der feine Herr Kafka zum Beispiel kannte überhaupt keine Angst und trug »höllisch gern« öffentlich vor: »Am Nachmittag zitterte ich schon vor Begierde zu lesen, konnte kaum den Mund geschlossen halten«, schrieb er vor der abendlichen Lesung ins Tagebuch, »Die Rede wird geradewegs aus mir kommen wie aus einem Flintenlauf.«

Am Abend kam die Rede dann doch ein bißchen anders aus Kafka heraus – »wie er sprach, habe ich vergessen«, notierte ein Zeitgenosse, »seine Stimme klang entschuldigend«, fand ein anderer. Kafka hatte schon ein Gefühl für die Heiligkeit des Gegenstands und den Show-Charakter des Betriebs, lehnte jedoch die Überakzentuierung von Worten und Versmelodien als »unverschämte Kunstgriffe, bei denen man auf den Boden gucken muß«, ab. Bei konventionellen Lesungen wird die mit dem Buch gekoppelte Stimme zum ungewohnten Werkzeug der Schreibenden, die Aussprache und die Vortragstechnik werden zu eigentlich unstatthaften Hilfskritierien bei der Beurteilung der Werke. Mögen diese noch so gelungen und die Passagen perfekt ausgesucht sein – am Ende kommt es unter den Zuhörern doch oft zu den beliebten Nörgeleien: schöner Text, aber schlecht gelesen, oder umgekehrt, schlechter Text, aber wenigstens schön gelesen. Rätselhafterweise kann auch derselbe Text an zwei aufeinanderfolgenden Abenden bei einem jeweils anderem Publikum völlig unterschiedliche, ja gegensätzliche Reaktionen auslösen. »Unberechenbar, seltsam unberechenbar ist das Publikum«, meinte Ringelnatz stellvertretend für Tausende Kollegen, »nur der Teufel und kleine Vorstadttingeltangelartisten kennen sich darin aus.«

Um überhaupt ein Publikum zu haben, braucht es schon mehr als vier, fünf Leute – für sie müßte ein Kino gesetzlich gar nicht spielen –, diese wenigen bleiben Einzelpersonen und reagieren spürbar individuell. Erst ab einem Dutzend Zuhörer etwa sind diese einzelnen bereit, sich wie das Publikum bei einer Lesung zu verhalten. Was dann alles geschehen kann, ist nicht nur Thema zahlloser Gespräche unter Autoren, sondern auch etlicher Bücher und Erzählungen von Thomas Mann bis Paul Auster – ein unendlich weites Feld voller Überraschungen. In meinem Fall reicht es bis zu einer berichtenswerten Erfahrung in einer nigerianischen Provinzhauptstadt, anläßlich einer Einladung des Goethe-Instituts. Etliche der einheimischen Zuhörer, Rechtsanwälte, Kaufleute, Ärzte, hatten in Berlin studiert und erinnerten sich gern auch an ihr früheres Leben am Savignyplatz. Zu Beginn der Veranstaltung stand jeder auf und stellte sich mit Namen und Tätigkeit erst mal vor. Am Ende meiner Lesung stand wiederum jeder einzelne auf und erklärte die komplexe, nur bedingt westafrikataugliche Story, und zwar so verständig, lustig zurechtgebogen und mit eigenen Einfällen weitergestrickt, daß nach und nach zwanzig neue und mitunter, ehrlich gesagt, sogar interessantere Geschichten entstanden. Ich war über den umstandslosen Rollentausch etwas verdutzt, aber wir alle im Saal hörten und klatschten den phantastischen Nacherzählern zu, an diesem für eine Lesung vergleichsweise langen, ja überlangen Abend.

»Hier wurde mit Worten gefochten, Kritik mit Geist und Witz geübt, um Wahrheit gerungen …« steht auf einer Bronzetafel in Berlin-Mitte, und auch: »Unser Eigentum ist das, was uns keiner nachmachen kann.« Diese Tafel

und das dazugehörige, wiedererstandene Gebäude sind Eigentum einer Firma mit dem krypto-lyrischen Namen »Quotac Immobilien GmbH und Co. Grundstücksverwaltung KG Restaurant Vau«, die Worte dagegen stammen von Rahel Varnhagen, die in ebendiesem Haus den wohl berühmtesten deutschen Literatur-Salon betrieb. Gerüchteweise sollen auch zwei Jahrhunderte danach noch in einigen bärenschlauen Salons der Stadt Geist und Witz geübt werden, in schwer zugänglichen Privatwohnungen allerdings – viel leichter ist der Zugang zu einigen bloß mit diesem Leih-Begriff überschriebenen öffentlichen Veranstaltungen. Dort zahlen die aus der Tagespresse informierten Besucher abends für eine Lesung 'nen Zwanziger Eintritt, hören sich ausgewählte Gedichte, spätromantische Briefwechsel und ein paar Stücke Salonmusik an und müssen – für manche ein unschätzbarer Vorteil – nicht unbedingt mittun beim Ringen um die Wahrheit. Die kuriose Verdrehung der einst alle Gäste aktiv einbeziehenden Salon-Idee in einen eher passiven Vorgang von Kulturkonsum ist einmal mehr angewandter Historismus nach dem Rezept: Man nehme einen wunderbar schillernden Begriff aus der geistigen Tradition und beute ihn in seiner Wirkung nach außen mehr oder weniger aus. Inzwischen konkurrieren allwöchentlich vier, fünf Veranstaltungsreihen unter diesem Ettikett – auch manch popeliges Programm wird so zum »Salon« hochstilisiert.
Wem dort der Tee oder die Bravo-Rufe der Damen zu dünn sind, der kann sein abendliches Häppchen Literatur von Nahrhafterem begleitet auch in anderem Ambiente aufnehmen. Einige Luxusrestaurants locken mit bekannten Schauspielern und noch bekannteren Werken oder auch leibhaftigen Autoren Lesungshungrige zu Tisch – »Das gute Buch zum guten Essen«. Das bestverdienende

Zehntel der Gesellschaft lebt eh im Zeichen des Doppelkonsums – das Theaterstück plus Flugreise zum Aufführungsort, die Opernarie, live dazugegeben beim Edel-Italiener, und nun das Spitzen-Menu plus Lesung, die Dichterworte als geistige Sättigungsbeilage. Warum nicht, denken die Küchenleiter, wenn's dem Ansehen und dem Umsatz dient, können wir auch die Buddenbrooks-Menus textstellensicher nachkochen oder eine Backwoche à la Fontane einlegen, das alte Süßmaul. Aber was geben wir zu moderner Literatur, zu Böll, Koeppen oder Peter Weiss und Imre Kertész? Paßt da die Fasanenmousse im Gänselebermantel, das Artischockenrisotto mit weißen Trüffeln oder Saltimbocca von der Perlhuhnbrust auf – selbstredend – hausgemachten Pappardelle? 'Tschuldigung mal kurz, was war noch mal Pappardelle? Pappagallo, Pappageno, Pappar – ein Pappteller, klar, aber im Hause von eigener Hand aufgeschwemmt. Gar nicht so einfach, Lesungen in Restaurants der höheren Preiskategorie konzentriert zu verfolgen. Da fällt womöglich die Lektüre der Speisekarte schwieriger als die Rezeption der dazu vorbeirauschenden Gedichte. Doch im Grunde kann bei der Wortserviererei im Freßtempel gar nichts schiefgehen – diese Menus werden lange in Erinnerung bleiben.

Auch wenn der abendliche Vorlese-Betrieb jede Menge extravagante Unterhaltung, Nettigkeiten in sogenannten Salons und reichlich Literatrubel in den Slam-Kneipen bietet, so verlaufen die meisten Lesungen nach wie vor im traditionellen Rahmen. Sie dienen einer Minderheit noch immer als informative Begegnung, können durchaus großes sprachliches Vergnügen bereiten, in ernsteren Fällen auch anregend sein. Die Mehrheit der Literaturfreunde, auch der Autoren, hat zu diesen Veranstaltungen trotzdem ein, gelinde gesagt, gespaltenes Verhältnis. Diese Mehrheit hält den Besuch für entbehrlich und vermeidet den öffentlichen Vortrag lieber – es sind Leser. Sie brauchen den Autor nicht als real auftretende Person, sie wissen, daß er bei der Lektüre jederzeit zwischen ihnen und der Buchseite zu finden ist, und daß Literatur sich stets als diskreter Vorgang zwischen zwei Einsamen abspielt. Und außerdem tauchen die Lieblingsautoren, die Klassiker und andere aus vergangenen Zeiten auch, nicht hier auf, um eine Lesung zu veranstalten – deshalb werden ja die Bücher gelesen.

Manchmal allerdings kommt so ein Liebling oder Klassiker noch zu Lebzeiten vorbei und sagt etwas, das sich seinem Publikum auf ewig einprägt. Vielleicht entstehen dann Momente wie dieser, als vor langen Jahren der Dichter Ernst Jandl auftrat und mich mit einen einzigen Wort, einem genialen Unwort, in einen unvergessenen Bann zog. Der Mann ging auf die Bühne, stellte seine Tasche neben den Tisch und setzte sich eine Weile schweigend auf einen Stuhl. Dann kippte er mit diesem Stuhl und seinem Oberkörper Ruck für Ruck langsam und stetig weiter nach hinten. Und nach jedem neuerlichen Ruck rief er ein und dasselbe Wort, rief es, von Mal zu Mal lauter werdend, aus immer tiefer rückwärts weggesenktem Kopf in den Saal hinein, nur dieses eine Wort: undsoweiter .... undsoweiter .... undsoweiter .... undsoweiter ...... undsoweiter..... undsoweiter..... undsoweiter....

Editorische Notiz

Zeuge der Einheit: Nachdruck eines Textes aus dem Jahre 1990; erschienen in »Der gelernte Berliner«, Suhrkamp Verlag, Frankfurt/M. 1991.

Die Schöneberger Fernsehwoche: Auswahl von Beiträgen aus Bernd Cailloux' Medienkolumne in der (einst Ost-) Berliner »Wochenpost«, die 1999 eingestellt wurde.

Berliner Seiten: Auswahl von (überarbeiteten) Beiträgen, geschrieben für die gleichnamige Beilage der »Frankfurter Allgemeinen Zeitung«, die 2002 aus wirtschaftlichen Gründen eingestellt wurde.

Deutschsprachige Gegenwartsliteratur in der edition suhrkamp Eine Auswahl

NF 313b/1/10.08

Johannes Jansen
- Halbschlaf. Tag Nacht Gedanken. es 2380. 84 Seiten
- heimat ... abgang ... mehr geht nicht. ansätze. mit zeichnungen von norman lindner. es 1932. 116 Seiten

Barbara Köhler
- Deutsches Roulette. Gedichte 1984-1989. es 1642. 85 Seiten
- Wittgensteins Nichte. Vermischte Schriften / Mixed Media. es 2153. 175 Seiten

Detlef Kuhlbrodt. Morgens leicht, später laut. Singles. es 2517. 124 Seiten

Christian Lehnert
- Der Augen Aufgang. Gedichte. es 2101. 112 Seiten
- Ich werde sehen, schweigen, hören. es 2369. 112 Seiten

Andreas Maier. Ich. es 2492. 151 Seiten

Thomas Meinecke
- Feldforschung. es 2474. 143 Seiten
- The Church of John F. Kennedy. Roman. es 1997. 245 Seiten
- Lob der Kybernetik. es 2499. 160 Seiten

Bodo Morshäuser
- Hauptsache Deutsch. es 1626. 205 Seiten
- Warten auf den Führer. es 1879. 142 Seiten

Wolfgang Müller. Neues von der Elfenfront. Die Wahrheit über Island. es 2511. 306 Seiten

José F. A. Oliver
- fernlautmetz. Gedichte. es 2212. 112 Seiten
- finnischer wintervorrat. Gedichte. es 2397. 101 Seiten
- Mein andalusisches Schwarzwalddorf. Essays.

es 2487. 136 Seiten.
- nachtrandspuren. Gedichte. es 2307. 128 Seiten

Albert Ostermaier
- fremdkörper hautnah. Gedichte. es 2032. 100 Seiten
- Herz Vers Sagen. Gedichte. es 1950. 73 Seiten
- Der Torwart ist immer dort, wo es weh tut. es 2469. 114 Seiten
- VATERSPRACHE. es 2436. 60 Seiten

Ilma Rakusa. Love after Love. Acht Gesänge. es 2251. 54 Seiten

Thomas Rosenlöcher
- Die Wiederentdeckung des Gehens beim Wandern. Harzreise. es 1685. 96 Seiten
- Die verkauften Pflastersteine. es 1635. 113 Seiten

Dieter Roth. Da drinnen vor dem Auge. es 2400. 304 Seiten

Schicht! Arbeitsreportagen für die Endzeit. Herausgegeben von Johannes Ullmaier. es 2508. 417 Seiten

Lutz Seiler
- pech & blende. Gedichte. es 2161. 90 Seiten
- Sonntags dachte ich an Gott. Aufsätze. es 2314. 140 Seiten

Hans-Ulrich Treichel
- Liebe Not. Gedichte. es 1373. 79 Seiten
- Über die Schrift hinaus. Essays zur Literatur. es 2144. 241 Seiten

Kevin Vennemann. Nahe Jedenew. es 2450. 144 Seiten

Anne Weber. Ida erfindet das Schießpulver. es 2108. 91 Seiten

NF 313b/3/10.08